칼 비테 교육법

칼 비테 교육법

초판 1쇄 인쇄 2017년 7월 21일
초판 13쇄 발행 2024년 5월 31일

지은이 | 칼 비테
옮긴이 | 김일형

발행인 | 박재호
주간 | 김선경
편집팀 | 강혜진, 허지희
마케팅팀 | 김용범
총무팀 | 김명숙

디자인 | 석운디자인
교정교열 | 윤정숙
종이 | 세종페이퍼
인쇄 · 제본 | 한영문화사

발행처 | 차이정원
출판신고 | 제25100-2016-000043호
주소 | 서울시 마포구 양화로 156(동교동) LG팰리스 814호
전화 | 02-334-7932 팩스 | 02-334-7933
전자우편 | 3347932@gmail.com

ISBN 979-11-88388-00-4 03370

이 도서의 국립중앙도서관 출판예정도서목록(CIP)은 서지정보유통지원시스템 홈페이지(http://seoji.nl.go.kr)와 국가자료종합목록 구축시스템(http://kolis-net.nl.go.kr)에서 이용하실 수 있습니다.(CIP제어번호: CIP2017013744)

The Education of Karl Witte

칼 비테 교육법

평범한 아버지의 위대한 자녀교육

칼 비테 원저 | 김일형 옮김

차이
정원

존경하는 폐하께 부치는 글

강력하고 존엄하고 자애로우신 국왕 폐하!

수호신이나 다름없는 폐하께 이 책을 바치는 것은 저에게 아주 당연한 일입니다. 그런 생각에 자연스레 이끌려 지금껏 제 아들을 보살펴왔습니다. 폐하의 국민이 되는 행운이 없었을 때부터 말입니다.

자비로운 국왕께서는 제 아들에게 선량한 관심을 보이셨습니다. 모두들 폐하의 관심을 은폐하려고 애쓸 때에도 폐하께서는 사랑으로 중재하시고 아들의 교육이 완성되기를 진심으로 바라셨습니다. 우리가 하소연하거나 부탁하지 않았는데도 말입니다.

아들의 현재와 미래는 대부분 폐하의 작품입니다. 폐하는 제 아들이 과거에 어떠했고 현재에는 어떠한지 왈가왈부하는 언쟁을 모조리 잠재웁니다.

국왕 폐하께 엎드려 깊은 경의를 표합니다.

제 아들과 저희 부부를 부디 잊지 말아주십시오! 국왕 폐하께 가장 충직한 칼 비테가 간청합니다.

1819년 4월 10일 베를린에서

차례

Part 2

처음부터 완벽한 부모가 되겠다는 환상을 버려라

아이의 잠자는 뇌를 적기에 깨워주는 부모의 역할

Part 3

태교부터 출산 후 3년, 내 아이의 운명을 결정하는 시기

0~36개월까지 바른 성장을 위한 교육 가이드

Part 5

부모는 더 넓은 세계를 만나는 문이다

아이에게 다양한 경험을 심어준다는 것에 대하여

Prologue

아이는 내 생각보다 훌륭하게 자란다

—— 내 책은 당시나 지금이나 아이를 키운다면 변함없이 유용하다. 지각 있는 비평가와 편견 없는 후세 사람이라면 이 책을 흔쾌히 인정해 줄 것이다.

각 장은 애초 기획 의도에 따라 적절하게 배열했다. 몇몇 반론에 대해서는 아예 이야기를 하지 말았어야 했나 싶기도 하다. 그 반론들이 이 글에 외려 호감을 가져다주길 바란다.

거만하게 행간을 읽고, 이리저리 파헤치고, 머리에서 눈만 떼어내듯이 전체 맥락에서 어느 구절만을 문제 삼고, 책을 아예 깔아뭉개려고 하는 일부 비판자들에 대해서는 신경 쓰지 않겠다. 듣자니 그들은 내가 펜을 잡기도 전에 기껏 '평범한 교육'에 대해서나 쓰지 않겠느냐고 장담했다고 한다. 영악한 사람들이다. 두고두고 내 책과 내 아들을 요란하게 비난하고 빈정댈 것이다.

부디 이 책이 이롭기만을 바란다. 이것이 가장 중요하다. 그저 지금의 세대들에게 더없이 고마운 책이길.

나는 모든 사람들을 이 책의 독자로 생각했다. 선한 사람들에게는 애정을 듬뿍 담았다. 반면 악한 사람들에게는 혐오감을 적나라하게 표현했다. 혐오감을 드러내는 것은 별로 내키지 않는 일이지만 어쩔 수 없었다. 나와 내 아들이 거둔 성과를 분명하게 드러내려면 그럴 수밖에 없었다. 아니, 당연히 그래야 했다.

한번은 괴팅겐과 하이델베르크, 베를린에서 존경받는 부인들이 찾아와 '여성 교육'에 대해서 들려달라고 했다. 나는 나름대로 구성한 글을 낭독해주었다. 그들은 출판을 권유했지만 사양했고, 이 책에는 지면상 싣지 못했다.

알다시피 나는 볼프(1759~1824, 독일의 고대 문헌학자－옮긴이)와 크리스티안 고트롭 하이네(1729~1812, 독문학 교수이자 도서관장－옮긴이)의 라틴어 저서를 애독한다. 아니면 어떻게 혼자 아들을 가르쳐 대학까지 보냈겠는가.

그런데도 나는 라틴어 교육에 반대하는 입장을 이 책에서 밝혔다. 여전히 라틴어를 실제 교육의 디딤돌로 착각하는 사람들 때문이었다(물론 좀 더 깊은 학식을 쌓으려면 라틴어를 탁월하게 하는 것이 좋겠지만).

라틴어로 쓰고 말하는 법을 배우려는 사람들은 항상 있다. 그들은 점점 라틴어에 능숙해질 것이다. 아직도 라틴어가 쓸모 있다는 점은 인정한다. 다만 모두에게 라틴어를 잘하라고 강요하지 않기를 바랄 뿐이다. 그것은 무익하다.

나는 수도원에 자주 드나들었기에 학식이 많은 수도사들을 잘 알고 있다. 그런데 그들 중에는 모국어를 야만어로 여기는 라틴어 학자들도 있었다. 그들은 머리에 먹물만 잔뜩 들어서는 융통성이 없고, 좀스럽고, 이성 결핍에다, 이기적이고, 막돼먹었다. 그들은 매 순간 학문이 윤리를 고양한다고 떠들어대지만 사실은 비열함과 거만함과 질투심과 음흉함이 가득했고, 양심보다 철자와 단어에 얽매이며 정직과 순수한 지각을 무자비하게 짓밟았다. 고등교육의 산실이라 일컬어지는 많은 기관들이 우리 언어의 근원이라는 이유로 라틴어에 지금껏 매여 있다는 것은 애석한 일이 아닐 수 없다.

이 비평은 다벨로우가 문서 보관실에 있는 보센의 궤변 뭉치를 비판하면서 시작되었다. 그 궤변 뭉치란 국가의 역사와 정치를 다룬 고만고만한 졸작들로, A. 쿤 같은 사람들에게 부당한 갈채와 혜택과 금전을 안겨주었다.

선량한 국민은 독일인들의 이러한 지성의 이면을 대단히 경멸한다. 이성과 진리, 법과 풍습이 조용하고 자연스럽게 세워지면 얼마나 좋을까. 내 아들은 고귀한 사람들에게만 대금을 바로 지급하는 일람불어음과 같은 존재다. 더 고귀한 사람들은 내 아들을, 그리고 내 아들을 통해 나를 어음 발행인처럼 믿어주었다. 우리는 악한 사람들의 인정을 결코 기대하지 않았다. 어차피 유유상종이다.

나는 아들을 소박하고 자연스럽게 교육했다. 오로지 육체에 깃든 정신을 찾아내서 보존하고 완성하도록 격려했다. 언어와 인문학 수업에서 무리하게 높은 수준으로 가르치지 않았다. 아들이 수업을 제대로 받았다면 잘해내는 것이 당연하리라 믿었다. 이는 프렌츨라우 출신의 아른트 씨도 증명해줄 것이다. 일전에 나는 내 아들 칼이 매년 새로운 외국어를 쉽고 확실하게 배울 것이라는 주장을 하면서 아른트 씨와 논쟁을 벌였고, 나중에는 아른트 씨도 인정했다. 나는 아른트 씨에게 이 일련의 과정에 대해 글로 적어달라고 간청할 생각이다.

많이 배우지 못한 부모라도 아이의 육체와 이성과 마음이 조화롭게 자라도록 좋은 영향을 미칠 수 있다. 지식이란 대단한 것이 아니다. 아이는 스스로 지식을 체득해나갈 것이다.

내가 무엇을 어떻게 했는지 꾸밈없이 서술하기만 해도 책이 좋은 반향을 일으키길 바란다. 많은 사람들이 "당신의 교육법은 특별한 비법이 아니다."라고 한다면 나는 그 말을 극찬으로 여길 것이다. 그렇게 들리지 않을 때는 콜럼버스의 달걀을 떠올릴 것이다. 아니, 우리의 순수한 교수 겔레르트의 가장 소박한 시를 떠올리는 편이 낫겠다. 누구든 그 시가 들려주는 아름다운 것을 좇을 수 있을 테니까. 내 교육이 특별할 게 없다는 비난을 기꺼이 받아들일 것이다. 나는 선행을 바랄 뿐이다.

나는 아들을 대학에서 공부시키라고 강요당했던 것처럼 아들을 대학 교수로 길러낼 수밖에 없었다. 그럴 만한 이유가 있었다. 아들이 무척이나 교수가 되고 싶어 했기 때문이다. 하지만 나는 아니었다. 그때 진정 내가 원한 것은 교수가 아니었다. 1816년 9월 29일 우리는 베를린에서 법학과 시간강사 자리를 발견하고 마치 천사가 도우신 것처럼 기뻐했다. 그곳에는 시간강사가 두 명밖에 없는 데다 아이히호른 교수도 곧 괴팅겐으로 떠날 것이라는 소문이 돌고 있었다. 그러면 네 명이던 인원이 세 명으로 줄어드니 그런 큰 대학에서 세 명은 너무나 적었다. 마침 학생들이 다양한 강의를 들을 수 없다며 불만을 드러냈고 슈말츠 씨와 괴셴 교수가 이에 대해 알게 되었다. R 씨와 자빈 교수도.

당시는 의무만 제대로 지키면 단기간에 합당한 보수를 받는 교수가 될 수 있었다. 곧 유능하고 부지런한 젊은이의 명쾌한 강의는 굉장한 갈채를 받았고 1년 뒤, 그 젊은이는 후원자의 선량한 의도에 따라 베를린 대학의 교수로 정식 발령되었다. 칼은 '마음과 육체와 이성'이 조화를 이루는 배움의 여정을 이어갔다. 하지만 세상일이 늘 행복할 수만은 없는 모양이다.

선한 천사에게 그들은 도대체 무슨 짓을 저지른 건지! 순진무구한 청년이 꿈꾸던 행복, 명예, 열정, 기쁨은 크게 훼손되었다. 부모와 친척, 숭고한 후원자와 친구의 아름다운 기대는 무너졌다. 법이 그들을 소환하지 않는다면, 억압받는 자를 변호해주지 않는다면 어느 누가 신 앞에서 두려워하겠는가. 어느 법학 교수가 위대한 진실을 외면한 채 "법을 지키지 말자."라는 궤변을 늘어놓을 수 있겠는가. 어느 누가 감히 "한 사람의 권리가 짓밟히면 모든 사람의 자유가 위협당한다."라는 말을 부인할 수 있겠는가. 저들은 죄 없는 사람을 몰염치하게 비방하고 헛소문을 퍼뜨리면서 '공적 개인'에게 판결이 내려져야 한다고 헛되이 변명한다. 판결이라고? 좋다. 하지만 '해로운 비방'은 안 된다. 왜냐하면 이 독은 명예, 명성, 만족, 건강 등 한마디로 가장 고귀한 인간의 행복을 죽여버린다. 언제나 새롭게, 언제나 은밀하게.

이쯤에서 줄여야겠다. 양해를 구한다.

하나님이 선량한 내 아들을 언제나 보호해주시길.

나아가 내 아들보다 더 뛰어난 후대의 아이들도 살펴주시길.

또 내 아들에게 숭고한 후원자들을 보내주시길.

교활한 적들은 여전히 아들에게 악을 저지르지만, 숭고한 후원자들은 앞날을 철저히 준비하고 선행을 베풀어 결국 균형을 찾아주리라.

칼 비테

Part 1

평범한 아이는
어떻게 비범해질 수 있을까

—

논란이 많았던 이 책의 탄생 배경

Chapter 1

누가 이 책을 읽어야 할까

—— 내가 교사나 교육자를 위해 이 책을 쓴다고들 생각하지만 꼭 그렇지는 않다. 교사는 대개 좋은 이유든 나쁜 이유든 나를 적대시하므로 나는 교사만을 이 책의 독자로 삼을 수가 없다. 나는 교사들의 방식을 따르지 않아서 교사들은 나를 적대시한다. 그들과 다른 방식으로 교육하는 것이 거슬리는 걸까. 심지어 정반대로 나아가곤 했으니, 더더욱 거슬렸을지도 모른다.

사람들은 예나 지금이나 "비테가 대단한 성과를 냈다면서? 모든 아이가 태어난 대로 방치되지 않으면 비테의 아들처럼 비범해질 수 있다는데, 왜 교사들은 그런 성과를 내지 못하는 거지?"라고 막말을 해댄다. 부당하기 짝이 없다. 부당한 요구를 잠재우기 위해 노력했지만 허사였다. 그동안 나름 정직하게 해왔다는 교사들이 맹공격을 받으면서 본의 아니게 내가 그 원인을 제공한 꼴이 되었으니, 그들은 짜증날 수밖에 없었을 것이다.

아무리 지식이 풍부하고 능력이 탁월한 교사라고 해도 의도와는 달리 아무런 성과를 내지 못할 수도 있다는 사실을 책 전반에 걸쳐 증명할 생각이다.

교사나 교육자는 다음과 같은 이유로 나를 적대시한다. 나를 잘 몰라서, 혹은 우연이라도 내 신념에 대해 들을 기회가 없어서.

따라서 자기 학생을 진심으로 사랑하는 교사와 교육자를 위해서만, 몇 번이나 불쾌감을 일으킨 사람의 실험적인 교육일지라도 아이에 대한 지극한 사랑으로 다시 한 번 살펴보기로 마음먹은 교사와 교육자를 위해서만 이 책을 쓴다.

이러한 교사와 교육자를 위해서 이 책을 쓴다. 자녀의 육체와 정신, 그리고 마음을 위해 최고의 성과를 거두고 싶은 모든 부모를 위해서 이 책을 쓴다.

많은 부모들이 내 교육 방법을 주의 깊게 따라 하면서 공감하는 편지를 보내오거나 나와 내 가족에게 지극한 호의를 보였다. 나는 고상한 덕담이 담긴 편지에 감동해 눈물을 훔치곤 했다. 그들이 지지해준 덕분에 기꺼이 이 책을 집필했다고 말해도 좋다. 아니, 그렇게 말해야 한다. 이 책에서 그들에 대한 호의가 절로 배어나오길 바란다. 나와 내 가족의 감사하는 마음이 그들의 무덤까지 따라가길 바란다.

그중 다수가 내 교육 방법에 대해 이야기해달라고 했고, 더 나아가 자신들뿐만 아니라 온 세상 사람들을 위해 쉽고 간단하게 책을 써달라고 진심으로 나에게 부탁했다. 나는 명예와 양심을 걸고 그들에게 약속해야 했다. 그들은 내가 책을 쓰지 못할 이런저런 이유를 대자 더는 거부하지 못하게 입장을 말끔히 정리해주었다. 내가 그간 집필을 거부한 것은 악의적인 사람들이 "도대체 무엇 때문에 그런 책이 필요합니까?"라고 말했기 때문이었다. 그러나 내 책을 기다린 사람들은 "좋아요, 원치 않는 사람들이 아니라 우리를 위해서 써주세요." 하고 맞받아쳐주었다.

나는 지금 약속을 지키려고 한다. 물론 모두가 나처럼 성공하지는 못할 것이다. 또 모든 아이들이 내 아들처럼 교육받을 필요도 없다. 하지만 내 교육 방법을 합리적으로 따라 한다면 굉장히 쓸모가 있으리라.

페스탈로치(1746~1827)는 일찍이 내 행동에 관심을 갖고 분명한 입장이나 편견 없이 따스한 마음으로 지켜봐주었다. 마치 연한 싹만 보고도 미래의 줄기와 열매를 예견하듯이. 사람들이 나에게 별 관심이 없을 때에도 페스탈로치는 공감하고 격려해주었다. 그리고 애정 어린 편지를 보내주었다.

소중한 친구에게

목사님이 근처에 계시다니 다시 한 번 말씀드리겠습니다. 목사님이 아이들의 교육 방법에 얼마나 관심이 많은지, 우리의 교육 사상이 본질적으로 얼마나 일치하는지 말입니다.

덧붙이면, 지금의 초등 교과서처럼 형식과 숫자, 단어로 만든 지시문이 자연의 과정과 소박한 형식에서 멀어질까 염려스럽습니다. 다만 겉보기에 그럴 뿐입니다. 왜냐하면 우리의 활동은 부모가 보여주는 모든 교육 방법과 비슷하기 때문입니다. 보편적으로, 분명하고 엄격한 아버지의 경험과 깊은 애정이 담긴 어머니의 마음은 아이의 교육을 위해 순수한 표현을 찾아내지요. 나는 다만 그것이 삭막한 표와 숫자 더미로 나타나지 않기를 바랄 뿐입니다. 그런 것은 단순히 수치로 나타낼 수가 없거든요. 만약 크뤼지(1775~1844, 교육자로서 페스탈로치와 교류하며 교육 현장에서 쌓은 경험을 토대로 언어, 수학, 종교를 비롯해 수많은 교재를 편찬했다-옮긴이)가 이런 형식에 동심을 잘 녹여내서 아이가 그의 말대로 스스로 깨우치면 나중에는 수많은 경험을 통해 터득하겠지요. 하지만 우선은 엄마의 단순한 말에서 스스로 깨달아야 하는 것처럼, 아이가 스스로 크뤼지의 교육 형식을 깨우쳐야 한다면 우리의 실제 활동은 기만적인 겉모습과는 완전히 달라질 것입니다.

친구여! 목사님은 누구보다 잘 아셨지요. 목사님은 본질적으로 머릿속에서 모두 이루었기에 그렇습니다. 목사님은 몰랐겠지만 목사님의 활동 밑바탕에는 내가 찾은 것과 똑같은 성숙한 자연 감정이 있습니다. 나는 부단한 노력 끝에 비로소 그런 자연 감정에서 내 교육적 형식을 발전시킬 수 있었습니다.

친구여! 목사님의 활동은 나에게 무척 중요합니다. 이쯤에서 우리는 원숙한 경험을 통해 교육의 작업을 증명할 필요가 있습니다. 교육 방법에 대한 견해를 바로잡으려면 그러한 경험이 필요합니다.

친구여! 이런 상황에서 틀림없이 느낄 것입니다. 목사님이 교육 경험을 계속 쌓으면서 반경을 확장하는 것이 나에게 얼마나 중요한지 말입니다. 목사님은 나의 바람과 무관하게 이런 경험을 이어가라는 요청을 받았지요. 목사님 친구들의 소망에 나의 소망도 보태주십시오. 목사님에게 주어지는 기회를 거절하지 않기를 절박한 심정으로 간청합니다. 목사님 같은 분들이 많은 것을 해낼지도 모릅니다. 예리한 통찰력으로 의식에 들어오는 모든 것을 포착해야 인간 본성과 인간 조건에 일치되게 추상화하고, 일관되게 행동할 수 있으니까요. 나는 확신에 차 있습니다. 곧 유쾌한 시간을 빌어 목사님이 보여주었던 경험담을 열린 맘으로 듣고 싶습니다.

친구여! 이곳 산야를 가로질러 즐겁게 여행하길 바랍니다. 나의 변함없고 진심 어린 애정을 늘 굳게 믿어주길!

1804년 8월

목사님을 아끼는 친구 페스탈로치

지난 14년간 페스탈로치는 이러한 견해에 변함이 없었다.

최근에도 그는 내 아들의 교육 이야기를 최대한 보편적이고 자세하게 책으로 펴낼 것을 요청했다. 그의 명망 있는 친구들과 프랑스 파리 출신의 석학인 쥘리앙이 뜻을 모아 소심히 거절하기만 하는 나를 설득했다. 페스탈로치는 내가 이베르동을 떠나는 날, 또다시 편지를 보내왔다.

친애하는 비테 목사님에게

목사님, 14년 전 부흐제 호수에서 우리가 교육에 대해 나눴던 대화를 분명 기억하고 있겠지요. 그때 목사님은 독특한 원칙에 따라 일관되게 아들의 교육을 진척시키고 기대 이상의 성과를 올리고 싶다는 희망을 피력했습니다. 이제 목사님의 아들은 그 기대를 훨씬 능가할 만큼 뛰어나게 성장했지요.

그런데 의문이 생깁니다. 목사님의 교육 방법이 아들의 성장에 얼마나 기여했나요? 목사님 아들의 성장은 뛰어난 재능의 직접적인 결과인가요? 아니면 다른 아이들에게 적용해도 비슷한 성장을 가져다줄 교육적 원칙과 수단의 결과인가요?

친애하는 비테 목사님, 교육자들이 어느 정도 확실하게 판단을 내리도록 해주어야 합니다. 어떻게 목사님의 아들을 한 단계 한 단계 이끌었는지 하나에서 열까지 자세히 설명해주어야 합니다. 지금 목사님 아들의 탁월한 능력에는 의심의 여지가 없습니다. 그런데 목사님의 교육 방법은 아들에게 심리적 확신을 부여함으로써 그 능력을 급속도로 발전시켰습니다. 이를 밝히려면 목사님의 교육 방법에서 특이하고 빼어난 부분을 파악하고 구체적인 상황을 분석해야 합니다.

이 일은 중요합니다. 분명 목사님은 이 일에 기꺼이 헌신해주리라 믿습니다.

친애하는 비테 목사님, 잘 지내십시오. 내가 영광스럽게 여기는, 목사님에 대한 지대한 관심을 믿어 의심치 마십시오.

1817년 9월 4일 이베르동에서

목사님의 가장 겸손한 종 페스탈로치

Chapter 2

어떤 내용이 담겨 있을까

—— 어떻게 교육해야 하는지에 대한 지침은 전혀 없다. 나는 여러 나라 언어로 많은 책을 읽었지만 만족스러운 내용을 별로 찾지 못했다. 지인들의 책에서도 마찬가지였다. 너무 현학적인가 하면, 지나치게 무미건조하거나 과하게 장황했다. 2~3년 후에 다른 교육 방법이 유행하자 내용이 전부 바뀐 책도 있었다. 과장해서 포장한 책이 있었고, 특정한 시간과 장소와 상황에만 맞는 지침을 보편적인 것으로 확대해서 쓸모가 없게 돼버린 책도 있었다.

다양한 교육이 역사적으로 어떻게 시작되고 지속되는지, 유익하거나 해로운 교육적 특성이 무엇인지, 교육자는 어떻게 유익한 것을 증가시키고 해로운 것을 약화시키는지, 각종 교육 제도가 어떻게 진보하는지, 유아·어린이·청소년·성인 등 단계별 합리적인 기대치는 무엇인지, 교육자가 어떤 문제에 부딪히는지를 세세하게 다룬 책도 있었다. 하지만 대체로 현학적이었다. 진실이 없었다. 루소(1712~1778)의 《에밀》(1762) 같은 판타지에서 벗어나 교육 대상을 정확히 알고 그에 대한 교육을 더욱 상세히 설명하고 싶다면, 친구를 통해 혹은 정기 간행물을 통해 인간에 대해 더 많이 알기를 원한다면, 우리는 책을 흥미롭게 읽으면서 모든 상황에서 저자와 함께 생각하고 회의하고 두려워하고 희망하고 결심하고 행동해야 한다. 그래서 책 없이 지금의 상황과 처지에서 실행할 수 있는 일을 해보는 것이다.

끝내 이루어내고 행복해지기를! 이는 내가 추구하는 아름다운 목적이기도 하다. 이를 이루려면 내 아들에게 선한 영향을 끼친 것이든 악한 영향을 끼친 것이든, 타인의 고결한 후원이든 아첨과 비방과 은밀한 유혹이든, 아들에게 일어난 모든 일을 있는 그대로 진술해야 한다. 또 나와 아내가 아들을 교육하면서 저지른 실수에 대해서도 침묵해서는 안 된다. 이 모든 것이 분명해질 때 독자들이 전체를 올바르게 파악하고 제대로 판단해서 자신의 정신적 자산으로 만들 수 있다.

어떤 이들은 있는 그대로 솔직히 진술하는 것을 허영으로 치부할 것이다. 좀 더 나은 실천에 나서는 대신 그 실천을 경시하고 거짓되게 설명하는 것은 쉽다. 세상을 아는 사람은 누구나 안다. 늘 그랬고 앞으로도 그럴 테니까. 인간의 나약함과 자부심이 악행의 원인이 되곤 하니까. 나는 각오하고 있다. 그리고 나는 깨닫는다. 선한 사람들의 따뜻한 악수와 정겨운 포옹 덕분에 내 노력과 헌신이 존중받고 있음을. 그들이 보내준 감동과 갈채, 감사의 눈물 덕분에 유해한 적대감으로부터 견딜 수 있음을.

Chapter 3

이제야 이 책을 내는 이유

—— 많은 사람들이 나에게 다정한 비난을 해왔다. 왜 진작 이 책을 쓰지 않았느냐고. 최근 프랑스와 이탈리아를 방문했을 때도 어김없이 들었다. 나는 그들의 비난에 공개적으로 응답할 의무감을 느꼈다.

나는 다만 이 책이 유익하기를 바란다. 그때에 유익했다면 지금도 당연히 유익해야 한다. 하지만 내가 원하는 대로 교육이 이루어질지는 아직도 확신이 서지 않는다. 일부는 내 마음대로 되지 않는 사물의 본성 때문이고, 일부는 내 아들이 감기나 전염병 등으로 죽거나 허약해질 수 있기 때문이다. 그러니 악의적인 사람들은 내가 교육에 대해 이야기하는 것을 얼마나 비웃을까!

비난에 맞서는 근거는 나 자신에게 있다. 하지만 외적인 근거도 있다. 내가 아는 거의 모든 사람은 내 교육이 순조롭고 행복하게 진행된다고 생각했다. 그러나 소수의 사람들은 확신하지 못하고 또 확신하기 싫어했다. 나는 신의 도움을 전적으로 믿고 모든 것을 시도했기에, 지난 한 세기 동안 유럽에서 지속된 끔찍한 상황 속에서도 쾌활하고 용감하게 나아갔기에 이렇게 확신했다. 내 작품이 세상에 유용하다면 내게 책을 쓰지 못하도록 방해해온 합당한 근거가 전부 제거될 때까지 신은 나를 살아 있게 해줄 것이라고. 사람들은 나를 나약하다며 비난하곤 했다. 그래도 나는 높은 존재에 대한 전적인 믿음을 품고 1년 6개월간 여행을 감행했다. 여행으로 몸이 회복되기를 바랐다. 그 후 내 바람대로 몸이 회복되었고 운 좋게도 수많은 위험을 피했다. 나는 스스로 의무라고 여긴 일을 기꺼이 감당하겠다고 맘먹었다.

아들의 교육은 완성되었다. 가장 합리적인 판단에 따른 결과였다. 올해 열여덟 살인 내 아들 칼은 5년 전에 철학 박사, 2년 6개월 전에 법학 박사가 되었다. 현재 여러 학회의 회원이며, 2년 전부터 국비 지원을 받아 학술 여행을 하고 있다. 이 여행은 아들이 자발적으로 계획한 것이다. 칼은 나와 160킬로미터 이상 떨어진 곳에서 명예로운 경력을 밟고 있다. 어쩌면 나는 아들을 영영 못 볼지도 모른다. 정말이다. 이제 내가 아들의 교육이 완성되었다는 것, 마지막에 이르렀다는 것을 인정하지 않으면 삶의 운명도, 선하거나 악한 인간들의 영향도 결코 받아들이지 못할 것이다.

내가 무엇을, 어떻게 했는지 이제는 말할 수 있다. 아니 말해야 한다.

Chapter 4

내 아들에게는 타고난 재능이 없었다

―― 나는 내 아들 칼이 비범한 재능을 타고난 것 같다는 말을 수없이 들었다. 그냥 가만히 듣는 수밖에 없었다. 신의 특별한 가호를 받았다거나 누구에게도 없는 재능이 있다고 평가받는 것은 부모로서 엄청 뿌듯한 일이니까. 하지만 그 말은 사실이 아니다.

나는 1,000명도 넘는 사람들에게 일일이 그 말을 부인했다. 친구나 지인들도 대부분 유사한 견해를 이야기했다. 어린 시절부터 속속들이 나를 알았던, 1788년부터 죽을 때까지 20년 이상 절친한 친구로 지냈던 글라우비츠 목사만 예외였다.

"난 칼에게 특별한 재능이 없다고 생각해. 칼이 자라는 모습을 보면서 이 모든 게 기적 같다고 감탄하지 않았어. 오히려 정반대였지. 나나 자네나 사람들에게 칼은 평범하게 태어났다고 말해왔잖아. 하지만 때가 되면 자네 교육의 결과가 더없이 찬란하게 나타날 걸세. 난 자네의 교육 방법을 잘 알아. 신이 훼방만 놓지 않는다면 그 계획은 반드시 성공할 거야."

아들이 태어나기 전, 마그데부르크의 엘리트 학교(리벤프라우엔 수도원 학교, 베르겐 수도원 학교, 돔슐레 수도원 학교)에는 유능한 젊은 교사가 많았다. 인근의 젊은 목사들이 이 학교들과 우호 관계를 맺었다. 교사와 목사 모두 참된 교육에 열중하는 사람들로 좋은 모임을 이루어가고 있었다.

내 친구 글라우비츠가 이 모임에 참여했고, 덕분에 나도 초대를 받았다. 한번은 교사와 교육자가 온 힘을 쏟아도 때론 아무것도 성취할 수 없다는 대화가 오갔다. 나는 그런 대화가 오가는 것은 인간의 타고난 소질을 너무 중시한 탓이라고 생각했다. 나는 그들의 의견을 반박할 수밖에 없었다.

"대여섯 살 때는 타고난 재능보다는 교육에 더 좌우됩니다. 물론 소질도 서로 다르게 태어나지요. 하지만 우리가 흔히 믿는 것보다 교육이 훨씬 중요한 역할을 합니다."

견해를 뒷받침하기 위해 추가로 엘베시우스(1715~1771, 프랑스 계몽기의 철학자-옮긴이)의 말을 인용했다.

"건강한 보통 아이가 교육을 제대로 받으면 특출한 사람이 될 수 있습니다."

그러자 모두가 반박하고 나섰다. 슈라더는 집으로 돌아갈 때까지도 여전히 그 문제에 대해 나와 글라우비츠에게 이야기했다. 나는 몇 번이고 같은 말을 했다.

"이 말을 끝으로 입을 다물어야겠네. 열서너 명이 반대하니까. 그래도 나는 내가 옳다는 것을 증명하고 싶네. 신이 나에게 아이를 주신다면, 자네들 견해대로 아이를 탁월한 사람으로 한번 교육해보겠네. 오래 전부터 마음먹은 일이라네. 아이가 어떤 소질을 타고날지는 모르지만 말이야."

두 친구는 모임에서 내가 했던 말을 다시 들어주었다. 슈라더는 계속해서 논쟁을 이어갔고, 글라우비츠는 내 의견에 반대하지 않는다고 살짝 귀띔해주었다. 글라우비츠는 내가 분명히 약속을 지킬 것이라고 슈라더를 설득했다. 하지만 슈라더는 다른 친구들처럼 좀 힘들지 않겠느냐고 우려했다.

이후 슈라더는 글라우비츠로부터 내 아내가 아들을 출산했다는 소식을 들었다. 슈라더는 그 사실을 지인들에게 알렸고 전부 나와 내 아들만 지켜보았다. 내가 모임에 나갈 때나 글라우비츠가 나를 만나고 난 다음에는 항상 일이 잘 진행되고 있는지 물어보고, 미심쩍다며 머리를 흔들어댔다. 글라우비츠나 내가 약속을 순조롭게 이행 중이라고 해도 마찬가지였다.

칼이 네댓 살일 즈음에 클라인-오터슬레벤으로 데리고 갔다. 슈라더는 칼을 보고 아주 좋아했다. 슈라더는 칼에게 비범한 재능이 없다는 것을 알고도 내가 아들을 훌륭하게 키울 것이라며 확신하고 있었다. 이 믿음은 1810년까지 계속되었다. 해마다 교육의 성과를 거두자 슈라더는 내가 문제를 해결하고 있다고 더욱 확신했고, 격려의 편지를 보내왔다.

편지의 내용은 꽤 의미심장했다. 그간 의심했던 일들이 실제로 이루어진 것을 인정할 수밖에 없었으니까. 비록 내면의 편견을 완전히 버리지는 못했을지라도 말이다. 슈라더는 편지 속에서 예전에는 스스로 불가능하다고 여겼던 일들에 대해 흔쾌히 인정하고 진심 어린 경의를 표하고 있었다. 그의 편지는 다음과 같다.

존경하는 벗에게

끝내 목사님은 약속을 지켜내셨더군요. 칼이 태어나기도 전에 약속했던 일 말입니다. 10년 전쯤 목사님은 우리의 영원한 친구 글라우비츠와 함께한 자리에서 아이를 갖고 싶고, 이왕이면 건강한 아들이면 좋겠다고 열변을 토했지요. 그때 잊지 못할 말을 덧붙였습니다. "내 아들이 건강하기만 하다면 특출한 사람으로 키우겠습니다."

저는 당시 목사님의 즐거운 계획이 성공하려면 아이의 건강은 물론 자질까지 타고나야 한다고 생각했습니다. 목사님은 "교육만 제대로 받으면 보통 아이도 특출한 사람이 될 수 있습니다."라고 프랑스어로 이야기했지요. 저는 계속 의구심을 떨치지 못했지만 글라우비츠가 저를 제어했습니다. 목사님이 스위스에 있을 때 기존의 교육자라면 바보에 가깝다고 포기했을 아이를 단시일 내에 보통 수준을 능가하는 아이로 교육했다고 말입니다.

저는 목사님의 아들을 직접 만날 때까지 판단을 유보하기로 했습니다. 이제 그 아이가 여기에 있습니다. 눈앞에서 보니 아이다운 순진함과 선량함이 남자다운 성숙함과 기이하게 조화를 이루고 있군요. 고귀하고 사랑스러운 인간상이라고나 할까요. 아, 목사님. 이런 사람들로 가득한 방으로 저를 인도해주십시오. 그럼 저는 지상을 떠나 고귀한 영혼들과 어울릴 것이랍니다.

벗이여! 목사님은 약속을 지켰을 뿐만 아니라 약속한 이상을 해내셨습니다. 좀 더 공정해지기 위해서 글로 설명해야 한다는 의무감이 들었습니다. 목사님이 거둔 노력의 성과가 얼마나 빛나는지요. 하지만 목사님이 세운 원칙은 교육자들에게 받아들여지지 못하고 있습니다. 도처에서 "그런 아들이 태어났으니 아버지는 얼마나 기쁠까!"라고 말합니다. 아버지의 비결과 공로보다 아이의 천성과 소질, 장점을 부각시킵니다. 솔직히 말하면 저도 "칼이 건강하지 않았다면 지금처럼 되지 못했을 겁니다."라고 말하는 부류에 속한답니다. 하지만 저는 아이를 향한 목사님의 특별한 헌신을 알고 있습니다. 목사님의 힘과 보기 드문 인내심, 목적을 쫓는 확고한 집념을 알고 있습니다. 지금껏 목사님의 모든 행동과 영향의 중심축은 아이였다는 것도 잘 압니다. 말과 침묵, 일과 쉼…… 이 모든 것이 목사님이 추구하는 목적에 더 가깝거나 더 멀게 설정되어야 했지요. 지칠 법도 한데 늘 한결같은 생기로 아들에게 수년간 선한 영향력을 보여주셨습니다. 나아가 목사님은 원하는 모든 것에 영향력을 미칠 만큼 집념이 넘치는 분이시지요.

그래도 저는 감히 교육자들이 틀렸다고 말하지는 않겠습니다. 교육에서 자연과 인위를 나눈다는 것은 단지 어려운 일이 아니라 완전히 불가능한 일이니까요. 남들보다 그리 뛰어나지도 않은 아이를 목사님만의 독특한 교육 방법으로 누구보다 훌륭하게 키워낸 일을 일일이 증명하기란 아마 평생이 걸려도 힘들 것입니다.
목사님의 실험은 어느 면으로 보나 획기적이고 중요하게 역사에 남을 것입니다. 그 교육 방법을 상세하게 남긴다면 우리들에게 소중한 선물이 되겠지요. 장담컨대 목사님의 방법을 따라서 실천해보려는 사람들이 많아질 것입니다.

1810년 6월 3일 마그데부르크 근처 랑엔베딩엔에서
목사 슈라더

Chapter 5

재능 없는 아이라도 인내하고 기대하라

—— 사람들은 재능이 별로 없어 보이는 아이에게도 부모로서 너무 기대를 품곤 한다. 물론 그럴 만한 합당한 근거는 있다. 나는 잘못된 교육으로 아이를 망치거나 반대로 좀 더 나은 교육으로 아이를 발전시킨 사례를 잘 안다. 이 책을 분명히 이해하기 위해서는 그러한 논쟁을 진전시키는 것이 좋겠지만 자칫 논지에서 벗어날 수 있기에 여기서는 일부 사례만 들어보겠다. 잘 읽어보길 바란다.

나는 열두 살에 육체와 정신, 마음에 걸쳐서 잘못된 교육을 받았다. 그때 나는 어떻게 해야 할지를 몰랐다. 친구와 지인도 비슷한 경험을 하며 컸다. 이후 독학을 시작하자마자 그때까지 잠들어 있던 정신력이 놀랍게 발전해서 스스로 경탄했다.

나는 열네 살에 잘츠베델에서 여러 동급생들을 가르쳤다. 그리고 완전히 극과 극을 이루는 교사들을 경험했다. 유능한 교사와 무능한 교사, 박식한 교사와 무식한 교사, 선량한 교사와 악랄한 교사. 그들은 정말이지 다양하게 영향력을 행사하고 있었다. 나에게는 분명 충격적이었다.

그 후에 나는 게디케 선생님 덕분에 베를린으로 갔다. 다른 교사들보다 크게 애쓰는 것 같지 않은데도 그분의 선한 영향력은 점점 커졌다. 게디케 선생님이 던지는 질문, 힌트, 교훈적인 농담이 잠자던 불씨를 유익한 불꽃으로 피워냈다.

몇 달 뒤 게디케 선생님은 누이와 함께 운영하는 교육기관에 나를 교사로 추천해주었다. 나는 열한 살에서 열세 살 사이의 여자아이들에게 역사를 가르쳤다. 그때 좀 소심하게 행동했더니 게디케 선생님이 나를 꾸짖었다. 좀 더 자유롭고 자연스럽게 수업하자 선생님은 칭찬과 함께 아낌없는 격려를 보내주었다.

아이들이 내 말에 귀를 쫑긋 기울이기 시작했다. 나는 점점 더 많은 수업을 맡아야 했다. 아이들이 나에게 배우고 싶어 했기 때문이다. 그 중에는 상인의 딸도 있었고, 교수의 아들도 있었다. 나는 아랑곳 않고 즐겁게 가르쳤다. 아이들은 제각각 아주 달랐다. 나는 한 사람씩 맞춤형으로 수업했다. 그때의 경험으로 나는 아이의 특성에 맞게 가르치면 다소 느린 아이라도 성과를 낼 수 있다는 것을 깨달았다.

또 몇 달 뒤 할레에서 일찍이 부모를 여의고 홀로 남겨진 여자아이를 맡게 되었다. 이 아이의 경우에도 나는 교육 방식을 바꿔 3년간 다양하게 수업을 시도했다.

베를린을 여행할 때 학교와 교육기관을 눈여겨봤다. 할레에 가서는 그보다 더 많은 것들을 눈에 담았다. 잘츠만, 캄페, 트랍, 로하우, 베커

같은 사람들을 만나 함께 수업 방식을 토론하고, 반론하고, 가르침을 새겨들었다.

나는 라인 강을 따라 로스토크, 함부르크, 뒤셀도르프, 페펠을 방문했고 그곳에서 페스탈로치를 알게 되었다. 페스탈로치의 교육소설《린하르트와 게르트루트》(1781~1787)를 특히 좋아해서, 전체 네 장 가운데 가장 중요하다고 생각되는 부분을 발췌했다. 그리고 소설을 내 식으로 다시 엮었다. 나는 이 소설이 부모를 위한 책이라고 믿었고, 지금도 그렇게 믿고 있다. 페스탈로치도 내가 잘못되었다고 말하지 않았다.

한번은 스위스의 한 가정에서 맏아들 헤르쿨레스를 교육한 적이 있었다. 지금껏 만난 아이들 중에 가장 철없는 일곱 살배기였다. 아이의 아버지는 우울증이 심했다. 반면 어머니는 집안일에 매이기보다 본인이 즐거운 일에만 몰두했다. 이미 아이가 다섯이나 있는 데다 여섯째가 태어나기를 기다리는 중이었기에 부모가 헤르쿨레스를 돌보는 일은 점점 더 소홀해졌다.

그 집에서 분별력 있는 사람은 할머니뿐이었다. 할머니는 "아이가 어디로 튈지 도무지 모르겠어요. 조만간 교사를 구하지 못하면 아이를 망칠 것만 같아요."라고 말했다. 할아버지는 그렇게 생각하지 않았다. 손자를 너무 사랑한 나머지 완전히 응석받이로 키웠고, 순수한 아이가 배우지 않아도 되는 것들을 가르쳤다.

나는 작고, 창백하고, 병약하고, 교활하고, 이해력 없고, 영리하지 못하고, 뭘 배우려고도 하지 않고, 마지막으로 나를 잔뜩 두려워하는 남자아이를 떠맡았다. 지난달 할아버지가 아이에게 "비테 씨가 와서 네 버릇을 고쳐줄 거야."라고 으박질렀다고 했다.

더군다나 아이는 독일어나 프랑스어를 한 단어도 몰랐고, 이탈리아어도 상스러운 말만 알고 있었다. 아이는 그 집 하인에게 말을 배웠다. 당최 알아듣기 힘든 대화를 했다. 다들 아이를 그대로 방치했다.

하지만 가장 심각한 것은 그 아이가 어린 여동생을 제멋대로 다룬다는 점과 할아버지가 놀이 친구로 데려온 가엾은 남자아이에게 폭언을 하고 학대를 한다는 점이었다.

나는 아이를 3일간 관찰만 했다. 그러고는 아이의 부모와 조부모에게 3개월간 내 교육 방법을 무조건 따르겠다는 약속을 받아낸 다음, 아이의 아버지처럼 행동하기 시작했다.

헤르쿨레스는 잠을 깨자마자 침대에서 일어나야 했다. 내가 아침부터 아이가 읽을 책을 들고 기다리고 있었기 때문이다. 이제까지 아이는 몇 시간씩 침대에 머물면서 먹고 마시고 지루해하고 빈둥거렸다. 아, 침대에서 이렇게 빈둥거리는 것은 이루 말할 수 없이 해롭다.

이전에는 어쩔 도리가 없어서 하인이 옷을 대충 입혔다. 아이 스스로 씻은 적도 단 한 번 없었다. 이제 나는 스스로 옷을 입고 씻도록 도왔다. 그리고 점점 도와주는 횟수를 줄여나감으로써 얼마 지나지 않아 아이는 혼자 옷을 입고 씻게 되었다. 나는 아침마다 아이 옆에서 얼굴, 목, 손, 팔까지 비누로 꼼꼼하게 씻어 보이며 그 유익함을 이해시켰다.

아이는 곧 나를 따라 하면서 명랑해졌고 행복해했다.

가족이 다 같이 아침을 먹을 때면 꼭 할아버지 옆에 앉아 습관적으로 과식을 하곤 했다. 이제 아이는 내 곁에서 필수 열량만 섭취해야 했다. 평소 두세 배씩 과식하던 것을 금지했다.

식후에 날씨가 무덥지 않으면 우리는 밖으로 나갔다. 아주 멀리까지 데리고 나가기도 했다. 나는 아이와 걸으면서 유쾌한 대화를 나눴다. 점차 산책을 즐거워했다.

포도주와 커피를 입에 달고 있고, 어쩌다 차를 마시던 아이가 이제는 물을 마시고 다른 음료를 거의 거들떠보지 않았다. 열 가지 음식이 차려진 점심 식탁에서 가장 소박한 두 가지 음식만 허락되었다.

오후에는 또다시 최대한 멀리 산책을 나갔다. 너무 더울 때면 저녁 무렵까지 기다렸다. 밤이 되기 전에 귀가하는 일은 드물었다.

세상 모든 사물이 대화의 소재가 되었다. 나는 아이보다 한 살 어린 여동생 루이제도 함께 교육했다. 나중에는 헤르쿨레스와 동갑인 사촌 마르도 맡았다. 우리 넷은 무척이나 즐겁게 산책했다. 아이의 아버지도 자주 산책길에 합류했고 덕분에 우울증이 나아갔다. 그는 금세 우리에게 필요한 사람이 되었다.

산책을 마치고 집으로 돌아오면 점심때처럼 아이들을 보살폈다. 저녁을 먹고는 그림을 그리게 하거나, 교육적인 이야기를 들려주거나, 유쾌한 동화를 읽어주었다. 헤르쿨레스는 저녁 식탁에 오른 다섯 가지 음식 중에 포만감을 주는 한 가지 음식만 먹고 일른 잠자리에 들었다. 봄이 피곤했기 때문이다.

이런 생활 방식이 지속되자 아이는 점점 나에게 익숙해졌다. 더는 매일을 지루해하지 않았다. 늘 즐거워하며 기다렸고 눈에 띄게 체력도 좋아졌다. 고집을 부려도 통하지 않는다는 사실을 알아채고는 더 이상 제멋대로 행동하지 않았다. 아이는 더욱 밝아졌다.

몇 달 뒤 헤르쿨레스는 살이 빠지고 키가 크기 시작했다. 두 눈이 불같이 반짝이고 양 볼이 생기 있게 발그레했다. 식욕이 왕성해졌고 잠도 잘 잤다. 영리해지고 이해력이 커지고 무엇보다 공손해졌다.

그제야 나는 헤르쿨레스를 규칙적으로 가르치기 시작했다. 우선 오전마다 조금씩, 이를테면 밖에 나가기는 너무 더울 때에 가르쳤다. 정신적·육체적인 힘이 늘어나고 스스로도 발전하고 있음을 인지한 것인지 무언가를 배우고 싶어 하는 성향도 같이 자랐다. 어느덧 아이가 먼저 수업을 해달라고 조르기에 이르렀다. 곧 엄청 빨리, 쉽게 배워서 가족들을 굉장히 기쁘게 했다. 손자를 엄격하게 규율하는 교육 방식을 못마땅해하던 할아버지도 나에게 지난 일을 사과했다. 아이의 부모는 나를 형제처럼 아끼고 형제처럼 대접했다. 심지어 그 집의 친척과 친구들도 나에게 존경을 보내며 무척이나 감동적으로 마음을 표현해주었다.

내가 헤르쿨레스를 교육하는 3년 6개월간 아이는 아주 행복하게 바뀌어갔다. 내 뒤를 이은 후임자도 완벽하게 잘해냈다. 이후 제자는 육군사관학교에서 두각을 나타내더니 명예롭게도 장교로 임관되었고 연대에서 최고의 사랑과 존경을 누렸다.

나는 그렇게 성공했다. 아이의 교육이 너무 늦었음에도 말이다. 당시 그 아이는 이미 일곱 살이었고 초기에 잘못된 교육으로 인해 완전히 엉망이 되어 있었다. 나는 이때의 경험으로 다음과 같은 결론에 이르렀다. 조금만 더 일찍 교육을 시작한다면, 그야말로 요람에서부터 교육을 시작한다면 이보다 훨씬 더 뛰어난 성과를 이룰 수 있다는 것을.

Chapter 6

나의 교육 철학이 성공하기까지

—— 내 아들을 교육한 방법은 시작뿐만 아니라 진행도 성공적이었음에 틀림없다. 서로 다른 것을 넘어서서 적대적이기까지 했던 지방 정부들이 10년 이상 나에게 우호적이고 적극적인 지원을 아끼지 않았다.

내 아들이 여덟 살일 때 우리는 할레 근처 로하우에서 살고 있었다. 보통 사람들이 아이에게 관심을 쏟는 환경은 아니었다. 그런 환경은 도시, 특히 대도시에서나 가능할지 모른다.

게다가 칼을 독특하게 교육한 시기에는 유럽 각국이 요동치고 조국 프로이센도 거의 무너지려 하고 있었다. 1807년과 1808년에(칼 비테의 모국 프로이센은 1805년의 아우스터리츠 전투와 1806년의 예나 전투 등에서 나폴레옹이 이끄는 프랑스군에 계속 패하고 1807년 틸지트 조약에 따라 영토의 반을 잃었다. 나폴레옹은 프로이센에게 빼앗은 영토에 라인연방이라는 꼭두각시 정부를 세웠다. 이외에도 프로이센은 많은 배상금을 지불하고 대륙봉쇄령에 따라 대영제국과의 무역이 금지당하는 등 사실상 프랑스의 속국으로 전락했다–옮긴이) 대해 이야기하는 것이다. 그때 주로 회자된 주제는 끔찍한 사건, 불안, 희망, 실망, 도움에 대한 갈구였다. 사소한 일은 그냥 지나치기 일쑤였다.

그런 시기에 한 아이가 주목받은 것은 그 성과가 특별했기 때문일 것이다. 아이가 이룬 성과가 굵직한 시대적 사건을 두루 거치면서 자리매김을 했으니 말이다.

시대적으로는 아주 비우호적이었다. 조기교육에 반대하는 편견이 뚜렷했으니까. 잘츠만, 캄페, 트랍은 오랫동안 조기교육을 강력히 반대하면서 무용하고 해롭다며 객관적으로 지적하고 '온실 교육'의 산물이라는 오명을 씌웠다.

그런 분위기에도 내가 따를 만한 조기교육 신봉자들이 있었다는 것만으로도 영광스럽다. 조기교육 문제에 대해 그분들과 의견을 공유했음을 기꺼이 인정한다. 내 지도하에 우려하던 일이 일어났을 때는 불안감이 들었다는 점도 기꺼이 인정한다.

따라서 신문에서는 그 첫 소식(메르제부르크에서 내 아들이 쳤던 공적이고도 사적인 시험에 대해 상세히 설명하는 익명의 편지를 〈함부르크 통신〉이 실었다)이 분별없는 허위 사실이라고들 했다. 어느 덴마크 학자는 신문에 실린 내용을 전부 부인하면서 내재적 이유로 부인해야 한다고 믿었다. 하지만 내 아들이 시험을 여러 번 치르고 쉬츠, 티프트룽크, 케자르, 벡, 말만, 로스트 같은 뛰어난 학자들의 친필 추천서를 받자 사람들이 믿지 않던 일이 곧 신뢰를 얻었다. 이어서 학회와 대학이 가세했다. 곧 사방에서 호의적인 목소리가 나오면서 내 아들의 일이 사실로 받아들여졌다.

시기적으로도 한동안은 비우호적이었다. 왜냐하면 전쟁의 참화가 모든 걸 동요시켰기 때문이다. 프로이센은 영원히 멸망하는 듯했다. 프로이센 국민이 매일매일 빠져나갔고, 나는 제국의 맨 끝자락에 매달려 살고 있었다. 우리가 살던 로하우는 사방이 작센에 둘러싸인 일촉즉발의 지역이었다. 그러니 우리는 지원을 받을 생각은커녕 마을을 떠나야 했다. 칼이 뒤처지도록 내버려두지 않으려면.

나는 프로이센을 믿을 수 없었다. 프랑스는 지원을 해주는 게 아니라 지원을 원하는 상황이었다. 작센에서는 어떤 것도 바랄 수 없었다. 물리적 욕구를 조금도 해결할 수 없었다. 그래도 훨씬 좋은 조건으로 교구를 맡겨주겠다는 서면 보장을 받았다. 나는 내 가족과 꽤 안락하게 살았다. 나중에 라이프치히에서도 삶의 온갖 기쁨을 누렸다.

그동안 내 아들의 교육은 아직 초기 단계였다. 수많은 사람들이 나쁜 결과가 나올 것을 우려했다. 그들은 정말 걱정하는 듯이 "저 가엾은 아이는 열 살이나 열두 살에 죽거나 쓰러질 것이다."라고 말했다.

그런데도 라이프치히 시와 대학교는 놀라운 방법으로 서로 협조하며 나를 지원했다. 내 아들에게 상당한 장학금을 주고 우리 부부에게 친절하고 유리한 제안을 해서, 결국 나는 내 교구를 포기하고 라이프치히로 가기로 했다. 분별 있는 사람이라면 이런 지원이 내 아들에 대한 엄밀한 조사와 반복적인 시험을 거친 뒤에나 가능했으리라 짐작할 것이다.

프랑스에 귀속된 베스트팔렌 정부도 똑같은 방식으로 조사를 진행했다. 내 아들을 의심하고 거듭 시험한 결과 나에게 지원금을 주기로 결정했다. 나는 지원금을 꼬박꼬박 받았다. 러시아가 카셀(프랑스의 지배를 받던 헤센 왕국의 수도 – 옮긴이)을 공격한 날에도.

베스트팔렌이 무너지자 내 후원자와 친구가 내 가족을 돌보았다. 7년간 초토화되어버린 내 조국 프로이센은 결과가 의심스러운 전쟁을 벌이고 있었다. 반면에 하노버, 브라운슈바이크, 헤센 지방 정부는 다른 나라 출신의 이방인은 전부 집을 수리해야 한다면서 베스트팔렌조약의 토대 위에 만들어진 어떤 요구든 단호하게 거부한다고 서둘러 공표했다. 하지만 세 지방 정부는 모두 조약에 기초하여 내가 청구한 것을 선뜻 지불했다. 자금을 필요로 하는 곳이 많았지만 나는 제대로 잘 쓰일 것이라고 자연스럽고도 합리적으로 그들을 확신시켰기에 지원을 받을 수 있었다.

많은 프로이센 상류층들은 프로이센 제국에 도움을 청하라고 나를 부추겼다. 하지만 너무도 불운한 시대라서 오랫동안 그러지 못했다. 마침내 누군가가 또 부추기기에 이번에는 그의 말에 따랐다. 나는 철저하게 조사를 받고 나서 엄청나게 관대하고 고무적인 답변을 받았다. 프로이센 제국은 정말로 면밀히 검토하더니, 내가 요청한 것보다 더 많이 지원했다. 왕의 관심과 호의 덕분에 내 아들과 나는 지난 2년간 베를린에서 분에 넘치게 즐거운 생활을 했다.

이런 지원은 10년간 중단 없이 지속되었다. 서로 반목하는 학자와 관료, 심지어 통치자가 적극적으로 힘을 모아주었다. 다들 흔쾌히 그런 희생을 감수한 것을 보면 내가 기획한 일이 아주 성공했음에 틀림없다.

축하 편지가 무수히 쏟아졌다. 개인적으로 잘 모르는 사람들이 주로 온정과 관심을 쏟아주었다. 내 조국에서뿐만 아니라 다른 나라의 귀족들까지 친절, 덕담, 존경, 진심 등의 지속적인 응원을 보내준 것은 나의 시도가 나름 성공적이었다는 사실을 입증하기에 충분했다.

Chapter 7

교육의 완결

—— 아들의 교육은 완결되었을까. 나로서는 그렇다. 나는 자기 자신이야말로 교육을 완결했다고 주장하는 사람들과 오랫동안 맞서왔지만 이젠 있는 그대로 받아들여야겠다. 내 아들이 열한 살 때, 괴팅겐의 몇몇 교수들은 내가 아들이 듣는 강의를 따라다닐 필요가 없다고 했다. 내 아들이 의젓하게 행동하고 강의에 집중하고 필기도 제대로 하니 이제 수고를 덜어도 되겠다고. 그래도 나는 아들과 같이 강의를 듣고 복습도 했다. 아들이 눈치채지 못할 정도로 아주 천천히 자립을 유도하다가, 나중에 괴팅겐과 하이델베르크에서는 완전히 독립시켰다.

내 아들이 뛰어난 저자로서 여러 차례 난제를 다룬 뒤에, 대개는 오랫동안 현저한 실적을 올린 석학에게 주어지는 명예와 존경을 받은 뒤에, 우리 국왕 폐하와 각료가 내 아들이 국비로 2년간 학술 여행을 다녀올 자격이 있다고 인정한 뒤에, 내 아들이 열여섯 살이 되어 온전히 자신을 챙기게 된 뒤에 나는 아들의 교육이 완결되었다고 여기기로 마음먹었다. 드디어 내 건강을 오롯이 챙기기로 결심했다.

하지만 내가 너무 성급하지 않았는지, 너무 일찍 손을 놓은 것이 아닌지 늘 걱정했다. 나는 존경하는 폐하께 편지를 썼다. 내가 아들을 1년간 더 데리고 있으면서 지적 삶에 따르는 모든 중요한 변화를 준비시키겠다고 말이다. 폐하는 올곧은 견해와 고결한 심성을 지닌 분이라서 내 의견에 동의했다. 이후 나는 후원자와 친구의 승낙을 받은 후에야 비로소 아들이 살고 있는 집과 도시를 떠났다.

나는 17개월간 아들과 떨어져 지냈다. 스위스와 이탈리아로 여행하는 길에 오스트리아 빈에서 아들을 한 번 만난 것이 전부였다.

나는 아직 어린 아들을 불쑥 세상에 밀어 넣지 않으려고 했다. 부모의 사려 깊은 보살핌 속에서 지내다가 느닷없이 낯선 사람들 속에 던져지면 자기방어에만 급급할 테니까. 내가 부재중일 때는 아이 엄마나 고결한 친구들과 같이 지내게 했다. 운 좋게도 사회 각계각층과 모든 연령대에 골고루 친구들이 있었다. 친구들은 좋은 계절을 골라 라이프치히와 드레스덴, 매혹적인 주변 도시인 프라이베르크, 켐니츠, 나움부르크, 예나, 바이마르, 에르푸르트, 고타, 리벤슈타인, 아이제나흐, 카셀, 괴팅겐, 브라운슈바이크, 마그데부르크, 잘츠베델 같은 곳으로 아들을 여행 보내라고 했다. 자연 환경과 예술 작품을 보고 도서관도 이용하고 학자들과 친분도 쌓으라고 조언했다. 실제로 내 아들은 스스로 굉장한 여행을 계획하고 4, 5개월 뒤에는 베를린의 엄마에게 돌아가 다시 한 번 이론적인 수업을 준비했다. 내 아들은 자신에게 유리하게 모든 것을 활용했고 올해 5월에 실제로 굉장한 여행을 시작했다. 빈에서 두 달간 함께 지낸 후에 나는 아들에게 작별인사를 했다. 지금 아들은 알프스 너머에 살고 있다. 나는 더 이상 아들을 지도할 수 없다. 아들은 신의 양심에 따라 홀로 서기를 하고 있다. 그래서 내 관점에서 보자면 내 아들의 교육이 완성되었다고 보아야겠다.

물론 우리 모두 죽을 때까지 교육을 받는다. 삶의 환경, 우여곡절, 지인(산 자든 죽은 자든)과의 대화를 통해 끝나지도 않고 끝낼 수도 없는 교육이 자연스레 이루어진다.

내가 17개월간의 여행을 시작했을 당시 내 아들은 정신과 육체가 아주 건강했다. 아들은 건전하고 즐겁게 생활하고 경쾌한 마음으로 일했다. 아들은 절대 아프지 않았다. 심지어 유아기에도 병 한 번 앓은 적이 없었다.

Chapter 8

평범한 아이도 영재가 될 수 있다

—— 교육은 평범한 아이도 비범하게 바꾼다. 내가 줄곧 주장하는 명제다. 내 아들이 태어나기 전에, 영향력 있는 마그데부르크 교육자 협회가 주장하기 전에 내가 먼저 주장한 명제다. 그 협회는 그 명제에 대한 수많은 반박에 맞서야 했다. 메르켈 박사와 익명의 전임자가 그 명제를 밝히고 얼마나 경멸을 받았는지. 나는 주제넘게도 "건강하고 재능 있는 아이를 교육하는 비밀을 발견했다."라고 주장했다.

다행히 당시 내 주장은 조금만 공격받았다. 내 아들이 여덟 살이 되고부터 수많은 사람들이 내 주장에 반대했다. 그들은 칼이 육체적으로나 정신적으로 특별한 소질을 타고났다고 했고, 나는 항상 그들을 반박했다.

그 당시에 몇몇이 나를 악의 어린 시선으로 바라본 것은 정말 우스웠다. 내가 내 아들이 육체적·정신적으로 특별한 소질을 타고났다고 상상한다는 것이었다. 그리고 나서 그들은 본성에 따라 내 자만과 허영을 비난했다. 내가 칼이 두 살에서 여섯 살이 되도록 평범한 소질을 타고났다고 확신하는 것을 아주 나쁘게들 해석했다. 내가 검다고 말하면 그들은 음흉하게 희다고 우길 테고, 내가 희다고 하면 그들은 검다고 장담했을 것이다. 고루하고도 경박한 소피스트들이여!

그 사람들의 독설에도 아랑곳하지 않고 나는 25년이나 같은 주장을 되풀이했다. 내적 확신이 점점 확고해졌다. 엘베시우스의 말을 빌리면, 평범한 아이라도 교육을 제대로 받기만 하면 비범한 사람이 될 수 있다.

줄이 연결되지 않은 피아노 건반은 아무리 뛰어난 연주자가 두드려도 소리가 나지 않는 법이다. 전문가는 심한 불협화음을 쉽게 고칠 수 있고 형편없는 소리를 내던 악기에서 조화로운 멜로디를 이끌어낼 수 있다. 형편없는 소리가 나는 악기는 다른 악기처럼 완벽한 구조를 가지고 있지 않을지도 모른다. 하지만 처음에 제대로 조율된다면 원래 좋은 소리가 났지만 조율이 제대로 되지 않은 악기보다 더 조화로운 소리를 낼 것이다. 원래 좋은 소리를 냈지만 제대로 조율이 되지 않은 악기는 이제 연주가 엉망일 것이다.

추상적으로 말하자면 아이의 육체나 정신에 어느 기관이 없다면 아무리 훌륭한 교육자라도 아이를 제대로 키울 수 없다. 하지만 기관이 전부 있어도 그중 몇몇의 기능이 약하다면 완전히 제 기능을 하는 기관의 도움으로 전체의 기능에 문제가 없을 것이다. 그게 육체적·정신적인 자연의 이치다. 이를 간파한 교육자만이 이런 부족함을 완전히 메워

줄 수 있을 것이다. 적어도 기관의 이전 상태뿐만 아니라 엄청난 발전 상태까지 알고 있는 모든 이성적인 사람을 깜짝 놀라게 하는 결과를 내놓을 수 있을지도 모른다.

그런 교육자는 평범한 아이를 아주 세심하게 다루어 능력을 신장시킬 것이다. 비범한 아이라도 부주의하고 부적당한 교육을 받으면 재능을 향상시킬 수 없다. 따라서 평범한 아이가 많은 애정, 명석함, 섬세함, 열정을 지닌 뛰어나고 세심한 교육자에게 교육을 받으면 경솔하고 형편없는 교육자에게 부주의하고 형편없는 교육을 받은 비범한 아이보다 더욱 높은 경지에 이를 것이 분명하다. 반면 비범한 아이가 명석하고 세심하게 다루어지면 평범한 아이보다 훨씬 발전할 수 있고, 또 그래야만 한다는 것은 명백한 사실이다.

하지만 이런 일은 우리의 불완전한 세상에서는 거의 일어나지 않는다. 정말이지 기존의 환경에서는 일어날 수 없는 일이 분명하다. 따라서 많은 비범한 존재들이 퇴보하면서 어리석어지고 무지해지고 심지어 나빠지기까지 한다. 반면 평범한 아이들은 시간이 흐르면 환경이 좋은 소수만이 도달하는 지점까지 능력이 향상된다. 가장 비범한 사람이 가장 합목적적인 교육을 받고 최고의 환경과 운명에 놓이면 어떻게 될지 우리는 전혀 모른다. 왜냐하면 알렉산드로스 대왕, 카이사르, 카를 대제, 하인리히 왕, 프리드리히 대왕 같은 이들은 하나같이 약점이 있었기 때문이다. 정확히 말해 그들에게는 단점이 있었다. 그들에게는 부족한 점이 아주 많았다. 현실의 세상에서도, 이상적인 세상에서도 뛰어나게 교육받은 사람, 더 위대하고 강하고 건강하고 아름답고 부드럽고 용감하고 고결하고 고상하고 이성적이고 절제되고 검소한 사람, 한마디로 우리보다 높은 존재가 바로 우리 곁에 있을 것이라는 확신이 든다.

100년 뒤에는 내가 이제까지 말한 교육법들이 그릇된 것으로 증명될지 모른다. 모든 아이의 다양한 잠재력을 일깨우고 교육할 수단들이 발견되어 보편화될 것이고, 많은 부모와 교육자가 자녀들을 계속 교육할 기회를 양심적으로 활용할 테니까. 그러면 비로소 주장할 수 있을 것이다. 비범한 아이의 부모와 평범한 아이의 부모가 똑같이 아이를 가르치게 되므로 평범한 아이가 비범한 아이보다 발전할 기회는 없을 것이라고. 다시 말해 평범한 아이는 비범한 아이보다 뒤처져야 한다고.

지금은 그렇지 않다. 그런 주장을 하기엔 아직도 부족한 점이 많다. 아이에게 해로운 실수를 저지르지 않고, 분별력이 있으며, 경험이 풍부한 사람은 거의 없으니까.

다수의 학생을 대상으로 하는 수업과 교육은 개개인에게 맞춰진 특별한 교육보다 훨씬 뒤처져 있다. 그런 특별한 교육을 맡은 사람들은 성과를 내기 위해 자발적으로 온 힘을 쏟기 때문이다. 그러면 특별한 교육 환경에 놓인 열등한 소질을 타고난 사람이 평범한 교육 환경에 놓인 뛰어난 소질을 타고난 사람보다 더 많이 계발될 수 있다. 즉 평범한 아이가 뛰어난 사람으로 교육받는 것이다.

내 명제(내 존재에 대해서처럼 그 명제에 대해서도 확신이 있다)는 대다수에게 반박당하고 소수에게만 일시적으로 수용되었다. 소수마저도 내 명제를 제대로 이해하지 못했다. 그래서 수많은 이의를 제기하는 일이 잦지만 대개는 근거가 너무 미약해서 좀 더 파고들면 와르르 무너져버린다.

따라서 그 명제를 더 자세히 설명할 참이다. 내가 25년간 계속해왔던 수많은 토론 가운데 하나를 아주 생생하게 전달함으로써 내 명제를 더욱 상세하게 설명해보려고 한다.

A : 아니, 친구여! 나를 더는 설득하지 말게! 모든 인간이 같은 소질을 타고난다는 것을 누가 가정할 수 있단 말인가! 분명히 인간의 타고난 소질은 다양하다네.

나 : 나도 소질이 다양하다는 점은 인정해. 하지만 자네가 내 명제에서 추론해낸 점은 오류야.

A : 어째서? 내 추론이 잘못되었다고? 모든 아이를 뛰어난 사람으로 교육할 수 있으려면 모두 똑같은 소질을 타고나야 하지 않나?

나 : 미안하지만, 나는 한 번도 그런 말을 한 적이 없네. 우리가 사람이라고 부르기는 해도 분명히 백치도 있지 않나? 그런 사람부터 최고로 건강한 사람까지 수많은 단계가 나뉘지. 우리가 어떻게 수많은 새싹을 모두 셀 수 있겠는가?

A : 음? 자네는 그런 말을 하지 않았잖아? 내가 자네를 완전히 오해했나 보군.

나 : 내가 늘 '건강한 아이'를 전제로 했기에 자네도 그런 거야. 거기서 큰 차이가 생겼지.

A : 내가 잘못 생각하거나 오해한 거지.

나 : 오해했겠지. 더 분명히 설명하겠네. 나는 인간의 소질이 아주 다양하다고 가정하네. 다양한 육체와 정신과 마음의 소질들이 서로 조화를 이루면 그 다양성을 모두 헤아릴 수가 없다네. 하지만 우리의 목적을 위해서는 그걸 헤아려야 하네. 따라서 하나에서 백까지 다양성을 가정하세! 앞서 언급한 백치는 소질이 1이고, 비범한 아이는 소질이 100이라면 평범한 아이의 소질은 몇이겠나?

A : 50이겠지. 하지만 그게 어쨌다는 건가?

나 : 곧 알게 될 거야. 그러니까 내 가정에 따르면 많은 아이들이 50의 소질을 타고나지. 왜냐하면 평범한 것이 가장 흔하거든. 자네 아들과 내 아들을 비롯해서 우리 주변의 수많은 아이들이 이 부류에 속해.

A : 아니! 내 아들은 그렇다고 인정해도 자네 아들은 절대 아니지!

나 : 그럼 좋아! 우선 자네 좋을 대로 생각하게. 하지만 계속 이야기해보세. 자네는 50의 재능을 타고난 아이들을 10~12명쯤 생각해 두게. 단 그 아이들이 아주 다양한 상황에 놓여 있다고 가정하세. 그중 두 명은 시골에서 교육도 받지 못한 채 자라게 하고, 두 명은 도시에서 제대로 교육도 받지 못하고 공장에서 막일을 하게 두고, 두 명은 형편없는 학교에 다니게 하고, 두 명은 좋은 학교에서 수업을

받게 하고, 두 명은 운 좋게도 가정에서 세심한 교육을 받게 하고, 마지막 두 명은 가정에서 아주 잘못된 교육을 받게 하세. 쉽게 이해되지? 소질을 모두 갖췄지만 교육을 조금만 받거나 아예 받지 않으면 10~12명의 아이들은 교육 막바지에 같은 수준에 도달해 있겠지. 첫 번째는 군주와 국무대신, 두 번째는 학자, 세 번째는 상인, 나아가 아홉 번째는 거지, 열 번째는 도둑이 되겠지. 그렇지만 인간의 완전성에서는 열 명 모두 똑같은 수준에 있을 것이라는 생각이 들지 않나?

A : 물론 아니지! 첫 번째는 많이 배우고, 두 번째는 적게 배우고, 세 번째는 전혀 배우지 않았을 테니까 첫 번째는 뛰어나고, 두 번째는 평범하고, 세 번째는 나쁜 사람이 되겠지.

나 : 따라서 자네는 이미 교육이 얼마나 영향을 많이 주는지 알아챘을 거네. 하지만 그걸 문제 삼지 않도록 하세. 자네는 원래 타고난 성향이 20년이 지나도 변함없이 남아 있나?

A : 무슨 말이지?

나 : 열 명의 아이들 모두 20년이 지나도록 육체의 힘이 똑같이 남아 있을까?

A : 이런, 어떻게 그게 가능하겠나. 우리는 평범한 것, 자연적인 것에 대해 말하고 있잖아. 물론 도둑이나 날품팔이나 농부의 아들이 예술가나 학자나 국무대신의 아들보다 눈에 띄게 육체의 힘이 강하겠지.

나 : 맞아. 하지만 왜 그럴까?

A : 그건 뻔하지. 도둑과 날품팔이, 농부의 아들들은 육체의 힘을 자연적으로 타고났으니까. 또한 이들의 지위와 상황에서는 육체의 힘을 길러주는 교육을 받아야 했을 테니까. 예술가와 학자, 국무대신의 아들들은 육체의 힘이 적거나 거의 단련되지 않았을 테니, 육체의 힘은 발현되지 못하고 아예 사장되어버리겠지.

나 : 그러니까 자넨 육체의 힘이 증가하면 할수록 오히려 육체의 힘이 더욱 필요해진다는 걸 인정하는 거군.

A : 물론이야. 자석과 같은 관계지. 끄는 힘을 늘리면 늘릴수록 사물을 점점 더 많이 끌어당기는 이치지.

나 : 이제 난 많은 것을 얻어냈군. 자네가 소질을 이루는 인간의 타고난 힘이 교육자에게 교육받는 정도에 따라 발전한다는 걸 인정했으니까.

A : 누가 그걸 부인하겠나. 하지만 그게 내 의견에 반한다고?

나 : 자네 의견에 반하지는 않아. 하지만 내 명제를 관철시키는 데는 도움이 되지. 왜냐하면 아이의 모든 자연적인 소질을 최대한 세심하고 균형 있게 교육해야 한다는 결론이 나오니까. 이를 통해 똑같은 자연적인 소질을 타고났지만 제대로 교육받지 못한 사람들보다 더 뛰어난 사람을 키워내기 위해서 말이지.

A : 자네는 잘못 생각하고 있어. 그런 경우가 가능하기는 해. 하지만 그런 가능성으로부터 그런 추론이 나오지는 않네.

나 : 미안하지만 자네가 잘못 생각하는 거야. 우리는 절대 현실을 이야기한 게 아니니까. 자네는 나에게 가능성을 이미 인정했고 내게 그 이상은 필요 없네.

A : 친구여, 자네는 눈에 보이지 않는 실을 잣는 것 같군. 그러다 순식간에 나를 옴짝달싹 못하게 잡아버리는 거지. 하지만 그건 통하지 않아! 자네 주장에 내적 타당성이 있다면 공개적으로 내 의견을 반박해야지.

나 : 나는 계속 그랬고 앞으로도 그럴 거네. 여기 증거가 있어. 자네가 이의를 제기한 데서 출발했네. 즉 모든 건강한 아이가 교육을 제대로 받기만 하면 뛰어난 사람이 될 수 있다는 것에 이의를 제기하는 데서 출발했지.

A : 맞아! 난 여전히 이의를 제기하네.

나 : 그럼 사람들이 아주 다양한 육체와 정신 그리고 마음의 소질을 타고난다는 점에 동의하는 거네. 가장 비범한 재능을 타고난 아이들처럼 가장 불운한 아이들도 소수인 반면 평범한 아이들은 다수라는 것도. 우리는 1부터 100까지 소질의 단계를 정하고 백치를 1로, 가장 비범한 아이를 100으로, 대다수의 평범한 아이들을 50으로 정했지. 자네는 평범한 열 명의 아이들도 힘이 다양하게 성장할 것이라고 인정했어. 이쪽에서 하나를 저쪽에서 또 하나를 뛰어나게 교육한 후에 말이야. 몇몇 아이의 힘은 사용하지 않고 단련하지 않으면, 심지어 억누르기까지 하면 저절로 녹슬겠지. 그렇지 않은가?

A : 그렇지! 그런데 거기서 뭐가 도출되는 건가?

나 : 내가 거기서 도출하는 것은 아이의 자연적인 힘, 즉 소질을 균형 있고 세심하게 교육해야 한다는 것이지. 뛰어난 사람을 키워내기 위해서.

A : 좋아! 시간이 흐르면서 그런 아이가 같은 소질을 타고났지만 형편없는 교육을 받은 아이보다 더욱 향상될 것이라는 점은 인정하네. 그게 나를 반박하는 증명이 된다고? 나는 앞서 언급한 열 명 중에 다섯 명이 아주 훌륭한 교육을 받을 수도 있다고 가정하겠네. 이런 경우가 가능하다는 것을 부정하지 않겠네.

나 : 아주 훌륭한 교육을 받는 것은 실로 드문 일이기 때문에 나는 자네 말을 부인하겠네. 하지만 일반적인 단어의 의미에서는 자네 견해를 인정하지. 그렇지만 나의 가정에 따르자면 자네 의견을 인정할 수 없네. 왜냐하면 나는 뛰어난 교육, 즉 아이의 아버지나 어머니가 특별히 실천하는 그런 교육을 가정하니까. 뛰어나게 교육하려면 건강·시간·지식·경험이 필수적이고, 나아가 아이의 교육을 잘 시킬 수 있는 내적 자질과 철석같은 의지가 있어야 하지. 사회적으로 높은 지위와 넉넉한 재산은 물론 아내, 친구, 지인, 도우미의 적절한 도움을 받으면 좋아. 때로는 여행을 감행하고 은둔 생활도 불사해야 하지. 시골·중소도시·대학·저택, 그때그때 장소를 옮겨가며 살아야 하고. 그래야 비로소 내가 계획한 대로 자녀를 전 영역에서 고르고도 높은 수준으로 교육할 수 있다네.

형편에 따라, 또 내 생각에 따라 모든 교육 환경이 매 순간 바뀌는 것이 내 이상이었어. 나는 적어도 내 목적에 다가가도록 해준 섭리에 감사하네. 내가 어떤 상황에 처했든 이 모든 것을 끝없이 생각하고 더욱 많이 추구하고 재빨리 서로 바꾸면서 그 결과 내 아들에게 훨씬 높은 단계의 교육을 기꺼이 실시했을 거네.

자네도 그동안 지켜보면서 내 아들의 모든 소질을 최대한 완성시키는 동시에 균형 있게 교육하는 것이 내 힘과 재산을 넘어서는 일이었음을 알았을 거야.

A : 좋아! 하지만 도대체 누가 그럴 수 있을까?

나 : 불가능한 일은 아니지. 자네도 인정할 거야. 한 아이가 이런 방식으로 교육받으면 수준이 똑같던 아이들을 능가하게 되리라는 것을 말이야.

A : 맞아! 지혜와 학식과 능력을 갖춘 선량하고 강인한 아버지가 있다면 자네 말이 맞아. 그런 아버지의 교육이라면 아들이 같은 수준의 아이들을 모두 능가하게 되겠지. 하지만 그 결과 자네가 얻을 것은 별로 없어. 왜냐하면 자네의 명제는 그 이상을 포함하니까. 그 명제에 따르면 그렇게 교육받은 아이는 60, 70, 80, 90의 소질을 타고난 아이를 능가해야만 해. 내가 무척 관대하다는 점을 자네에게 보여주겠네.

나 : 그러지 말게! 항상 자네는 그렇게 표현하지. 자네가 옳다면 기꺼이 인정해주겠네. 자네가 옳은지는 곧 알게 되겠지. 나는 모든 평범

한 아이가 뛰어난 교육을 받으면 비범한 사람이 될 수 있다고 말했지. 하지만 비범한 사람이 전 제국에서 첫 번째, 두 번째, 세 번째 지위에 있는 사람을 의미하지는 않아. 성공한 사람들 중에 원래 탁월한 소질을 타고난 사람이 있다면 그걸로 대만족일 거야. 80, 85, 90, 95, 100의 소질을 타고난 아이들은 25, 20, 15, 10, 5, 1의 인색한 소질을 타고난 아이들보다 아주 드물 테니까. 아주 깊이 생각해봐. 탁월한 소질을 타고난 많은 아이들이 그런 소질이 이롭기는커녕 오히려 해가 되는 환경에서 태어나 살아간다는 사실을 말일세.

A : 무슨 말인가?

나 : 도둑의 아들, 거지의 아들, 가엾은 날품팔이의 아들에게 탁월한 정신력은 이롭기보다는 해롭지. 불행한 상황 탓에 정신력이 제대로 교육받기 어려울 테니까. 따라서 정신력은 돌에 눌린 새싹처럼 자신을 싹틔울 샛길을 찾겠지. 아, 이런 샛길은 흔히 나쁜 길이지. 그런 인간이 정신의 소질을 많이 가지면 가질수록 걱정스럽다네. 왜냐하면 다른 상황에서는 나라를 가치 있게 하고 왕좌를 떠받쳐줄 일이 이런 상황에서는 교활함, 간계, 비열함으로 쉽게 변질되기 때문이야. 정신이 더욱 많이, 더욱 빨리 느끼면 느낄수록 점점 더 확연하게 변질되지. 그런 정신에는 종교와 내 · 외적 윤리에 대한 필연적인 지지가 부족하니까. 그런 정신은 자발적인 체념, 경건한 만족감, 현명한 인내에 길들여지지 않을 테니까. 그런 정신이 강하면 강할수록 더더욱 환경을 짓밟으려고 애쓰겠지. 별과 월계수로 유종의 미를 거

두는 대신 오명을 뒤집어쓰고 교수대로 향하겠지. 나도 비슷한 경험을 했고 우리의 가장 위대한 사상가도 그와 같은 경험을 했지. 그와 유사한 상황에서도 운 좋게 태어난 모든 비범한 아이들은 제외하겠네. 왜냐하면 유감스럽게도 50의 소질을 타고났지만 최대한 훌륭한 교육을 받은 아이를 능가하지는 못할 테니까.

이제 더 높은 계층으로 올라가세. 극단끼리는 대개 일맥상통하지. 가장 높은 계층에 속한 아이들이 훨씬 훌륭한 교육을 받을 가능성이 높은 것은 사실이야. 하지만 정말 그럴까? 나는 그렇다고 대답하고 싶고 그래야만 하지. 물론 이런 경우에는 무척 많은 수단이 추가되지. 외적 수단 말이야. 재미있는 것을 많이 경험하고, 뛰어난 사람들과 대화하고, 정신 발전에 활용될 재산과 기회 같은 수단 말이야. 부모에게 내적인 수단까지 있고 실제로 적용된다면 이 계층의 아이들은 최상위층이 되어야겠지.

따라서 상류층의 부유한 아버지가 스스로 뛰어나게 교육할 능력이나 의지가 없을 경우 그가 현명하다면 뛰어난 교육자, 다시 말해 가장 아름다운 의미에서 자신의 아들에게 아버지가 되어줄 교육자를 중류층에서 고를 거야. 운 좋게도 상류층의 부유한 아버지가 그런 교육자를 발견하면 자신에게 적용되는 것과 똑같은 것을 교육자에게 넌지시 요구할 거야. 부유한 아버지는 그 교육자에게 과도한 비용은 지불하지 않지. 부유한 아버지는 교육자에게 자유로운 의지를 허용하고 그 교육자는 의무를 다하지. 아이가 소질이 뛰어나면 금상

첨화이고, 평범하면 이런 교육자가 더욱 필요하지. 타고난 소질이 미약하면 교육자가 없어서는 안 돼. 하지만 주변을 살펴보면 이런 원칙을 따르지 않는 경우가 너무 많아.

교육자를 선택할 때 사람들은 늘 묻곤 하지. 어떤 교육자가 더 나은지가 아니라 어떤 교육자가 더 저렴한지, 세상 물정에 밝은지, 심지어 어떤 지역 출신인지, 어떤 엘리트층인지. 어떤 부모는 자녀교육과 관련해서 교육자에게 꼭 필요한 자유로운 영향력을 제한하지. 게다가 어떤 부모는 교육자에게 당연히 지켜야 하는 존중과 우의를 잊어버리지. 그러면 결국 자기 아이에게 돌이키지 못할 해를 입히게 된다네.

굳이 말하고 싶지 않지만, 의지와 힘이 있음 직한 상류층 중에 친분, 편견, 편리함, 산만함, 매일 다양하게 제공되는 감각적인 향유를 자기 아들을 위해 희생할 뿐만 아니라 단호하게 멀리하는 가족이 어디 있겠는가? 그런 부류의 아이들은 대개 청년이 되기도 전에 그런 분위기에 질리지 않겠는가? 부모가 자녀에게 순수한 뼈와 피를 주었다면 아주 초기에 너무 더럽혀지지 않겠는가? 세찬 바람에 바닥으로 내동댕이쳐진 창백하고 힘없는 유아용 인형처럼 유약하게 흔들리겠지. 육체가 약해져서 말이야. 아폴론의 정신력을 지닌 어린 헤라클레스를 교육해야 하는데 말일세.

아폴론의 정신력을 지닌 청년은 최상류층에서 찾아보기 무척 힘들지만 가능성과 당위성은 많지. 압도적으로 늘어나야 한다네. 정신적인 면에서든 나이면에서든. 왜냐하면 듣고 보고 경험하고, 그러니까 정신을 도야할 기회는 그들에게 항상 제공되니까. 또 그들이 일찍이 승진해야 하는 관직에 오르니까. 관직은 이성을 날카롭게 연마시킬 뿐만 아니라 조망하고 통찰하는 힘을 증가시키며, 실천력과 영향력을 단련시키지.

자네가 몇 가지를 곰곰이 생각해본다면 내가 이런 측면에서 삼가야 했지만 삼가지 않았음을 알아챌 거야. 정말로 상류층 가운데 육체와 정신 그리고 마음의 뛰어난 힘을 보여주는 청년이 많지 않아. 혹시 자네가 다르게 알고 있는 게 있나?

A : 유감스럽지만 없네. 하지만 그게 어쨌다는 거지?

나 : 50의 소질을 타고난 아이가 최대한 교육을 잘 받으면 80, 90, 100의 소질을 타고난 상류층 아이도 능가할 것이라는 점을 증명하겠네.

A : 엄청나게 기분 나쁘군. 하지만 자네가 틀렸다고 말할 수는 없네.

나 : 유복한 중산층 아이들의 얘기가 아직 남아 있어. 이 계층은 원래 한 국가의 근간이라서 계속 언급해야겠어. 물론 유복한 중산층 아이들은 수준 높은 교육으로 더욱 쉽게 발전할 수 있지. 하지만 여기서 내가 앞서 말한 문제가 나오지.

교육법이 워낙 발전해서 부모나 교육자가 인간이 어렵게 이룰 수 있는 일을 일상에서 흔히 해낸다면 내 의견이 잘못된 거지. 하지만 수많은 잘못이 저질러지고 있어. 날마다 나는 지각 있는 부모가 얼마나 부당하게 행동할 가능성이 있는지, 또 실제로 얼마나 그런 일이 벌어지고 있는지 놀라곤 한다네. 자네라서 하는 말이지만, 부모는 잘못을 지적해도 듣지 않거나 잘못을 듣고 느끼고도 변화하지 않는다네.

이를테면 부모가 아주 오랫동안 한 자녀만 편애한다든지, 아주 오랫동안 이성적이기보다 감각적인 사랑을 쏟는다든지, 인간적이라기보다 동물적으로 행동한다든지, 그토록 오랫동안 자기 자녀보다 돈이나 명예나 쾌락이나 사교를 앞세운다든지. 그러면 그만큼 오랫동안 자녀의 모든 힘을 공적인 동시에 최고로 교육하는 것이 불가능하겠지. 따라서 열등한 아이에게 정성을 쏟아부으면 뛰어난 아이를 훌쩍 뛰어넘을 거야.

활발한 두뇌의 소유자가 태만한 두뇌의 소유자보다 더욱 쉽게 실패한다고 가정하세. 실패에서 더 나아가 심하게 뒤처진다고 가정하세. 성실한 교육자의 이상에 따라 교육받은 사람은 자신을 능가하는 사람을 쉽게 발견하지 못할 것이라고.

A : 물론 그럴지도 모르지. 하지만 더욱 뛰어난 소질을 타고난 사람이 그와 똑같이 교육받는다면 결국에는 따라잡을 것이라는 점을 인정하게.

나 : 아, 당연하지.

A : 뛰어난 소질을 타고난 사람이 어느 정도로 따라잡을까?

나 : 아직 우리가 가늠하지 못할 정도로 완벽하게 따라잡겠지. 광범

위하게 구성하고 깊게 생각함으로써 순식간에 비교하고 통찰할 테니. 우리의 고된 작업이 그에겐 쉽고 쾌적한 유희가 되겠지. 그에게는 인간이라는 경계만이 한계가 될 거야.

A : 하지만 자네는 인간을 그 수준까지 교육할 수 있다고 믿는가?

나 : 그걸 믿냐고? 내가 그걸 믿지 않으면, 현명하고 선량한 신도 믿지 말아야지. 나는 그냥 믿는 정도가 아니라 확신하네. 정말 철석같이 굳게.

A : 그렇게나? 난 믿지 않네. 그런 교육으로 불행한 일이 많이 일어날 거야.

나 : 불행한 일? 어떤 불행한 일 말인가?

A : 아주 많이! 신분이 높은 계층이든 낮은 계층이든.

나 : 자네는 내 호기심을 엄청 자극하는군. 내가 그걸 모두 알 수가 없으니까.

A : 정말 당황스럽군! 하지만 명백하네!

나 : 어서 알려주게. 진심으로 부탁하네.

A : 기꺼이! 자네 가정에 따르면 어디서나 편견 없이 진리를 인식하는 천사 같은 사람들이 있다는 거지. 그들은 도처에서 무엇이 옳은지, 참인지, 아름다운지, 선한지, 이성적인지, 정당한지, 의무적인지를 묻기만 하지. 그들은 마침내 우리가 어렵다고 생각하는 일을 아이의 놀이처럼 경시하면서도 우리보다 월등하게 잘해내지.

나 : 나는 100년 후에는 그런 사람들이 많이 나오길 희망하네. 보편

적인 교양 외에 특히 교육이 제대로 진보한다면.

A : 그래서 나는 가엾은 인류가 안됐네. 다시 한 번 혁명을 견뎌내야 할 테니까.

나 : 어째서?

A : 아주 당연하잖아! 자네의 이상에 따르면 주변 사람들을 훨씬 능가하는 사람들이 많이 등장할 테니까.

나 : 자네 말을 잠시 막아야겠군. 그렇게 많이는 아니야. 단지 뛰어나게 교육받은 사람들이 남달리 앞서 있을 뿐이지. 내가 보편적인 교양 외에 특히 교육이 운 좋게 전진한다는 조건을 붙인 것을 잊지 말게. 그런 경우라면 전체가 균형을 이루지. 미래에 뛰어나게 교육받은 자는 현재 뛰어나게 교육받은 자보다 더욱 수준이 높을 거야. 하지만 미래의 인류는 전체적으로 수준이 높아지겠지. 우리 시대에 가장 교육을 잘 받은 사람보다도.

A : 그건 내 반론을 어느 정도 누그러뜨리는군. 하지만 내 반론을 없애지는 못해. 항상 뛰어난 자가 현저하게 수준이 높을 것이고, 그 결과 그는 인간성을 고양시키려고 하겠지. 다시 말해 그는 올바름, 진리, 아름다움, 자비, 이성, 공정함, 의무를 보편적으로 도입할 거야. 사람들이 그의 뜻을 거스르면 그는 혁명에 불을 지피거나 정신 병원에 끌려갈 것이네.

나 : 그럴 수 있겠지. 지구가 존립하는 한, 현재의 사람들과 과거의 사람들에 비견될 정도로만 변화가 일어날 거야. 비범한 사람들은 이

미 도덕적인 세계를 뒤흔들곤 했지. 하지만 우리가 섭리를 믿는다면 섭리가 인류를 최고로 이끌었다는 가정을 해야 하네. 내 말 명심하게. 모든 힘을 균형 있게 도야시키는 교육이야말로 뛰어난 교육이라는 점을. 그러면 자비, 양보, 온순, 인내 등이 늘어나고 의지와 행동에 모순이 사라지면서 이웃을 진심으로 사랑하고 동정하게 되겠지.

A : 하지만 그렇지 않다면?

나 : 우선 자네는 우리의 가정에서 출발했네. 뛰어난 교육은 모든 힘을 균형 있게 도야시켜준다는 거지. 그 결과 자네의 반론은 그릇된 것이 되지. 하지만 난 자네의 반론을 유효한 걸로 받아들이겠네.

A : 그래서?

나 : 그래, 그래서! 날카로운 칼은 해를 입히기도 하지만 도움이 되기도 하지. 죽이는 데도 쓰이지만 먹는 데도 쓰이지 않나? 작품을 남용할지 모른다는 이유 때문에 내가 작품을 완성한 예술가를 존중하고 존경하는 마음을 덜어내야 할까?

A : 아닐지도 모르겠네.

나 : 내 아들에게 도보 여행 중에 지치면 때때로 포도주를 마시라고 허락했네. 그렇지만 포도주를 잘 마시지 않았지. 내 아들이 술꾼이 되어 육체와 정신이 약해지는 불행한 경우를 가정해보세. 내가 아들에게 포도주를 약으로 주었다고 해서 그런 경우를 참아야 할까?

A : 결코 그렇지 않지.

나 : 저작술, 인쇄술, 화약, 신대륙 발견 등은 모두 좋은 영향을 끼치

는가 하면 매우 나쁜 결과도 가져오지. 그렇다고 그런 발견을 증오하거나 경시해야 할까?

A : 절대 아니지.

나 : 30~40년 전만 해도 부모는 딸이 연애편지를 쓸 수 없도록 의도적으로 글쓰기를 가르치지 않았어. 그래서 딸들을 저급한 사기꾼, 기회주의자, 뚜쟁이의 손아귀로 밀어 넣은 꼴이 되었지. 우리도 그래야 할까?

A : 맙소사!

나 : 그럼 이제 우린 선한 일을 하세. 순수하게 온 힘을 다해서! 악한 결과를 막고 멋진 궁극적 목적을 이끌어낼 신을 믿어보세. 우리가 워싱턴과 프랭클린 같은 사람들을 원해야 할까? 그들이 혁명을 완수했을 뿐만 아니라 고귀한 인간성으로 미국을 한층 고양시켰고 앞으로도 더욱 향상시킬 것이라는 이유로? "영국이 우호적으로 다가갔다면 혁명은 일어나지 않았을 테고 신적인 행운이 따랐을 거야."라는 말에는 내가 전하고 싶은 내용이 오롯이 담겨 있네. 어쩌면 자네가 생각하는 이상으로.

A : 아, 자네를 이해하네. 자네가 완전히 옳아. 하늘만이 이익을 온전히 낼 수 있고, 또 내야 한다네.

나 : 나도 그러길 바라네. 다행히 인류는 끊임없이 진보하니까. 나는 40년간 생각할 수 있었어. 자네도 알다시피 이 40년 동안 400년의 인간 역사를 지나온 기분이야. 나는 엄청난 변혁을 경험했지. 내가

직접 끔찍한 고통을 여러 번 겪기도 했지만, 그래도 이전보다는 지금이 훨씬 좋다네. 늙은이로서 내가 과거에 대해 편견을 조금 품을 수도 있고 경험 많은 사람으로서 전 세계에서 일어난 수천 가지 악행을 알지만, 그래도 지금까지 나를 살도록 해준 운명에 감사하네. 진리와 이성이 서로 싸워서 상승작용을 하니까. 분노로 인한 사건이 일어난 곳에서조차 인류의 권리가 인정될 것이네. 과거에는 법률로 짓밟히는 계층이 있었지만 이제는 사회가 그런 일을 용납하지 않으니까.

A : 맞아! 맞고말고. 하지만 우리의 대화에 걸림돌이 떠오르네. 자네가 그 걸림돌을 제거할 수 있겠나?

나 : 물론이지! 그전에 자네에게 묻겠네. 누가 저런 굉장한 영향을 끼쳤지? 자네도 그 영향 자체를 기억하니 물어보는 거야. 선한 사람들인가 아니면 악한 사람들인가?

A : 무슨 말을 하고 싶은 건가?

나 : 내가 하고 싶은 말은 아직 안 나왔네. 우선 나는 자네에게 다시 한 번 묻고 싶네. 이런 뛰어난 영향이 아주 훌륭하게 교육받은 사람들로부터 나온 것인가 아니면 형편없이 교육받은 사람들에게서 나온 것인가? 시간, 장소, 상황, 사교, 사건, 운명, 도야에 영향을 끼친 모든 것이 교육에 담겨 있네.

A : 이제 자네를 이해하겠네. 정말로. 그야 교육받은 사람들에게서지. 내가 자네를 반박하자고 프랑스의 잔혹한 만행을 내세울 정도로

어리석지는 않으니까.

나 : 자네가 진리, 권리, 공정함을 계속 주시하고 있다면 그럴 수기 없지. 자기 당파의 교만, 고집, 약점이 이런 괴물을 낳았지. 그자들은 힘을 얻자마자 더 현명하고 선한 사람들에게 휘두를 거네. 왜냐하면 더 현명하고 선한 사람들이 항상 그자들의 무자비와 비이성에 맞섰으니까. 용에 대해 이야기하려면 용이 태어난 곳과 사는 곳인 늪과 동굴에 대해 말해야 한다는 점을 잊지 말게. 미리 늪과 동굴을 모두 없애면 나쁜 용이 절대 나타나지 않지! 나중에라도 늪과 동굴을 없애면 나쁜 용이 빨리 사라지겠지. 적어도 용이 저지른 악이 중단될 거야.

A : 알겠네! 또 자네가 옳아. 따라서 이젠 내가 반론을 제기하지. 자네가 내 반론에 맞대응할 수 있길 바라지만 내가 보기엔 내 반론이 자네 생각보다 더 중요한 것 같군.

나 : 15분 전이라면 자네가 그런 말을 하지 않았을 거야. 그래도 들어보세!

A : 좋아! 자네는 사람들이 도야를 통해 더 높은 존재로 고양될 수 있다고 확신하고 있어. 인류 전체나 전 세계, 적어도 나라 전체가 정말 더 높은 수준에 이른다고.

나 : 맞아, 나는 인간으로서 그러길 바라네. 경험자로서 난 그걸 믿어. 난 확신하네. 왜냐하면 이성적인 존재인 나는 전능하고 지혜롭고 자비로운 신을 믿으니까.

A : 좋아! 그게 아름답고 기분 좋은 생각이라는 사실을 부정하지는 않겠네. 하지만 우리의 일벌들은 어떻게 되는 거지? 그리고 어디에서 일벌들을 구하려는 거지?

나 : 자네 생각은 어떤가?

A : 자네가 옳아. 내가 자네에게 완전히 다른 두 가지의 질문을 동시에 던진 것은 잘못이야. 따라서 우선은 이 질문부터 하지. 우리는 어디에서 일벌을 구해야 할까? 왜냐하면 지금의 일벌은 수준이 너무 향상되어서 더는 일하고 싶어 하지 않을 테니까.

나 : 자넨 잘못 생각하고 있어. 광범위한 의미의 계몽이라는 측면에서도 그럴 수가 없고, 사람들이 흔히 계몽이라고 부르는 단편적인 의미의 계몽이라는 측면에서도 말이 안 되네. 인간의 모든 소질은 균형 있게 도야되어야 하거든. 그 결과 특별히 영혼, 마음, 의지, 윤리적이고 종교적인 감각, 인간애, 의무에 대한 책임, 하나님에 대한 사랑처럼 미덕과 경건함을 뛰어나게 교육받은 사람에게서 최고의 소질이 나타나야 하네. 따라서 그는 자기 직업을 존중하고 의무를 사랑하고 자신의 소임을 기꺼이 자발적으로 하겠지. 더 수준 높은 사람의 마음에 들려고.

A : 친구여! 난 그렇게 생각하지 않네. 교육을 아주 잘 받은 사람이 땅을 파고 쟁기질을 하고 써레질을 하고 수확물을 베어들이고 쪼개야 한단 말인가? 절대 아니네!

나 : 자네가 잘못 생각하는 거야. 어떤 양치기들은 아주 보잘것없는

수입을 받으면서도 저급한 일에 대한 내면적인 사랑을 품고 충실히 그리고 순수하게 해냈어. 자신이 장군, 국무대신, 군주보다 훨씬 수준이 높은데도 아랑곳하지 않고.

A : 그런 양치기를 알고 싶네.

나 : 그야 쉽지. 중소도시에 사는 목부 다비드 클라우스에 대한 책을 읽어보게. 슈트라이트호르스트 장로가 그 목부의 삶을 묘사했지. 그런 부류의 농부로는 클라인요크가 있네. 내가 아는 날품팔이나 수공업자 중에도 그런 사람이 있고. 그들은 신분에 걸맞지 않은 교양을 갖췄지만 자신들의 신분을 내적으로 좋아했고 의무를 즐겁게 완수했어. 교육이 제대로 되면 그래야 하고말고. 교사와 시골 목사가 자기 의무를 순수하게 완수하려면 괴로움에 시달릴 수밖에 없어. 그들이 하는 일은 많고 사소한 데다 역학적이고 매우 불쾌한 결과를 가져오지. 시골 목사는 경우에 따라 자기 건강까지 위험에 빠뜨려야 해. 하지만 나는 두 가지 신분을 지닌 사람들, 즉 교사이자 목사인 사람들을 알아. 그들은 장로들과 교수들의 지식과 아주 힘겹게 싸워야 했어. 그런데 다행히도 자네는 내 말을 잘 이해해주는군.

끝없이 변하는 삼라만상 속에서 다행히 그들은 당연히 해야 하고, 또 할 수 있는 모든 일을 즐겁게 해냈어. 그들은 고결한 약속을 잊지 않은 채 이런 사소하고 소외된 것을 커다란 신의 정원에서 가장 훌륭하게 키워냈네. 너는 사소한 것에 충실했으니 나는 너를 많은 것들 위에 앉힐 것이라는 약속(〈누가복음〉 19장 17절 "……네가 지극히 작은 일에 충성을 다했으니 나는 너에게 열 고을을 다스리게 하겠다."를 비유적으로 표현한 것이다 – 옮긴이)을 염두에 두고 말이지.

진정한 계몽에 궁핍은 없지. 일벌들은 여전히 자유로운 공기 속에서, 신의 품 안에서 이리저리 날겠지. 자신들에게 이로운 꽃을 찾아 꿀을 부지런히 모으고 쾌적함을 좇으면서. 그들은 여전히 그 안에서 기쁨과 자부심을 찾을 거야. 다들 자기 자신을 위해 그리고 보편적인 복지를 위해 행동하지. 그렇지 않다면 우리 계몽주의자와 그 위에 있는 자들에게 책임이 있는 거지. 그들 중에 더 높은 계급으로 상승하고 싶은 사람이 있을까? 목자의 지팡이에서 펜으로, 쟁기에서 붓이나 조각칼로! 그게 무슨 해가 될까?

A : 바로 내가 기대했던 이야기라네. 그러니까 내 말은 그게 엄청나게 해가 된단 말이지. 왜냐하면 무례한 노동자가 더는 없을 테니까. 가장 기본적인 삶의 욕구를 형성하고 충족시킬 일손이 부족할 테니까. 따라서 우리는 배고픔과 갈증에 시달리고 추위에 떨어야 할 거네. 왜냐하면 가장 낮은 계급이 교양 수준이 너무 높아지는 바람에 아주 다정하고 고귀해져서 저 아래의 흙덩이 사이에 머물며 이리저리 땅을 파 뒤집을 수 없게 될 테니까.

나 : 친구여! 진정하게. 그대로 머무르고 싶어 하는 일벌은 늘 많을 거야. 분명 세상의 끝까지 계속될 자연적 소질의 다양성이 보증해준다네. 인간이란 종이 타고난 나약함과 태만, 더욱 쉬운 것에 대한 선호, 야외 활동에 대한 애정이 이를 보증해주지. 사냥이나 고기잡이

처럼 수준 낮은 사람이 하는 일을 종종 수준이 가장 높은 사람들이 열정적으로 하곤 하네. 따라서 나는 벌목과 땅 파기(수많은 학자들이 벌목과 땅 파기야말로 우울증을 극복시켜주는 두 가지 이성적인 일이라고 주장하지), 쟁기질, 수확, 타작에 대해서도 걱정이 없네. 그런 일을 기꺼이 맡을 사람들이 늘 있을 테니까. 오히려 수준 높은 한가한 가난뱅이들이 너무 많을까봐 걱정이지.

A : 이상하군. 지금까지 했던 말로는 도출되지 않는 결론이군.

나 : 직접 도출되지는 않지! 하지만 간접적으로 관련이 있네! 우리가 이미 알고 있듯이 어떤 지역에는 한가한 실업자가 너무 많아. 노동자들의 수준이 너무 높아서 불과 물, 공기를 노동력으로 쓰니까. 노동자들이 과로하지 않도록 말이야.

A : 아, 영국 말인가?

나 : 맞아! 수백 개의 지역과 장소에서 동시에 일어나는 일이지. 어제까지 나는 어떤 공장을 눈여겨보았네. 그 공장에서는 작은 증기기관이 300~400명의 일을 해치우더군. 게다가 사람들보다 잘해내더군. 그 공장에서는 벌써 두 번째 증기기관을 들여놓았더군. 덕분에 그 공장에는 1,000명 이상의 직공이 필요하지 않게 되었어. 150년 후에는 기계로 땅을 파고, 쟁기질하고, 써레질하고, 수확물을 베고, 묶고, 거둘지 누가 알겠는가. 노를 젓고 포석을 까는 일은 이미 기계가 하고 있지.

A : 자네는 내 손에 무기를 쥐여주었네. 내가 자네에게 정당하게 물

을 테니까. 어떻게 우리가 이런 여유로운 일손을 활용하게 될까? 남아도는 일손이 많아질 텐데. 벌써 여기저기 일손이 남아돌지 않나. 인간의 수준은 현저하게 높아지고 인구는 매년 증가하겠지.

나 : 친구여! 그건 신의 일이네. 신이 정신의 제국에서 더 높이 뛰어오르라고 우리에게 힘과 의지를 주었다면 그 뜻을 따르는 게 우리의 의무지. 신의 일은 전체가 균형을 잃지 않게 하는 것이지. 그리고 신은 그 일을 분명히 할 것이네. 100년 전에는 그 일이 불가능하게 여겨졌지. 우리는 100년 후에 일어날 일을 쓸데없이 걱정하는 거야. 어리석게도 말이야. 우리는 신을 부인하거나 오히려 잊어버린 채 행동할 거야. 그 때문에 우리가 더 좋은 것을 거부하거나 장려하지 않으면 우리의 좁은 소견은 100년 후에 어려움에 봉착하겠지.

오, 친구여! 우리 유럽의 경작지가 모두 뒤집어지려면 아직 멀었다네. 경작지가 미개간의 낙원을 더 이상 품지 않을 그날까지는 아직 멀었지. 이제 인간들은 태만, 편견, 자신이 태어난 구석진 곳에 대한 어리석은 사랑에서 벗어나지 않으려고 하네. 신성은 더욱 고양된 도야를 통해 그들에게 희망을 품게 하고 저곳으로도 향하게 하겠지. 그런 보편적인 향상을 통해 지구 전체가 커다란 정원이 될 거야. 신의 작품인 그 정원에서는 손 또는 머리로 이룬 인간의 업적이 곳곳에서 눈에 띄어 기쁨을 가져다줄 걸세.

수많은 프랑스인들이 이제 미국으로 갔네. 운명이 그들을 그곳으로 몰았지. 난 확신하네. 추측이 아니네. 몇백 년 후에 이런 이민으로부터 어떤 중요한 결과가 나올지 누가 알겠는가! 짧은 기간 동안 흑해에서 벌어진 아주 좋은 일(흑해 연안의 항구 도시였던 러시아 영토 오데사에 프랑스 정치인 리슐리외가 총독으로 부임하여 1803년에서 1814년까지 이곳의 경제와 문화를 크게 발전시켰다—옮긴이)이 러시아와 인류 전체에게 많은 영향을 주었지. 2년 전에는 기근에 시달리던 스위스인들(나폴레옹이 이끄는 침략 전쟁으로 인해 삶이 피폐해진 스위스인들—옮긴이)이 러시아와 미국으로 내몰렸지. 더 좋은 결과가 나올 거야. 그들은 조국보다 거기서 더 잘살고 더 큰 이익을 낼 테니까.

A : 하지만 지구가 완전히 인간들로 가득 차면, 어떡하나? 언젠가 그렇게 될 것이 틀림없는데.

나 : 친구여! 그건 비밀이나 수수께끼 같은 거야. 신성이 깃들어 있지. 남녀 성비가 균형 잡힌 상태에서 두 성이 잘 보존되듯 현재의 교양 수준으로 그것에 대해 판단하려는 것은 어리석다기보다 오히려 잘못된 것으로 여겨지는군. 그건 신의 일이니 말일세.

Part 2

처음부터 완벽한 부모가 되겠다는 환상을 버려라

—

아이의 잠자는 뇌를 적기에 깨워주는 부모의 역할

Chapter 1

나는 칼을 '사람'으로 키우고 싶었다

—— 나는 아들을 학자로 키우겠다고 마음먹은 적이 없었다. 게다가 어린 학자로 키우려고 했던 것은 더더욱 아니었다. 맹세코 이 말은 사실이다. 나는 아들의 독해력이 월등해도, 다른 사람들이 아들을 불가사의하게 여겨도 별로 대수롭지 않게 생각했다.

여기서는 내가 아들을 어떻게 키우려고 했는지 말할 것이다. 그러면 내 바람대로 되지 않은 부분이 저절로 밝혀질 것이다.

가장 고상한 의미로 말하자면, 나는 아들을 사람으로 키우려고 했다. 내 능력과 형편이 닿는 만큼, 내 지식과 경험이 뒷받침하는 만큼 내 아들을 아주 건강하고 기운차고 활동적이고 명랑한 젊은이로 성장시키려고 했다. 알다시피 운 좋게도 그렇게 되었다.

내 아들은 이렇게 귀중한 것을 갖추고 남자의 세계로 발을 내디뎠다. 따라서 아들은 건강하고 욕심 없고 이웃에 이로운 사람이 됨으로써 자신은 물론 남을 행복하게 해주는 사람이 되었다.

내 아들은 육체의 힘을 최대한 균형 있게 단련시켰다. 아울러 정신의 힘도 아주 보편적으로 갈고닦았다. 내 아들이 라틴어와 고대 그리스어 그리고 수학을 최고로 잘하는 사람이 되었다면 내 마음은 무척이나 불편했을 것이다. 그래서 나는 다른 사람들보다는 내 아들에게 이런저런 언어나 학문이 무척 잘 맞는다고 여기기로 했다.

나는 감각을 섬세하게 길러주고 강화시켜서 언어나 학문을 가르쳤다. 모든 감각을 세심하게 단련시키고 최대한 균형 있게 강화해나갔다.

유감스럽게도 영혼의 힘을 단련시키는 사람은 주변에서 찾아보기 힘들다. 상상력과 부드러운 감정을 기르는 것은 아내가 도와주었다. 우리 부부는 어린 마음을 교육하는 일을 중시했다. 엄마의 팔에서부터 정서를 함양하고 내·외적 윤리 원칙에 따라, 특히 지순한 경건성의 법도에 따라 어떤 것은 억제하고 어떤 것은 독려했다. 20년 전 내 머릿속에서 어른거리던 미래상은 보통의 전문적인 학자와는 전혀 걸맞지 않았다. 물론 이제는 잘 들어맞는다. 또 20~50년 후에는 더 잘 들어맞을 것이다.

적어도 내가 아들의 교육을 계획하던 당시의 책상물림 학자들은 대개 생기가 넘친다기보다는 병약하고 풀이 죽어 있고 비사교적이고 소심하기 짝이 없었다. 일반적으로 말해서 그랬다는 것이다. 내가 존경하던 탁월한 예외가 있지만 여기서는 언급하지 않겠다. 책상물림 학자들은 시선이 가까이 있는 책을 넘어서는 경우가 드물었다. 내적으로도 생계를 위한 학문을 넘어서지 못했다. 따라서 비전문가와는 대화가 부족하고 무미건조했다. 일상에서는 근시안적인 판단을 내림으로써 세상 사람들에게 경시당하고 웃음거리가 되었다. "그는 학자처럼 옹졸하고 치졸하다."라거나 "열 걸음만 걸어보면 그가 학자인지 아닌지 알 수 있다."라는 속담이 생겨날 정도로. 그래서 웃지 못할 사건도 수두룩하게 많았다. 그런 이야기로 책 한 권도 금세 채울 것이다.

사교적이고 부드럽고 섬세한 젊은이는 끝없이 반복해서 외우고 읽는 것을 경멸하는 반면 상상력을 귀하게 여길 것이다. 말하기와 쓰기에서 순수 독일어와 그 어법을 익힐 것이다. 그래서 전문 학자들을 의심할 것이다. "어떤 사람은 일자무식인데도 시를 짓고 사교계에서 빛난다."라는 말을 종종 듣곤 했다. 반면 길고 모순된 시대를 다룬 장황하고 무미건조한 논문은 칭찬을 받았다. 특히 저자가 고전주의자와 상관이 있으면 그랬다. "제대로 된 것이 나올 거예요. 완전히 고대인들을 모범으로 교육받았거든요!" 하고 칭찬을 받았다.

선한 고대인! 그런 집파리, 그런 책벌레를 고대인과 비교하다니, 고대인이 들으면 얼마나 조롱하겠는가. 고대인은 아침부터 저녁까지 시장이나 공공장소에서 자유롭게 조국이나 고향 도시의 큰일을 이야기했다.

조국의 부침과 관련된 온갖 일에 본질적으로 관심이 있었음을 잘 알 수 있다. 현학적인 수공업자가 언쟁에만 몰두하는 경우는 없었다. 가장 뛰어난 학생들 가운데에는 "이성적인 사람이라면 고대 그리스어와 라틴어를 반드시 배워야 한다."라고 말하는 사람이 있다고 한다. 그런데 이 말을 정말 믿어야 할까? 고대 학문을 제외한, 이른바 과학과 근대어는 커피 테이블이나 차 테이블에서 아주 편하게 배울 수 있는 아이들의 놀이라고들 한다.

반드시 필요하고도 유명한, 그리고 정말 정형화된 표현이 기억난다. "학자들의 시기와 오만", "대학의 간계"라는 표현 말이다. 따라서 내가 아들을 직업적인 학자로 키우려고 하지 않았다는 말을 다들 믿을 것이다.

나는 후원자가 바라는 대로 대학 교수가 될 수도 있었고 되어야 했다. 그랬다면 내가 항상 존경하는 친구이자 경험 많고 우직한 세상의 항해사인 평범한 산지기를 쳐냈을 것이다. 그런 사람은 "당신은 대학에서 배우는 걸로는 부족합니다. 그러니 세상과 대학의 삶을 정확하게 아는 늙은이를 믿으세요."라고 강한 어조로 말했을 것이다.

조그만 대학교에 재직하는 어느 교수는 내가 아들의 교육에 헌신한 것을 알고는 편지에 이렇게 썼다.

"아, 당신 아들은 대학 교수가 되어서는 안 됩니다. 대학에는 질투와 음모가 다반사입니다. 제 장인 덕분에 다들 저를 함부로 대하지는 않지만 이곳의 삶에 진저리가 납니다. 당신의 청년 같은 명랑함과 개방성이 부럽습니다."

널리 존경받는 정부 각료가 대학 교수에 대해 예전에 알려주었던 것을 1818년에 다시 반복해서 알려주었다. 그 각료는 처음에는 내 아들에게, 나중에는 나에게 말했다.

"나는 술집에서 300~400명의 농부들이 뜻을 하나로 모으도록 설득해야 했습니다. 마찬가지로 시청에서는 수백 명의 시민들을 설득해야 했지요. 나는 권력 있는 지위에 있어서 피지배자들은 형식상 참고 또 참아야 했습니다. 신분제 의회의 의원들, 동료들, 외교 사절들과 일도 도모해야 합니다. 심지어 적들과도, 적보다 더욱 권위적인 친구들과도 최소한 나쁘게 지내서는 안 됩니다. 몇몇 대학에서는 지내기가 더 힘들었습니다. 하지만 가장 최악은 대학 교수들과 함께하는 일이었습니다. 교수들에게 가장 유리하도록 선의를 베풀고 영향력을 행사했는데도 교수들 때문에 불쾌감과 모욕감에 시달렸습니다. 절대 잊지 못할 것입니다."

이 말을 해준 사람은 27년간 독일의 여러 유명 대학교에 재직했었다. 그러니 내가 어떻게 아들을 대학 교수로 만들 생각을 했겠는가. 아들은 절대 학자가 되어서는 안 된다고 생각했다. 대신 특별히 뛰어나고 다양하게 교육받은 젊은이로서 예술가나 정치인이 되었으면 좋겠다고 생각했다. 상인이 되면 가장 좋겠다는 생각도 했다.

상인? 다들 호기심을 보이며 물었다. 상인이라고? 1808년과 1809년에 라이프치히 전체가 물었다. 내가 그곳에서 아들을 정성껏 교육했던 때였다.

"안 돼요! 상인이 되어서는 안 됩니다. 그러기엔 너무 선량해요. 상인이 되어서는 안 되지만 공부를 하는 것은 좋습니다."

내가 아니라 여러 상인들이 그렇게 말했다.

그렇게 나는 아들을 학자로 키우도록 어느 정도 강요받았다. 하지만 나는 어떤 부류의 상인이 되어야 하는지 내 생각을 밝힐 것이다. 내 생각이 어쩌면 어떤 사람에게는 이로울 수도 있으니까.

차차 알게 되겠지만 내 아들은 아홉 살에 이미 대학에 들어갈 준비가 되어 있었다. 내 의도에 따라 근대어와 계산에 능한 데다 글씨도 명필이고 대학에서 배울 예비적 학문도 두루 섭렵해야 했다. 지리를 통계와 통합하여 최대한 실용적으로 공부했다. 자연사와 그 곁가지를 망라해서 수학, 물리, 화학과 통합했다. 역사, 철학, 정치학도. 열네 살까지 이 모두를 철저하게 공부하게 했다. 아들은 철학 박사가 되기도 했다. 내가 시간을 1년 더 주었다면 아들은 미술과 음악을 비롯해서 휴가 여행 중에 터득한 수많은 실용적 지식을 다른 학문과 통합했을 것이다.

내 아들이 열다섯 살일 때에는 의미심장한 장소에서(어느 항구가 가장 좋을 것 같다) 1년 동안 장사를 하게 해서 상품에 대해 철저하고 실질적으로 배우게 하고 싶었다. 함부르크, 암스테르담, 런던 등에서 다양한 단계를 밟아 내 아들을 지도했을 것이다. 그러고는 아들에게 전 세계 어디든 가서 장사를 해보라고 권했을 것이다.

내 아들은 다른 사람들보다 쉽게 나라를 선택했을 것이다. 거의 모든 유럽 언어를 쉽게 말하고 썼으니까.

혜안이 있는 상인이라면 내 아들을 기꺼이 사업에 끌어들이고 싶어 했을 것이고, 내 아들은 이런 식으로 스무 살이 되기도 전에 유능한 사업가가 되었을 것이다. 또한 내·외적 윤리성이 종교성의 토대 위에 세워지면서 최고의 교양을 쌓을 것이 자명했다.

"하지만 돈! 돈이 문제다! 상인이 큰일을 시작하려면 돈을 많이 벌어야 하니까." 하고 사람들은 말한다.

나도 생각해보았다.

돈이 많지 않은 사람은 작게 시작해야 한다. 이미 많은 사람들이 그렇게 했다. 그리고 두뇌, 지식, 판매도, 정직성, 신의 은총으로 발전해서 큰일을 해냈다.

내 아들이 10년간 돈을 아주 잘 번다면 큰일을 시작하기에 가장 필요한 것을 모두 모으고도 나이는 겨우 스물여섯 살일 것이다.

내 아들이 그런 젊은이라면 분명히 조합원으로 발탁되거나 두뇌와 지식과는 별개로 필요한 자금을 마련할 방법을 찾았을 것이다. 모든 노련한 상인들이 나와 의견이 일치한다. 위의 특성을 지닌 초보 상인은 수월하게 대출을 받고 거의 망하지 않을 것이라는 점에서 말이다.

하지만 내 아들이 정말로 상인, 그것도 부유한 상인이었다면 무엇을 크게 즐겼을까?

아, 아주 많은 것을 즐겼을 것이다! 내 아들이 고상하고 경건한 사람으로 남는다면. 위대한 상인은 군주나 다름없다. 군주의 백성들은 지구의 여러 지역에서 살아간다. 그 상인은 자기 책상에서 아버지처럼 모든 사람들을 보살피게 된다. 그 상인의 의지는 동인도, 서인도, 희망봉, 캘리포니아에 동시에 영향을 끼친다. 외진 슐레지엔의 골짜기에서든 공장이 있는 대도시에서든 그 상인을 고대한다. 산맥, 평지, 바다가 온통 그 상인의 지배를 받는다. 그 상인은 사람들이 자신과 가족을 위해 사냥을 하듯이 일을 시작하면 자신에게 남는 것을 나누어줄 것이다. 그 상인은 두뇌, 지식, 결속을 통해 그 사람들의 부양자 또는 조력자가 된다. 잠시 동안 그 상인은 신의 거대한 살림살이에서 가장 고상한 의미의 신성의 대변자로서 지구의 지배자가 된다. 당연히 그래야 한다.

내 아들을 그런 숭고한 사람으로 키우지 말아야 할까? 아, 기쁜 마음으로 그런 사람으로 키웠을 텐데.

그런데도 내 아들은 학자가 되었다. 하지만 내 의지에 따라 어린 학자가 되었던 것은 결코 아니었다. "어린 학자", "온실 속의 화초", "쇠약한 아이", "남자아이라기보다는 시체" 같은 말들은 교육법 분야의 상투어들이다. 사람들은 내 아들에 대한 조기교육은 신과 아들에 대한 중죄라고 생각했다.

내 아들은 일곱 살부터 규칙적으로 배우기 시작했다. 여덟 살 때는 너무 특별하고 놀라운 존재로 자라났다.

네 살이던 아들을 교육했던 경험 탓에 내 불안이 고조되었다. 1804년 페스탈로치 연구소에 가서 보고하라는 임무를 맡았다. 뒤이어 출간된 교육 방법에 대한 내 논쟁이 무척 각광받으면서 고등학교 교사들과 정부 각료에게 알려졌다. 다들 나에게 고마워하고 나를 칭찬했다. 하지만 내가 페스탈로치와 그 동료들에게 던졌던 질문이 더욱 절실히 다가왔다.

"여러분의 자녀들이 배우는 산수가 저를 어지럽게 합니다. 현기증이 아주 심해집니다. 수 관계의 내적 본성은 삶에 별로 이로울 것이 없지만 그래도 이를 가르치기 위해 이성적인 방법으로 교육이 이루어져야 합니다."

그들은 내게 그릇된 것을 확언하지 않았다. 하지만 슈미트는 그 일에 몰두하면서 내가 원하는 결과가 나오기까지 오래 걸리지 않을 것이라고 했다.

그동안 나는 곰곰이 생각했다. 시민을 위한 산수가 아주 단순해져서 아주 어린아이도 쉽게 터득하고 습득할 수는 없을까 하고. 나는 당시 네 살이던 내 아들에게 시험해보기로 했다.

당시 나는 공무 이외에 책 출간으로 너무나 바빴기 때문에 해가 지기 전에 15분간만 아들에게 셈을 가르치고 아들을 관찰·메모할 수 있었다.

나는 가장 단순한 덧셈으로 시작했다. 1+0(또는 1+아무것도 없는 것)

의 결과는 1만 나오는 것으로 했다. 그러고는 1과 1을 합하는 식으로 계산 결과가 2가 되는 경우를 계속 만들어갔다. 놀랍게도 짧은 시간 안에 아이는 규칙을 활용해서 어려운 문제를 풀었다. 아이는 아주 재빠르고 확실하게 머리로 계산했다. 이 시기에 나는 칼을 마그데부르크에 있는 내 사촌과 친구들에게 데려갔다. 내 친구가 아이의 계산력에 경악했다. 친구가 가장 존경하는 교사들을 초대해서 아이에게 문제를 냈다. 그 교사들도 굉장히 놀랐다. 따라서 당시에 내가 마음만 먹으면 아들 칼이 두각을 드러낼 기회는 많았다. 하지만 나는 그러지 않고 그냥 가만히 두었다. 계속 밑바닥을 파헤치려는 사람들을 내가 바꿀 수 없을 것 같았기 때문에 칼이 걱정스러웠던 것이다.

한번은 내가 산수 공부를 하던 칼의 머리에 내 손을 올리며 "야, 잘한다! 멋진 아들!" 하고 칭찬했다. 내 아들의 머리카락은 따뜻하고 촉촉했다.

나는 아주 부지런한 남자아이에게 들려주곤 하던 속담이 퍼뜩 떠올라 화들짝 놀랐다. "아이가 머리에 김이 나도록 배운다."라는 속담 말이다.

맙소사! 나는 아들 머리에서도 김이 난다고 생각했다. 가엾은 아이가 셈을 공부하다가 쇠약해질 수도 있을까?

나는 그날 적당한 핑계를 대고 셈 연습을 얼른 중단했다. 다음 날 저녁 셈을 시작하자마자 곧바로 칼의 머리에 손을 얹어보았다. 내 머리처럼 차고 건조했다. 10분 뒤에 아이의 머리가 좀 따뜻해졌고 15분이 지나자 본격적으로 땀이 났다.

그제야 나는 깨달음을 얻고 아들이 자라서 몸과 마음이 강건해질 때까지는 셈 공부를 시키지 않기로 했다. 내 아들은 셈을 기억하곤 했지만 나는 일부러 피했다. 아들은 마침내 셈 연습 자체를 깡그리 잊어버렸다.

나와 내 아들에게는 다행이었다. 어린 시절 과도하게 긴장해본 경험 덕분에 그런 경험이 얼마나 끔찍한 결과를 가져오는지 알게 되었다.

그런 수많은 예가 책에 나왔거나 입으로 전해졌다. 내가 가장 잘 알고 널리 존경받는 공무원이자 교수인 하르트레벤 박사가 만하임에서 3년 전에 했던 가장 교훈적인 말을 옮겨보겠다.

> 세 살도 되기 전에 궁정고문관이자 교수인 아버지가 여러 교사를 붙여 읽기, 쓰기, 지리, 역사 따위를 가르친 아이가 있었습니다. 다섯 살 생일에 이틀간 공인 시험을 치러 합격할 정도가 되었습니다. 그 시험에서 아이는 독일어 2,000단어를 라틴어로 옮기고, 유명한 하천과 도시를 전부 말하고, 세계사의 위대한 인물들을 몽땅 카드에 적었습니다. 이렇게 기억력을 혹사시킨 탓에 어린아이는 쇠약해져서 다음에는 이름을 습득하는 것이 정말 힘들어졌지요. 이름을 기억하는 것은 너무 못하는 반면 사실을 기억하는 것은 아주 잘했어요. 시간이 흐르면서 같은 방식으로, 즉 한쪽은 앞서고 한쪽은 뒤처졌습니다. 이런 일은 그 아이가 열 살이 되도록 지속되었습니다. 제가 잘츠부르크 대학교에서 독일제국사를 가르칠 당시 열 살이던 그 아이

는 사실적인 이야기는 적을 필요가 없었던 반면 연도와 이름은 주의 깊게 적어야 했지요. 아무리 노력해도 사람의 이름을 기억하지 못했습니다. 마흔다섯 살인 지금도 그는 사실을 기억하는 것은 특별히 잘하지만 친구들의 이름은 아무리 애써도 기억해내지 못합니다.

만하임에서

하르트레벤

옛 속담은 중요한 진리나 깊은 뜻을 담곤 한다. 그래서 나는 아들이 공부를 해야 한다면 열일곱이나 열여덟 살에 대학에 들어가고 다방면으로 동시에 철저히 교육받으면 충분하다고 생각했다. 아들이 다른 아이들보다 월등하다는 점을 확인함으로써 틀에서 벗어나 독보적인 이들과 대담하게 견줄 수 있었다.

그것이 바로 내가 하려던 것이었다. 실제로도 그렇게 했다. 칼이 태어났을 때 나는 내 불멸의 소중한 선생님인 게디케와 마그데부르크의 리벤프라우엔 수도원장 셰베에게 영세식에서 증인을 서달라고 부탁했다. 두 사람은 칼의 아버지 역할을 기꺼이 떠맡아 내가 아이를 가르칠 수 없을 경우 아이의 교육을 계속 돌보아주겠다고 편지로 약속했다.

두 사람은 기꺼이 그리고 정해진 조건대로 내 부탁을 들어주었다. 게디케는 나에게 짤막하게 말했다.

"아이가 집 밖에 내보내도 괜찮을 만큼 자라면 우리 집에 보내게! 그러면 내가 그 애의 아버지가 되어주겠네. 내가 아버지 노릇을 잘한다는 걸 자네 아들에게 증명하겠네."

따라서 내가 일찍 세상을 떠나거나 내 생각이 이루어지지 않을 경우에도 아이가 뛰어난 학자가 되도록 만반의 준비가 갖추어져 있었다. 하지만 일은 사람이 꾸미고 승패는 하늘이 정한다! 두 사람은 이른 나이에 서로 앞다퉈 세상을 떠났다. 게디케는 내 아들이 뛰어난 인재가 될 가망을 보이기도 전, 한창 나이에 세상을 떴다. 셰베도 노년이 되기 전에 세상을 떠났지만 다행히도 내 수업 방식이 우리의 기대를 뛰어넘는 결실을 맺는 것은 지켜보았다.

Chapter 2

어린 나이에 학자가 된 아들

—— 이 일은 아주 자연스럽게 이루어졌다. 나를 누구보다 잘 아는 친구 글라우비츠가 옳다면 내 아들은 어린 나이에 학자가 되어야 했다. 내 아들의 자질이 중간 정도였어도, 내가 아들이 어린 나이에 학자가 되는 것을 꺼렸어도 교육과 수업의 관점에서 학자로 자랄 토대가 만들어졌고 그 결과 분명 성공했을 것이다. 공을 비탈에 올려놓으면 아래로 굴러 내려가는 것과 같은 이치였다.

물론 당시에 나는 이걸 통찰하지 못했다. 인간의 본성, 힘, 완전성의 가능성을 아직 정확하게 몰랐기 때문이다. 나는 내가 알고 있던 것, 주변에서 관찰한 것에 따라 판단했을 뿐이었다. 따라서 내 판단은 그릇될 수밖에 없었고 나는 인간 본성을 더 자세히 연구해야 했다.

아, 인간 본성은 고원하다. 우리가 상상하는 것보다 훨씬 더. 물론 정규 수업에서는 그토록 고원한 인간 본성을 거의 알아내지 못한다. 인간 본성은 신중한 발걸음으로도 움직일 수 없고, 깊은 궤도로부터 끌어낼 수도 없는 크고 무거운 짐수레와 같다. 나는 평범하거나 아둔한 아이들의 본성도 마찬가지라고 덧붙이고 싶다.

이런 두뇌의 소유자는 심약한 떠돌이와 같아서 짐수레 곁에 걸음을 멈추고 더욱 짐수레에 의지한다. 더 천천히 갈수록 더 자신 있게 발걸음을 옮긴다. 가엾게도 어떤 아이들은 짐수레가 빨리 굴러가기 시작하면 화들짝 놀랄 것이다. 짐수레가 급히 서두르면 맥없는 아이들은 뒤로 물러난다.

가벼운 동시에 안정되고 편리한 마차라면 다르다. 그런 마차는 말이 많이 필요 없고, 천천히 가는 짐마차를 번개처럼 지나친다. 마차나 마부가 모두 어리석어서 서로 경멸하거나 비방할 수도 있을 것이다. 반면 행로가 목적에 맞고 둘의 관계가 좋을 수도 있다. 둘이 다르게 간다면 부자연스럽게 움직일 것이다. 둘이 행로를 바꿀 수도 있지만 드문 일이다. 밋밋하고 평평한 언덕을 내려갈 때는 마부가 더 빠를 것이다. 동행하는 사람들도 뒤따라갈 수 있을 것이다. 깊은 모래와 늪에서, 그리고 자갈밭에서는 가벼운 마차라도 천천히 움직일 것이다. 둘이 다시 제자리를 찾고 바보만 헤맬 것이다.

칼은 엄마의 팔에 안겨서도, 내 팔에 안겨서도 보통 아이들이 배우지 않는 것을 많이 배웠다. 다양한 방에서 온갖 사물을 알게 되고 그 이름을 익혔다. 방, 계단, 마당, 정원, 마구간, 우물, 헛간. 가장 큰 것부터 가장 작은 것까지 온갖 사물을 칼에게 보여주고 그 이름을 분명하게 말해준 다음 칼에게 그 이름을 최대한 분명하게 말해보라고 용기를 불어넣어주었다. 칼이 사물의 이름을 제대로 말하면 쓰다듬어주고 칭찬했다. 반대로 제대로 말하지 못하면 우리 부부는 "여보, 칼이 이런저런 단어를 아직 제대로 말하지 못해요!"라고 냉정한 어조로 말했다.

그래서 칼은 온갖 사물을 익히고 그 이름을 제대로 말하려고 무척 노력했다. 오래지 않아 우리가 바라던 대로 칼은 온갖 단어를 말했다. 말을 더듬는 일은 전혀 없었다. 왜냐하면 칼은 아주 천천히 말해야 했고 절대 겁에 질리지 않았기 때문이다. 칼은 자유롭게 생각하고 자유롭게 말했다. 하지만 생각을 하고 신중하게 말해야 했다.

어리석은 부모와 보모가 아이에게 허락하는 불분명한 말, 그러니까 아이가 쓰는 말을 우리 집에서는 결코 용납하지 않았다. 소를 '음매', 양을 '매애애', 고양이를 '야옹이', 개를 '멍멍이'라고 말해서는 안 되었다. '소, 양, 고양이, 개'라고 말해야 했다.

우리 부부는 언어를 세심하게 관찰하면서 순수한 독일어나 책에 나오는 독일어로 칼과 대화했다. 칼이 최대한 이해하도록 아주 단순하게 말했다. 하지만 항상 표현을 엄선해서 크고 또렷하고 느리게 말했다. 우리 부부는 강세를 빠뜨리거나 잘못된 표현을 쓰지 않았다. 우리는 단어의 의미 하나하나를 살려서 항상 바르게 말했다. 의미가 분명하게 전달되지 않는 불분명하고 혼란스러운 문장이나 표현을 신중하게 피했다.

칼은 혀짤배기소리를 들어본 적도, 말한 적도 없어서 다시 제대로 된

말을 배울 필요가 없었다.

내가 오래 참아준 유일한 것은 나, 너, 그 같은 추상적인 말이었다. 교육받지 않은 인간(아이도 포함된다)의 본성으로는 그걸 쉽게 이해할 수 없었기 때문이다. 우리는 아이가 아주 분명하게 이해할 때까지 참고 기다려주었다. 우리는 '아버지', '어머니', '칼'을 '나', '너', '그', '그녀'로 자주 바꿔 말함으로써 변화를 준비했다. 이런 방식으로 하나를 통해 다른 하나를 설명하고 시작을 제대로 함으로써 언어 사용을 수월하게 해주었다. 나중에 우리는 너무 심하지 않게 "네가 더 잘 이해하면 나는 '너' 또는 '나'라고 말했을 텐데." 하고 농담을 덧붙였다.

무지몽매함과 관련 있는 그토록 다정한 농담은 아이가 아직 부족한 것을 배우도록 자극해준다.

이런 방법으로 칼은 일찍이 주변의 온갖 사물을 완벽하게 알아가고, 이름을 부르고, 발음을 했다. 공들인 아동 도서를 낭독하듯이 늘 순수 독일어로 말했다. 우리가 저급한 독일어를 말하지 않았기에 그럴 수밖에 없었다. 또한 칼은 모든 단어를 올바르게 또박또박 발음해서 곧잘 우리에게 웃음을 선사했고 낯선 이들의 경탄을 자아냈다.

똑똑한 사람들은 이미 이때부터 아이를 주목했고 장차 벌어질 특별한 일을 예견했다.

물론 모국어를 제대로 습득하면 아이는 이른 시기에 지적으로 성장하는 것이 분명하다. 왜냐하면 매 순간 주의력과 다양한 정신력을 작동하게 하니까. 칼은 찾고 비교하고 구분하고 선호하고 거절하고 선택하고……. 한마디로 활동해야 했다. 즉 생각해야 했다. 올바르게 해내면 칭찬을 받는다. 칼이 잘못하면 핀잔을 주면서 넌지시 힌트도 주었다. 이제 앞서 언급한 사고 행위를 한 번 더 시도하고는 자신의 승리에 기뻐했다. 그 대가로 엄마와 아빠의 갈채를 받는 것도 마찬가지로 기뻐했다.

그런 일이 기억력에도 얼마나 도움이 되는지! 앞서 언급한 정신 활동에는 어휘의 보고가 필수적이다. 따라서 어휘를 파악하고 보존하기 위해 기억력이 활성화되어야 한다. 우리 짐작으로는 독일어의 엄청난 보물 가운데 3만 단어만이 대여섯 살 아이의 영혼을 지나간다. 특히 교육을 잘 받은 아이일 경우 어휘를 쉽게 습득한다. 기억력을 연습하고 강화할 기회가 얼마나 많은지! 심사숙고해서 단어를 선택하고 말하는 것에 익숙하다면 그렇게 말해야 한다는 자극을 얼마나 많이 받겠는가! 실제로 아이는 별 도움 없이 스스로 문법을 구상하고 자기 능력에 따라 동사나 명사의 다양한 변화를 가려내기를 좋아했다. 읽기에 익숙해진 아이는 아버지의 말을 통해서든 인쇄된 책을 통해서든 유익한 문법에 접하게 된다. 이미 읽기에 익숙해진 경우에 말이다.

오랫동안 사람들은 이걸 애매하게 느꼈다. 그런 까닭에 수업을 고전어로 시작했다. 그래서 근사한 모국어를 등한시한 채 무미건조한 사어로 아이에게 겁을 주고 지성의 싹을 질식시키는 무책임한 일이 벌어지고 말았다.

고전어 수업에서는 아이에게 다정하게 말하는 사람도 없고 그 수업을 통해 아이가 더욱 명석해졌다고 말하는 사람도 없다. 오히려 정반대다! 나는 다른 곳에서 그 실상을 자세히 알릴 것이다.

칼은 모국어에 일찍이 몰두함으로써 날마다 모국어의 깊은 내부로 인도되었고 쉽게 외국어를 배울 준비가 되었다.

다른 조건이라면 혐오스럽거나 놀라웠을 일이 칼에게는 새롭지만 완전히 낯설지는 않았다. 그런 비슷한 것을 이미 모국어에서 배워 자기 것으로 만들었으니까. 따라서 칼은 뭔가를 수식하는 법만 배우면 되었다. 낯선 언어가 칼에게 익숙해졌다. 정신 활동에 익숙해진 칼은 즐거워했다. 왜냐하면 싸울 때마다 승리하면서 승리가 즐겁다는 사실을 잘 알게 되었으니까.

따라서 칼은 여덟 살 때부터 어렵지 않게 호메로스, 플루타르코스, 베르길리우스, 키케로, 오시안(3세기경 고대 켈트족의 전설적인 시인이자 용사–옮긴이), 페늘롱(1651~1715, 프랑스의 성직자이자 문학자–옮긴이), 플로리앙(1755~1794, 프랑스의 시인이자 우화 작가–옮긴이), 메타스타시오(1698~1782, 이탈리아의 시인이자 가극 대본 작가–옮긴이), 실러의 저작을 진심으로 재미있어하고 자주 열광하며 원전으로 읽었다. 그래서 괴팅겐의 위대한 언어 연구가 하이네가 1년 반 뒤에 칼은 모르는 것을 정확하게 추측해내는 총명한 정신을 지녔다고 서면으로 말해주었다. 분명 하이네가 옳았다. 하이네는 수천 명을 시험했고 그중에도 특히 칼을 매우 주의 깊게 시험했기 때문이다. 그렇지 않았다면 나는 내 교육이 실패했다고 말했을 것이다. 하이네가 빌란트(1733~1813, 독일 초기 고전주의를 대표하는 작가 – 옮긴이)에게 보낸 편지가 있다.

존경하는 박사님께

비테 목사님은 그분의 아들을 계속 행복하게 교육하길 바라는 박사님의 선한 마음과 계획을 고마워하고 칭찬했습니다.

저는 조기교육 지지자가 아니고 자연의 일반법을 존중하지만 자연에도 예외가 있다는 것을 깨달았습니다. 그러니 자연의 암시에 따라 능력 있는 정신을 조기에 발전시키는 것이 우리의 의무겠지요. 그런 측면에서 아이의 소질과 자연적 능력을 더욱 면밀히 연구하기 위해, 아이 자신의 목적과 이익을 위해 나는 직접 아이를 가까이에서 관찰하면서 다른 사람들의 판단과 숭배와는 별개로 스스로 판단하려고 했습니다. 자연의 산물로서 그 아이를 관찰하기 위해서만이 아니라 자연적 소질에 맞춘 교육으로 그 아이를 인간적으로나 시민적으로 유용하고 행복한 사회 구성원으로 기르는 것이 가능한지를 결정하기 위해서입니다. 정말이지 쉬운 일은 아니었습니다.

나는 남자아이의 몸과 마음이 기대 이상으로 건강하고 다정하다는 것을 알았습니다. 호메로스와 베르길리우스의 작품으로 아이를 시험했더니, 막힘없이 번역하고 의미를 파악할 정도로 언어와 소재 정보가 풍부하더군요. 그건 일반적으로 유능한 정신에 사로잡힌 자연적 능력, 좀 더 정확한 문법 지식이나 논리적 지식 없이 문맥을 정확하게 짐작해내는 자연적인 능력이었습니다. 무엇보다 놀라운 점은 그 아이가 감정과 효과를 넣어 제대로 읽는다는 것이었습니다. 그렇지 않았다면 저는 그 아이의 다른 우세한 정신력, 두드러진 재능을 발견하지 못했을 겁니다. 기억력, 상상력, 지성은 균형을 이루고 있었습니다. 다른 면에서 그 아이는 엄하게 훈육을 받지 않은 듯했습니다. 나는 칼이 장난도 싫어하지 않는 행복하고 건강한 아이라는 것을 알고 안심했지요. 그 아이가 서사시는 물론, 진지하고 감동적인 서정시과 산문을 좋아하는 것을 보고는 아버지가 어떻게 교육했는지 알겠더군요.

우리는 그 아이에게 적용하는 교육 방법의 최종 결과를 지켜볼 정도로 오래 살기 힘들겠지만 저는 박사님처럼 진심으로 바랍니다. 국가가 자연의 특별한 호의를 이용할 것과 그 아이가 언젠가 행복감을 누리기를. 얼핏 보기에 그 아이의 소명 의식, 유용함, 행운은 학문의 영역에, 특히 역사 영역에 있는 것 같습니다.

존경하는 벗이여, 내가 마음먹은 것보다 이야기가 장황해진 듯해서 미안합니다. 다시 벗과 이야기 나눌 날을 학수고대합니다.

1810년 7월 25일 괴팅겐에서

하이네

엄청나게 유리하게도 칼은 이미 네댓 살 때 모국어를 정확하게 알았다. 라틴어와 고대 그리스어를 아이 머리에 억지로 쑤셔 넣듯이 죽어 있는 책으로 모국어를 배우지 않았다. 유감스럽게 아직도 많은 사람들이 억지로 쑤셔 넣듯이 주입식으로 아이를 가르치곤 한다.

열세 살의 남자아이에게 일주일에 열여섯 시간씩 라틴어를 가르치다니! 너무 가혹하다. 1818년 이곳 베를린에 있는 유명한 학교에서 이런 일이 벌어지다니 불행한 일이다.

칼은 오히려 일상에서, 집에서, 정원에서, 풀밭에서, 들판에서, 숲에서, 사회에서, 여행에서, 한마디로 내가 만들어주는 온갖 다양한 상황에서 순수 독일어를 배웠다. 우리는 칼이 한 살일 때 이미 어디든 데리고 다녔기에 칼은 최대한 많은 것을 알아냈다. 특히 어떤 것에 끌리면 끌릴수록 더욱 깊이 이해했다.

칼은 두 살이 될 때까지 우리와 함께 메르제부르크, 할레, 라이프치히, 바이센펠스, 나움부르크, 데사우, 뵈를리츠, 비텐베르크 같은 곳에 가서 견문을 넓혔다. 집에 있었더라면 보지 못했을 다양한 것들을 익혔다. 서너 살 때는 그런 곳을 더 자주 찾아가서 예전에 거기서 보고 들었던 것을 깊이 뇌리에 새기고 분명하게 인식하면서 인식의 범위를 넓혔다. 또 칼은 사물의 본성에 따라 더욱 중요하고 더욱 흥미진진한 대상을 보았다. 세 살 때는 8주 정도 라이프치히에서 지냈고 네댓 살 때는 나와 함께 마그데부르크, 할버슈타트, 잘츠베델, 슈텐달, 만스펠트, 하르츠 계곡 같은 곳을 여행했다. 다양한 사회와 진기한 것을 처음으로 경험했다. 그 결과 칼은 일상 속의 물레방아와 풍차처럼 음악회, 연극, 오페라에 아주 정통하게 되었다. 두더지와 박쥐처럼 사자, 타조, 코끼리를 잘 알게 되었다. 증기기관처럼 소금 광산을 잘 알게 되었다. 마을 시장을 라이프치히 박람회처럼, 발굴지를 광산처럼, 화려한 사교장을 날품팔이의 오두막처럼, 무도장을 임종의 자리처럼 잘 알게 되었다.

하지만 보통 아이들이 그러듯 모든 대상을 그냥 바라보기만 했던 것이 아니라 어른이 아는 것 이상으로 정확하게 인식했다. 왜냐하면 우리 부부가 어떤 경우에는 칼과 함께 토론했고 어떤 경우에는 의도적으로 아들이 지켜볼 때만 둘이서 토론했기 때문이다. 우리는 토론할 때마다 칼에게 무엇을 깨달았는지, 그게 얼마나 마음에 드는지 물었다. 곧 칼은 보고 들은 것을 토론하는 일에 무척 익숙해져서 우리에게 말을 걸고 질문을 하고 자신이 아는 것을 알려주고 이의를 제기했다.

다섯 살 때 칼은 이미 나와 함께 포츠담과 베를린은 물론이고 프리그니츠를 통과해 메클렌부르크를 지나는 다양한 길로 로스토크, 바르네뮌데, 도베란까지 여행했다. 날씨가 잠잠하고 폭풍이 거세지 않으면 바다로 가서 상업과 항해를 지켜보았다. 우리는 루드비히스루스트를 경유해 알트마르크로 여행했다. 때로는 시골에서 몇 주간 아주 다양한 가족과 지내기도 했다. 많은 사람들이 칼을 자신의 사랑스러운 자식처럼 대해주었다. 어린 칼이 묻고 조잘대는 것을 진정 기쁜 마음으로 받아주고 기꺼이 귀를 기울여주고 최대한 원하는 정보를 알려주었다. 다들 칼이 어른도 갖지 못한 언어적·물질적 정보의 보고를 수집했음을 쉽게 짐작할 것이다.

칼이 오해와 편견에 따라 판단하는 일이 전혀 없었다는 점을 강조해야겠다. 칼의 부모인 우리가 대상을 바르게 알고 있는 한은 말이다. 우리에게 정확한 정보가 부족하면 우리도 칼도 탁월하고 박식한 사람들의 가르침을 받았다.

여섯 살 때 칼은 나와 함께 6주 동안 드레스덴에서 지냈다. 칼은 그곳의 아름다운 특색과 주변 환경을 익혔다. 특히 보물 같은 수많은 미술 작품을 익히고 끊임없이 관찰하면서 그때도 나중에도 토론을 반복했다. 그렇게 칼은 예술적 감각을 키웠다. 이미 라이프치히, 포츠담, 베를린에서, 그밖에도 아름다운 것이 있는 모든 장소에서 나는 잘못 그려진, 화려한 색감의 그림에서 맛보는 유치한 기쁨에 물들지 않도록 칼을 보호했다. 드레스덴 화랑을 방문했을 때는 칼을 특별히 조심시켰다. 특히 이탈리아식 홀에 전시된 고대 작품과 모조품에 대해서는 더욱 주의를 주었다. 그때부터 칼은 큰 아이들도 미술에 대해 흔히 저지르곤 하는 어리석은 판단을 결코 내리지 않았다.

드레스덴에 머무는 동안 날씨가 안정되자마자 우리는 플라우엔 골짜기, 타란트, 작센스위스 일대를 방문했다. 나는 예전에 거기서 여러 번이나 여행 안내 책자를 들고 여행 안내자도 데리고 다니면서 아름다운 것을 모조리 보았기에 무엇 하나 그냥 지나치지 않고 소홀히 보지 않았다. 이 천국 같은 곳은 어른에게도 다양한 경험을 제공한다. 여섯 살짜리 아이에게는 훨씬 많은 것을 제공해준다. 우리는 아름다운 샨다우와 로멘, 리베탈러 골짜기와 오토발더 골짜기, 쿠스탈과 프레비슈토르, 그리고 바스타이(암석 사이에 놓인 아찔한 돌다리로 유명한 곳 – 옮긴이), 스톨페의 현무암 기둥(기둥 모양의 돌이 모여 있는 지형 – 옮긴이)과 빈터베르크 고지, 마지막으로 쾨니히스타인, 릴리엔스타인, 존넨스타인, 필니츠를 돌아다녔다.

칼은 앞서 언급하거나 언급하지 않은 수많은 것들의 이름을 바르게 부르고 말하고 읽고 판단했다. 칼과 나, 여행 안내자, 친구들과 지인들이 감정을 공유했다. 칼은 집에 있는 엄마와 메르제부르크, 할레, 라이프치히에 있는 친구들에게 이야기해주었다. 더 멀리 있는 지인들에게는 편지로 이야기해주었다. 그렇게 칼은 곰곰이 생각하고 분명하게 표현하는 힘을 키웠다.

그 결과는 생각 이상으로 훨씬 크고 유용하다. 명칭이나 특성 외에 사물을 많이 알면 알수록, 사람들에게 많이 알리면 알릴수록 정신의 저장고가 점점 커진다. 매 순간 정신의 보고에 더 많이 저장하고, 더 자주 찾고 비교하고 구별하고 선호하고 선택하면서 그 결과 작업, 즉 생각을 하도록 자극받는다.

더 많이 생각하면 할수록 더 많은 사고의 방법을 배우고, 더 많이 연습하면 할수록 더 빨리 일이 진행된다. 그래서 무한히 많은 것을 얻게 된다. 아이들은 말과 행동에 앞서 생각부터 하게 된다.

생각하는 일에 익숙한 아이는 매 순간 더 많이 배운다. 눈앞의 대상이 아직 아이에게는 너무 어려울지 모른다. 하지만 아이는 모든 것을 꿰뚫어보려는 일에(제대로 지도받은 아이는 꿰뚫어본다고 말하는 편이 낫겠다) 익숙해서 파악하기 힘든 것을 적어도 정확하게 간직하려고 애쓴다. 그러고는 작업을 한다. 자신도 모르게 조용히 작업을 한다. 그때까지 자신이 모르는 것을 설명하기 위해서. 아이는 묻고 연구하면서 그것과 연관이 있는 뭔가에 귀를 기울인다. 어쩌면 완전히 동떨어진 대상에 대해 읽을지도 모른다. 그렇지만 어떤 암시를 보고는 전에 이해하지 못했던 것과 관련이 있는 듯한 논쟁을 알아낸다. 이제 온 정신의 힘이 새롭게 활동하게 된다. 열렬히 더 읽고 새로 비교하면서 부모, 선생님, 친구, 놀이 동무에게 묻는다. 잠시 쉰다. 한마디로 요동치는 무지의 파도를 헤치고 나아가 명징한 통찰력의 바닷가, 그 확고하고 향기로운 바닷가에 도달할 때까지는 쉬지 않는다.

경험은 그토록 중요하다. 아이가 많은 사물을 일찍이 접하고 명칭과 특성에 익숙해지고 관련된 모든 것을 쉽고도 정확하게 표현하면 어른의 모든 대화에 귀를 쫑긋 기울일 것이다. 그러니 지루할 수가 없고 하품할 수가 없고 멍하게 바라볼 수가 없을 것이다. 대부분을 폭넓게 이해하니까 더 깊이 관심을 가질 것이다. 이해하지 못하는 것이 있으면 관심이 부쩍 커진다. 왜냐하면 이해하지 못하는 것은 새로우니까 이해하고 싶고 이해해야 한다. 또 매듭이 풀릴 때까지 습관적인 활동이 쉼 없이 이루어질 것이다.

여섯 살, 여덟 살, 열 살까지, 즉 3,650일간 하루 열 시간씩 3만 6,500시간에 아이가 배우는 양이 얼마나 엄청나겠는가. 아이와 매번 대화를 하거나 뭔가를 가르친다면 말이다. 알아채지 못한 생각의 양과 명징성은 전혀 측정할 수 없고 말로 표현된 적은 더더구나 없다. 어떻게 시작하는지 알고 실제로 시작한다면 평범한 아이를 특출한 존재로 교육할 수 있다는 내 확신이 바로 여기에 기초한다.

Chapter 3

아들을 학자로 키울 능력이 과연 나에게 있었을까

—— 결론부터 말하자면 아니다! 초·중·고등학교와 대학교 시절 주위의 우수했던 동기들만큼이나 열심히 공부했지만 나에게는 아들을 훌륭하게 키울 능력이 없었다. 나는 졸업 후에도 수준 높은 교육을 지속적이고 세심하게 받았다. 마그데부르크에서는 장로회에서, 베를린에서는 상급 장로회에서 다양한 시험에 합격하고 교회 목사가 되었다. 또 꾸준히 사람들을 가르치며 늘 지식을 쌓았다. 그밖에도 당시 독일 최고의 교육자들인 게디케, 잘츠만, 페펠, 카롤리네 루돌피가 운영하는 교육기관에서 고맙게도 나에게 교사직을 제안했다. 그런 제안에 내 자신이 부끄러웠다.

나는 평범한 수입으로 시골에 혼자 사는 남자로서 가르칠 수단이 전혀 없었다. 그러니 아홉에서 열 살 사이의 아이들을 신속하고도 행복하게 성장시킬 능력이 없었다. 당시 내가 보기에 그 아이들은 상급 학교에 들어가 더 높은 수준의 교육을 받아야 했다.

나는 칼이 태어나기 전후에 게디케와 셰베 같은 사람들이 칼의 교육에 적극적으로 참여하도록 계획을 세웠다. 내가 칼에게 걸맞은 수업을 해줄 수 없게 되면 말이다. 그들의 교육기관에는 10~12명의 교사가 있었다. 베를린의 그라우엔 수도원 학교에는 아마도 교사가 더 많았을 것이다. 그들은 기금으로 가장 유능한 교사를 선발해 각자에게 가장 적합해 보이는 과목을 가르치게 했다. 나는 모든 것을 고려해본 결과 그곳의 교사로 선발되리라고는 상상조차 못했다.

내 아들을 교육하는 동안 그랬듯이 나와 내 친구가 가꾸었던 것들을 망가뜨리려는 나쁜 사람들이 있었다. 그들은 지금도 "겸손한 척하는 것뿐이야. 그 사람은 성취하고 싶은 것을 결국에는 해낼 것이라고 확신에 차 있어. 어쩌면 더 많이 해낼 것이라고 믿고 있지." 하고 말하곤 한다. 몰래 일을 꾸미는 악의적인 사람들이 몇몇 있었다. 특별히 좋은 일을 나쁜 일로 왜곡하는 사람은 자기의 행동을 옹호하거나 미화하기 위해 공범, 친구, 고객, 제자를 부추겨서 우리를 비방하게 했다. 입으로, 편지로, 갖가지 정기 간행물에 실린 그럴듯한 논문과 비평으로 비방하려 했다.

이런 일은 대단히 교활하게 일어났다. 물론 내 아들과 나에게 해를 입혔지만 그들은 목적을 이루지 못했다. 내 아들이 아직도 존경과 사랑을 받고 있으니까.

선한 일은 신의 도움으로 날마다 확고해질 것이다. 나나 내 아들이 더 나은 세계로 빨리 넘어갔다면 해를 끼치지 않는 인간의 교육이 지금까지의 예상보다 훨씬 신속하게 진보할 수 있다는 점을 거침없이 증명했을 것이다.

따라서 나는 "칼 비테가 교육으로 어떤 일이든 가능하다고 믿었을 것"이라는 의견에 아니라고 부정했다. 아이가 태어났을 당시 내가 준비한 것을 보면 내가 진실을 말하고 있음이 드러날 것이다. 아이를 키우면서 내가 했던 행동은 이를 더 분명하게 증명해준다.

내 아들이 라틴어를 어느 정도 배우고 고대 그리스어를 시작하자마자 나를 도와줄 선생님을 수소문했다. 내가 이상적으로 생각한 대로 교육할 수 없다는 사실을 느꼈기 때문이다.

내 연간 수입의 상당액을 교육비로 쓰더라도 내가 원하는 사람을 구하기 위해 할레, 라이프치히, 마그데부르크, 베를린 등을 찾아다녔다. 하지만 운명은 다른 것을 원했다. 내가 바란 것은 거의 이룰 수 없었지만 전화위복으로 더 이로운 상황이 벌어지거나 더 밝은 미래가 보였다.

내가 독일어, 라틴어, 이탈리아어, 프랑스어를 읽는 수준만큼 재미있고 쉽게 그리스어를 읽을 수 있는 사람을 구하려고 했다. 동시에 모국어를 완벽하게 구사해서 고대 그리스어 표현을 독일어로 아주 능숙하게 옮기는 사람을 원했다. 독일어를 쉽고 정확하게 고대 그리스어로 옮기는 동시에 다양한 사투리 단어의 변화까지 모두 알아서 능수능란하게 표현해내는 사람을 바랐다. 남자아이와 함께 그리스어 문법 체계를 세울 수 있는 사람을 원했다. 내가 더 중요하게 생각한 것은 고대 그리스 문학 전반과 그 영향권에 있는 작가들을 정확하게 아는 사람이어야 한다는 점이었다. 그리스, 광범위한 그리스 영향권, 소아시아, 섬들 등 다양한 시대에 걸쳐 그리스가 형성된 모든 지역을 정확하게 알길 바랐다. 헌법, 행정, 관습, 습관, 풍습, 만족, 평시와 전시의 삶, 교육, 윤리, 종교, 입법, 정치, 상업, 예술, 마지막으로 학문을 아는 사람이길 바랐다. 로마에 대해 알면 더 좋겠다고 생각했다.

학교 친구였던 아무개 박사가 내가 바라던 사람이라고 생각해서 우리 둘의 친구인 글라우비츠를 통해 내 제안을 전했다. 내가 큰 지출을 감수해야 하는 제안이었다. 명예로운 남자인 아무개 박사는 이성적인 이유로 포기하고 싶지 않은 일이 있다면서 내 제안을 거절했다.

나는 아무개 박사를 전후해서 여러 사람을 소개받았다. 하지만 다들 내 목적에 맞지 않았다. 대부분 두 가지 언어에 대한 지식이 나보다 부족했다. 그러니 내 요구를 채워줄 만한 사람은 더더욱 없었다.

한 가지 경우만 이야기하겠다. 나머지 경우는 전부 그 경우와 유사하니까.

우리 지역의 청년이 대학을 졸업하고 요란하게 고향으로 돌아왔다. 그와 그의 부모, 그리고 친척은 그가 가장 위대한 문헌학자의 애제자라고 장담했다. 그가 칼을 가르치면 매우 만족스러울 것이라며 나에게 그를 추천했다.

내 경험상 자만 어린 확신이 미심쩍어서 확답을 하지 않았다. 그리고 그가 일주일간 우리 집에 머물며 날마다 30분씩 내 아들에게 내 방식대로 고대 그리스어를 가르쳐도 괜찮다면 한번 해보라고 했다.

그는 내 제안을 기꺼이 받아들여 우리 집에 왔다. 첫날 나는 내가 어떻게 수업하는지 그냥 보여주었다. 수업 방식에 대한 내 생각을 그에게 충분히 설명했다. 다음 날 아침 그는 수업을 시작했다. 내가 추천한 쉬운 교재로 수업하기를 바랐지만 그는《일리아드》를 들고 방으로 들어가 아주 장황하게 수업을 시작했다. 유식하게 늘어놓는 것을 보니 지식은 상당해 보였지만 달달 외운 것으로 생각되었다.

때때로 문맥상 부정확하거나 틀린 것이 나와서 그가 그저 달달 외웠을 것이라는 내 추측이 더 분명해졌다.

한번은 칼이 깊게 탄식하고는 전혀 본 적이 없는 기이한 동물을 바라보듯이 그 졸업생을 뚫어지게 바라보았다. 보고 싶어서 보는 것이 아니라 두려워서 보는 것 같았다. 가엾은 아이는 입을 열어 "도무지 이해가 안 돼요."라고 말하려는 듯했다. 하지만 아무 소용이 없었다. 왜냐하면 그의 입에서 쏟아져 나온 사나운 말의 폭포가 재빨리 아이의 입을 막았기 때문이다.

그래서 아이는 참을성 있게 기다렸다. 나도 마찬가지였다.

30분이 지나도 장황한 설명이 끝나지 않기에 내가 나서서 마무리를 하고 5분 정도 독일어로 옮겨달라고 부탁했다. 나는 내가 고른 교재가 가장 좋다고 생각했지만 그는《일리아드》를 번역하고 싶어 했다.

그래서 그는《일리아드》의 몇 구절을 번역했다. 그는 운율에 따라 격정적으로 낭독한 다음 엉성하고 불쾌한 독일어로 번역을 해서 내 모골을 송연하게 했다. 가엾은 칼은 얼굴을 붉힌 채 두려움에 떨었다. 이제까지의 경험상 칼은 수업한 내용을 자신에게 반복시킬 줄 알았기 때문이다.

나는 얼른 칼의 두려움을 잠재우고는 다음과 같이 농담조로 말했다.

"사랑스러운 아들! 그걸 네가 반복할 수는 없어. 왜냐하면 너한테는 무척 과도한 지식이니까! 정말 네가 원한다면 처음부터 같이 번역한 부분만 반복해야겠지. 하지만 이번에는 불가능해. 선생님이 호메로스에 너무 정통해서 내가 너와 함께하듯이 문법을 확인하고 사전을 찾지 않았기 때문이야. 우리처럼 자연스러운 방식이 그 사람에겐 너무 어려운가 봐. 하지만 네가 알다시피 나는 너를 아주 사랑하는 마음으로 그런 방식을 따르는 것이거든."

이렇게 칼을 안심시키고 그 졸업생에 대해서도 나쁜 말을 하지 않았다. 그러고는 그 졸업생과 단둘이만 있을 때 수준을 낮춰서 가르쳐달라고 부탁했다. 그러지 않으면 칼이 수업에서 얻는 것이 없다고 했다. 그는 그렇게 가르치는 것이 참된 방식이라면서 자신은 훌륭한 선생님의 방식을 그대로 재현한 것이라고 확신했다.

나는 "미안하지만 그렇게 가르칠수록 아이에게 안 좋을 겁니다. 이 방식이 아이에게 적합한지 도무지 모르겠군요. 다른 방식으로 가르칠 수도 있다는 생각이 들어서요. 일곱 살짜리 아이에게 적합하지 않은 방식이라고 확신합니다."라고 대꾸했다.

당연히 그가 옳다. 올바르게 가르치고 싶어 했던 내 손님이었으니까. 따라서 나는 모든 것을 감수하며 진심으로 내 아들의 약점을 배려해달라고 부탁했다. 그리고 다음 날부터는 내가 말한 그리스어 교재로 가르쳐달라고도 부탁했다. 결국 그는 마지못해 그러기로 약속했다.

그런데도 그는 다음 날 다시 호메로스 책으로 나와 칼에게 두려움과 공포를 안겨줬다.

나는 15분쯤 조용히 귀를 기울이다가 아주 진지하게 수업을 중단시켰다.

"칼, 솔직하게 말하렴. 선생님이 낭독한 내용을 알아듣겠니? 그러니까 네가 들은 내용을 나나 선생님께 낭독해줄 수 있을 정도로 이해했니?"

그토록 난처한 상황에 처해본 적이 없던 가엾은 아이는 한숨을 깊게 내쉬며 대답했다.

"아뇨, 아버지! 모르겠어요! 많은 부분을 이해하지 못하고 그냥 흘려들었어요."

"그러니 제발《일리아드》를 내려놓고 이 교재로 해주세요! 당신의 선의에 무척 감사하지만 보시다시피 칼은 호메로스를 이해하기엔 너무 어려요. 당신이 나와 칼을 위하는 뜻은 잘 알겠지만요."

해결 방법이 있을 것이라고, 칼의 이해도가 날마다 향상될 것이라고 여러 번 나와 대립각을 세우던 그는 결국 고집을 꺾었다. 즉 내가 고른 교재의 첫 부분을 칼과 함께 번역했다.

하지만 그의 대단한 학식은 단번에 막을 내렸다. 그를 난처하게 만들 말과 형식이 나타났다. 그는 너무 우쭐한 나머지 전체를 엉터리 독일어로 번역해놓고 흡족해했다.

모든 일이 내 의도와는 전혀 맞지 않았기에 나는 그에게 한마디씩 천천히 그리고 철저하게 다시 번역해줄 것을 연달아 간청했다. 칼도 간청했지만 아무런 소용이 없었다. 그래서 나는 얼른 그 일을 마무리했다. 왜냐하면 칼이 그가 읽어준 이야기를 전혀 이해하지 못했다는 사실이 드러났기 때문이다. 그러고는 다음 글은 칼과 함께 내 방식대로 번역했다. 칼은 기쁨에 들떠서 자신이 번역할 차례를 기다릴 수 없을 정도였다. 마침내 차례가 돌아오자 칼은 그 문장을 완전히 파악했다. 내가 아무리 반론하고 반문해도 칼은 아랑곳하지 않고 내가 그 문장을 처음에 번역할 때와 똑같이 재현해냈다. 끝내 그 청년은 너무 자신만만해서 자신의 지식과 교육법을 의심하지 못했다. 나는 더 이상 그에게 수업을 부탁하지 않았다. 그는 며칠 뒤에 우리를 영영 떠났다.

유감스럽게도 나는 아주 유사한 경험을 여러 번 했다. 그런 사람의 손을 거치게 하다니, 아이가 얼마나 가엾은지!

아이는 전혀 배운 것이 없을뿐더러 머릿속에 온통 잘못된 개념이 가득 차게 되었다. 이렇게 머릿속이 망상으로 가득 차면 나중에는 옳은 것을 보아도 자기 것으로 만들지 못하게 된다. 애매한 이념 속을 헤매면서 그런 엉터리를 가르치는 선생님을 세상의 빛으로 여기게 된다. 불행의 전형처럼 투명성을 요구하는 더 선한 사람들을 경멸하게 된다.

"그 작자는 학식이 없어. 다들 아는 쉬운 것만 알아." 하고 존경하는 선생이 자꾸 이렇게 말할 테니, 결국 아이는 선생의 말을 되풀이하는 법만 배울 것이다. 우리가 성인의 판단력으로 유사한 오류를 종종 알아채듯이 공부와 학식에 대한 의견, 학자들의 견해는 늘 그릇될 것이다.

그런 수업은 더욱 나쁜 결과를 가져온다. 아이는 제대로 배우거나 분명하게 파악하지 못하고, 자기 것 외에는 받아들이지 않으며, 억지로 머리에 지식이 쑤셔 넣어진 반쪽짜리, 아니 쓸모없는 사람이 되어간다. 그러면서 자신의 선생님처럼 자신의 지식을 기계적으로 반복하여 사람들을 놀라게 하는 것이 옳다고 믿는다. 이런 방식으로 살아간다.

그런 사람은 분명하고 명확한 견해를 갖거나 그런 견해를 존중하고 추구하는 것을 비천하고 저급하게 여긴다. 또 대상을 완전히 파악하지 못한다. 어떻게 대상을 파악하는지 배운 적이 없기 때문이다. 대상을 파악하려는 시도조차 하지 않을 것이다. 원래 어떤 일의 시작은 분명하지 않기 때문이다. 그를 에워싼 베일이 벗겨지자마자 드러날 천박함이 두려울 테니까.

내가 지적한 대로 그렇게 교육받은 학자는 일에 부적합하다. 그는 맑은 물이 흐려질 때까지 오랫동안 마구 파헤치기 때문이다. 그는 두더지가 파놓은 흙더미를 평평하게 하려고 바위 조각을 쌓아올린다. 바위 조각은 흙더미를 덮을 뿐, 두더지의 화만 돋운다.

그런 엉성한 수업은 무엇보다 마음을 다치게 한다. 게다가 이런 사람들은 매우 거만해서 타인에 대해 밝은 시각을 가진 사람들이 자신들을 두려워하지 않거나 자신들에게 뭔가를 기대하면 아주 거들먹거린다. 부모와 교사의 실수가 아이에게 쉽게 전달되고 심지어 후대에까지 이어져서 걱정스럽다.

디들 예를 든는 것을 싫어하지만 날마다 보지 않는가.

여러 번의 시행착오 끝에 절친한 친구, 이를테면 W 교수, 글라우비츠 목사 같은 사람들이 옳았을지도 모른다는 결론에 이르렀다. 그들은 다른 사람이 아닌 내가 지식을 갖추고 아들을 계속 교육해야 한다고 주장했다.

하지만 그들이 전적으로 옳았던 것은 아니었다. 그들은 인간 본성을 완성해내는 능력을 너무 소홀히 여겼기 때문이다. 사실 그 능력은 무궁무진하다.

내가 보통 수업 방식으로 모든 것을 가르쳐주려고 했다면 아들은 지금 이룬 것의 절반밖에 이루지 못했을 것이다. 또한 두세 배의 시간과 노력을 들여야 했을 것이고 내 아들을 엄청나게 괴롭혀야 했을 것이다. 하지만 나는 완전히 정반대의 길을 갔다. 내가 더 많이 알았다면 내 아들은 훨씬 더 많이 배웠을 것이다.

그래도 칼은 자신도 모르게 끊임없이 배웠다. 학식과는 전혀 무관하게 엄청나게 많이 배웠다. 칼은 정신력을 배가하고 세련되게 고양시켜서 곧 마주하는 대상마다 자세히 관찰했다. 이를 위해 칼은 어떤 일이든 했다.

"칼에게는 승리의 날개가 자라났다."

하지만 칼은 모든 아이, 모든 평범한 사람이 하는 것과 해야 하는 것을 하지는 않았다. 마침내 칼은 즐겁게, 점점 더 즐겁게 배웠다. 나는 칼이 배우면서 다양하게 즐기는 것을 느꼈고 그의 정신력이 꾸준히 성장하는 것을 알아챘다.

많은 사람들이 배우고 연구하는 일에 싫증을 내는 반면 칼은 열의가 점점 더해갔다. 칼이 아직 조금밖에 모르거나 전혀 모르는 지식의 영역을 인식하는 것은 괴로웠을 가능성이 있었다. "아, 얼마나 많은 즐거움을 놓쳤는지!" 하고 칼은 말했을 뿐만 아니라 실제로 그렇게 느끼기도 했다. '아쉬움의 눈물'이라고 표현해도 되지 않을까.

그래서 칼은 자기보다 많이 아는 사람들을 굉장히 존경하고 자기에게 명확하게 가르쳐주기 위해 노력하는 사람들에게는 깊이 감사했다.

그 결과 칼은 모든 책, 모든 학문, 모든 언어에서 가장 탁월한 것을 자기 것으로 하려는 열망으로 공부했다. 아동과 청소년 시기에 그런 상태에 도달하면 모든 것이 이루어진다. 신이나 신이 선사한 힘이 그런 일을 해내는 것이다. 우리 눈에는 보이지 않지만 우리 내부에서 밝게 빛나는 신성한 불꽃 말이다.

그렇게 인도된 아이는 계속 나아간다. 인간적인 한계 혹은 자신이 타고난 한계에 가로막힐 때까지 나아간다. 따라서 그 아이는 높고 거대한 곳에 도달할 것이고 또 도달해야 한다.

나는 이 모든 것을 예감했을 뿐이었다. 나중에 그랬던 것처럼 분명하고 확실하게 통찰하지 못했다. 이념대로 실천할 정도로는 충분히 파악했다. 곧 라이프치히에서 일반인들이 내 이념에 뜨겁게 호응해주었다. 즉 나는 교육기관을 열어서 내 아들과 같은 방식의 예비 교육을 제자들에게 실시하기로 결심했다.

나는 아이들 한 명 한 명에게 집중하기 위해 예비 학교에 매번 열 명의 소년만 받으려고 했다. 교사도 직접 선발해서 교육하기로 했다. 불쾌한 일을 최소화하기 위해 내가 최대한 관여하기로 했다. 내가 실현하려던 것은 명백했다. 사람들은 가능성 있는 결과에 아주 흡족해했고 내 힘과 의지를 믿어주었다. 그들은 내가 원한 만큼 어린 남자아이들을 사방에서 데려왔다. 그밖에 내 바람대로 모든 것이 제공되었다. 당시 기숙학생들을 받을 수는 없었다. 그래서 절충해서 받았다. 내 아내도 열 명의 여학생을 받아 똑같이 교육해달라는 요청을 받았다. 같은 조건으로 최고 가정의 아이들이 아내에게 보내졌다. 하지만 운명이 도와주지 않았다. 베스트팔렌 정부가 나와 아들에게 괴팅겐으로 가라고 명령했기 때문이다. 나는 그 명령을 따라야 했다. 그전에 라이프치히에서 내 아들에게 장학금을 주었을 때처럼 말이다. 평생 그 호의에 감사할 것이다.

이제 나는 인간을 완성하는 힘을 더 정확하게 알게 되었다. 나는 그런 예비 학교가 아이들의 육체와 정신, 그리고 마음을 탁월하게 교육하기에 충분하다고 이젠 확신한다. 그러면 곧 그 아이들의 힘은 세 측면에서 특별히 크게 나타나 외부의 수많은 악영향에 저항하게 될 것이다. 특히 그렇게 교육받은 아이들의 정신력은 스스로 활동하기 때문에 중간 수준으로만 가르쳐도 세상에서 아주 비범한 무언가를 해낼 것이다. 인간의 영혼은 목적에 맞게 자극받으면 절대 뒷걸음칠 수 없기 때문이다. 인간의 영혼은 족쇄를 채우려고 하면 족쇄를 부수고 한층 더 강력하게 나올 것이다. 정신력이 깨어났음에도 억압받아야 했던 사람들은 예기치 못하게 완전히 새로운 길로 들어서서 믿기지 않는 일들을 해낸다. 인간을 제대로 완성시키자면 200~300년은 더 걸릴 것이다. 우리가 인간을 제대로 완성시키겠다는 목적에서 그토록 멀리 떨어져 있다는 것이 내 확신이다.

Chapter 4

너무 이른 교육은 아이의 몸과 마음을 망친다?

—— 이후 나는 내 짧은 생각과 편견이 부끄러웠다.

"조기교육은 육체를 희생하거나 마음을 다쳐야만 가능하다."라는 것이 당시의 정설이었다. 따라서 나도 좀 더 면밀히 탐구하기 전에는 그 정설을 논박하지 않았다. 아니면 그 정설이 근거 없이 회자되었다는 사실을 밝혀야만 했으니까. 아이가 육체를 희생하거나 영혼의 힘을 고갈시키거나 마음을 다치고서 어린 학자가 된다면 아무런 소용이 없다는 것이 정설의 내용이다.

그 정설이 옳다고 묵인할 수는 있다. 하지만 오래전에 내 아들에게는 결코 맞지 않다는 것을 나는 파악했다.

내 아들처럼 한결같이 신체 건강한 아이는 없었다. 칼은 뚱뚱하거나 여윈 적이 없었고 늘 식욕이 좋았다. 언제나 명랑하고 늘 또래보다 살짝 컸다. 하지만 나는 크지 않고 아내도 작다. 우리는 마을 아이들과 도시 아이들을 빈번히 만났는데, 내 아들은 그 아이들보다 대개 더 컸다.

내 아들은 키를 자주 쟀다. 나는 아들의 성장을 가장 중요하게 여겼기 때문에 건강하고 꾸준한 육체의 성장을 관찰하면서 아주 기뻤다. 나는 세심하게 칼의 혈색, 식욕, 잠, 생기, 움직임, 성장에 주목했다.

내 아들은 이미 아홉 살에 라이프치히에서 대학생이 되었고 열 살에는 괴팅겐에서 대학생이 되었다. 모든 대학생은 아홉 살이나 열 살보다는 나이가 많았다. 그래서 다들 내 아들이 크지 않을 것이라고 생각했다. 하지만 내 아들은 무척 건강하고 힘찼다. 나는 아들의 나이를 정확하게 밝히고 또래 아이들과 키를 비교해보았다. 그러면 사람들은 자신들이 잘못 생각했음을 재빨리 알아챘다. 열 명의 아이들을 내 아들 옆에 세워보면 그중 아홉 명이 내 아들보다 작았다.

나중에 내 아들은 특별나게 커서 특히 눈에 띄었다. 특히 아버지와 어머니 사이에 섰을 때 더욱 그랬다. 어머니보다는 머리 하나만큼 더 컸고 나보다는 3인치(약 7.6센티미터) 더 컸다.

그래서 나는 정말 걱정에 빠져들었다. 지나친 성장으로 신체나 정신이 박약해지고 흉통과 위황병 같은 갖가지 질병이 나타나는 예가 너무 많았으니까. 하지만 내가 부재중에 내 아들이 처음 걸린 병인 홍역이 지나친 성장을 막아주었다.

이런 관찰 덕분에 모든 병이 인간의 육체에 다소 폭력적으로 작용한다는 내 평소의 생각이 입증되었다. 따라서 병에 걸리지 않은 아이는 방해받지 않고 해를 입지 않고 지속적으로 성장하는 것이 분명하다는 내 평소 생각도 증명되었다. 그 때문에 나는 칼에게 소박한 음식과 맑은 물을 먹이고, 단정한 옷을 입혔으며, 맑은 공기 속에서 많이 움직이게 했다. 스트레스를 주는 공부는 절대 시키지 않았다.

내 기대에 맞게 나는 칼 덕분에 행복했다. 내가 어디에 살든 우리 주치의가 해마다 칼의 건강을 증언해주었으니까. 이는 칼이 죽을지도 모르는 전염병에 걸렸다는 음흉한 말과 비방에 맞설 증거였다. 이제 그런 증거는 불필요해졌다.

아주 교활한 고발과 진실 왜곡은 얼마나 두려운 것인지. 내 친구와 지인들조차 칼의 삶에 대해 불안해하면서 "외동입니까?"라고 물었다. 내가 그렇다고 대답하면 질문자는 다음과 같이 말했다.

"아, 이런! 어린아이는 정말 쉽게 죽을 수도 있어요. 저라면 한순간도 마음을 놓지 못했을 거예요. 아이가 살아남지 못할 것이라는 생각이 든다든지, 뭐 그랬겠죠."

친구들 중에 한 이성친구가 특히 겁이 많았다. 그녀는 칼이 자신의 아들과 아이답게 뛰어놀자 이런 말을 했었다.

친구 : 정말 외동이야? 하지만 이 아이를 잃을 수도 있어. 하나뿐인 아이를! 그거 알아?

나 : 그럼 난 울겠지. 그리고 마음을 다잡으며 생각할 거야. 신의 뜻이 있을 거라고!

친구 : 아니! 내 생각은 달라. 칼이 나보다 먼저 죽는다면 조기교육 때문에 죽었다고 말하고 다니겠지.

나 : (소스라치게 놀라며) 하지만 그게 어떻게 가능하지? 넌 다른 사람들보다 잘 알잖아. 칼은 아주 짧게 공부하고 나머지 시간은 자유롭게 지내면서 늘 명랑하고 식욕도 왕성하고 잠도 아주 잘 잔다는 걸.

친구 : 다 맞아! 그래도 난 그렇게 말하겠어.

나 : 도대체 왜?

친구 : 그런 아이가 또 없었으니까. 모든 인간이 그런 아이는 오래 살지 못한다고 확신하니까.

나 : 칼이 전염병으로 죽는다면!

친구 : 칼에게 전염 병독이 없다면 전염병에 걸리지 않겠지. 하지만 칼에겐 전염 병독이 있어. 그토록 많은 지식을 얻었으니까.

나 : 칼이 물에 빠진 사람을 구하다가 자신까지 함께 빠져 죽는다면?

친구 : 칼이 그렇게 많이 배우지 않았다면 죽음을 무릅쓰는 대신 어떻게 행동해야 하는지 알았을 거야.

나 : 칼의 머리에 기와가 떨어진다면?

친구 : 칼이 자신이 배운 문장을 곰곰이 생각하느라 지붕에서 기와가 덜컹거리는 소리를 듣지 못했겠지.

칼을 누구보다 귀여워해준 친구가 그렇게 말했다. 얼마나 냉소적인 적개심인지! 덕분에 나는 해마다 내가 살던 지역의 명의(名醫)가 써준 증서를 챙겨두었다.

Chapter 5

나의 교육법에 반대하는 의견들

—— 이성이나 몰상식, 인류애나 야비함을 드러내는 온갖 반대 의견을 일일이 열거하기는 불가능하다. 그나마 분별이 있어 보여서 내 기억에 남아 있는 것만 다루겠다. 가능하면 짧게 반박할 것이다.

칼은 여덟 살 때부터 학계와 교육계에서 유명해졌다. "그 아이는 틀림없이 병약해질 거야." 하고 사람들이 수군거렸다. 하지만 조기교육은 아이의 건강을 전혀 해치지 않는다.

아이를 제대로 알고 있는 뛰어난 사람들은 아이가 아주 건강하다고 서면으로 확인해주었다.

내가 여기서 분명히 밝히건대 칼을 직접 만나본 적이 없는 사람들이 주로 반대 의견을 냈다. 그들은 칼을 만나 이야기를 나누자마자 대개 반대 의견을 거두어들였다.

"그 아이는 아홉 살이나 열 살에 병들 것이다. 한두 해를 골골거리다가 열한 살이나 열두 살에 짧은 생을 마감할 것이다."

칼은 아프지도 골골거리지도 죽지도 않았다.

"그 아이는 책상에 엄청 오래 앉아 있어야겠군요! 애한테 아주 해로울 겁니다."

상황을 제대로 아는 사람들은 칼이 거의 모든 아이들보다 책상에 앉아 있는 시간이 훨씬 적다고 공개적으로 확인해주었다.

"그 아이는 어린 시절을 즐기지 못하겠군요."

내가 아닌 다른 사람들이 칼보다 더 행복하고 명랑한 아이를 못 보았다고 소리 높여 보증했다.

"그 아이는 너무 외롭겠군요."

그와 반대로 칼이 엄마의 팔에 안겨 있을 때도 내가 함께했고 온갖 사교 모임에도 내가 칼을 데리고 다녔다.

"틀림없이 너무 진지해질 거예요."

그 반대라는 것을 가장 권위 있는 사람들이 증명해주었다. 칼은 진지해져야 할 때는 아주 진지하지만 진지해질 필요가 없을 때는 아이답게 명랑하고 생기발랄하다는 것을 말이다. 칼은 모든 면에서 잘 교육받은 아이가 되었다.

"그 아이는 다른 아이들이 좋아하는 것을 싫어할 게 뻔하다."

구트스무트스와 몇몇 사람들은 칼이 아이들의 놀이를 능숙하고도 즐겁게 같이하고 아이들 틈에서 신나게 뛰논다고 확언했다.

"그 아이는 아이들과 어떻게 어울려야 할지 모를 것이다."

칼의 친구들은 칼 외의 다른 아이들과 어울려 놀지 않았다. 칼은 생떼를 쓰지 않고 아이들의 기분을 망치지 않으며 다정하게 양보했기 때문이다.

"그 아이는 우쭐대고 허영심이 많으며 고집이 세고 놀이 친구들을 깔볼 것이다."

칼의 놀이 친구들은 칼의 지식을 시기하지 않았다. 뿐만 아니라 그 아이들은 자신들의 부모와 친척이 우선적으로 칼을 존중하고 사랑하는 것을 참아냈다. 칼은 겸손하고, 분수를 알며, 자신보다 많이 아는 사람들로부터 배우려고 했기 때문이다.

칼은 자신의 지식을 한 번도 과시하지 않았다. 칼은 지식으로 뽐낼 생각을 아예 하지 않았다.

"칼은 책상물림으로만 교육받을 것이다. 그래서 사회에 적응하지 못할 것이고 사람들 사이에서 어떻게 행동해야 하는지도 모를 것이다."

궁전에서든 농가에서든, 부유한 상인의 저택에서든 국무대신의 저택에서든, 대지주가 모인 곳에서든 성실한 시민이 모인 곳에서든 칼은 사랑받았다. 다들 칼이 그 모임에 대비해 교육받은 것처럼 모임에 잘 어울린다고 주장했다.

"칼이 열셋에서 열다섯 살쯤 사춘기에 접어들면 약해지고 시들어서 죽을 것이다."

이런 일은 일어나지 않았다. 오히려 칼은 사춘기에 제대로 힘이 세지고, 장미처럼 아름답게 피어났다.

"그 아이가 결정적인 시기를 넘기고 살아남아서도 육체적으로 결함을 느끼지 못한다면 정신적으로 해를 입을 것이다. 그는 가만히 멈출 것이다. 너무 일찍이 앞으로 나아간 탓이다."

칼은 정신적으로 아무런 문제가 없고 예나 지금이나 풍족하게 성장했다.

"그 아이는 학식과 메마른 언어에만 의미를 부여할 것이다. 아름다운 것, 사랑스러운 것에는 영원히 무관심할 것이다. 이 얼마나 돌이킬 수 없는 손실인가!"

그게 사실이라면 손실이 정말 크다! 하지만 칼은 이미 아이 때부터 자유로운 천성에 따라 아름다움을 좋아했다. 칼은 탁월한 작가와 시인의 작품에서도, 동물과 인간의 세계에서도 아름다움을 재빨리 찾아내 부각시키곤 했다. 나중에 칼은 다른 교양인들이 인정하듯 빼어나게 낭송하고 읽었다. 그래서 다들 칼을 모임에 끌어들이곤 했다. 칼은 사람들과 잘 어울리고 그들을 즐겁게 해주었다. 칼은 세련된 사교 모임을 주도했다. 특히 품위 있는 젊은 남녀가 칼을 찾았다.

이제 칼은 산문과 시를 능수능란하게 썼다. 확실히 반응이 나쁘지 않았다. 마지막으로 페터스부르크에서 나온 반대 의견을 언급하고자 한다. 유일하게 내가 한동안 당혹스러워한 반대 의견이었기 때문이다. 그가 너무 먼 미래를 다루는 바람에 당시에는 그를 논박할 수 없었다. 나는 감히 미래를 완전히 유리하게 생각하지 못했다. 그밖에 내가 이성적이고 노련하고 호의적인 철학자로서 존경하는 사람이 반대 의견을 피력했다. 그는 나와 내 가족을 사랑하고 나를 신뢰해서 자기 걱정을 털어놓았을 뿐, 나와 내 작업에 악의를 품지 않았다.

할레의 철학 교수이자 내 스승이었던 콜레긴라트 폰 야콥은 나중에 나와 친구가 되었고 내 아들의 세례식에도 참석했었다. 그는 칼이 열한 살 때 다음과 같은 편지를 써주었다.

> 자네 아들에 대해 말하자면, 그런 아이가 부모에게 얼마나 큰 기쁨을 주는지 잘 알고 있네. 그 부모가 내가 좋아하는 친구라서 더더욱 기분이 좋네. 기분이 좋기는 한데 개탄스러운 마음이 섞여 있음을 자네에게 정직하게 고백해야겠네. 아이의 능력을 놀라울 정도로 일찍 발전시키는 것이 자네 아들에게 유익한지 확신이 없다네. 그 유익함으로 자네 아들이 다른 사람들보다 더 행복하고 완전해질 것이라고 장담할 수 없다는 말이지. 나는 주로 자네의 교육 방법과 노력이 아이의 힘을 일찍이 발달시키는 데 기여했다고 확신하네. 또 내가 보기에도 자네 아들은 아버지의 수업을 기꺼이 따르는 특별한 자질을 타고난 것 같네. 하지만 이런 조기 발달이 자네 아들에게 지속적인 이득이 되려면 균형 있게 나아가야 하네. 아홉 살에서 열한 살 정도 칼이 지닌 힘과 지식은 재능 있는 다른 젊은이가 열다섯 살에

서 열아홉 살 정도에 얻는 것이라네. 지적 능력은 보통 스물한 살까지 증가하고 여기에 지식과 경험이 덧붙여지지만 사고력은 더 강화되기 어렵지. 그때까지 자네 아들의 사고력이 그와 같은 비율로 계속 발달하면 논쟁의 여지없이 자네 아들은 지금까지 그랬던 것처럼 평생 아주 특별한 사람으로 우뚝 서겠지. 하지만 스물한 살이 되면 또래 청년들보다 더 나아가지 않을 거네. 아마도 지식은 더 많겠지만 말일세. 따라서 자네 아들은 스무 살 때까지 경탄을 받을 걸세. 그리고 갑자기 보통 사람들 부류에 편입될 거네.

이젠 생각해보게. 특별한 존재로서 계속 경탄받는 것이 자네 아들에게 영향을 끼치지 않을 수 없지. 그건 자네 아들에게서 나오는 분위기이기도 하니까. 자네 아들이 스물한 살쯤 성인이 되어 경탄이 사라진 것을 느끼고 자신이 평범한 사람에 속하는 것을 알게 되면 어떻게 견디겠나. 내가 아이의 아버지라면 걱정이 이만저만이 아닐 거네. 그 아이를 어린 시절부터 관심 있게 지켜본 사람으로서 그 아이가 대수롭지 않게 여겨진다면 엄청나게 가슴이 아플 거야. 아, 소중한 벗이여! 이것이 자네가 선택한 교육 계획에 반대하는 내 생각이네. 자네도 알다시피 나는 늘 내 생각을 자유롭게 터놓는다네. 내가 존중하고 사랑하는 사람에게 반대하는 경우에도 이렇게 기꺼이 말일세.

1811년 7월 23일

콜레긴라트 폰 야콥

같은 해에 나는 그분이 우려하는 일이 전부 일어날 수도 있다고 답장을 보냈다. 하지만 합당한 이유로 나는 우려하는 일이 벌어져도 두려워하지 않고 피해를 줄일 것이라고도 했다. 그리고 3년 뒤에 내 아들이 열네 살이 되면 내가 그분에게 늘 그랬듯이 정직하게 계속 편지를 쓰려고 했다. 그분이 우려한 일이 일어나면 숨기고 싶지 않았다. 그런 일이 일어나지 않으면 나와 내 아들을 위해서 진실을 밝혀야 마땅했다.

내 아들이 열네 살이 되기 10일 전에 나는 그분에게 편지를 썼다.

우선 제 아들을 염려하신 선생님의 의견에 대해 말씀드리지요. 제 아들의 지성이 열네 살이 되면 더는 발달하지 않고 스무 살이나 스물한 살에는 더는 경탄을 자아내지 못하게 되면서 제 아들이 의기소침해질 것이라던 선생님의 판단은 굉장히 의미심장합니다. 솔직히 고백하면 어떤 사람도 저에게 이런 반대 의견을 내지 않아서 저는 처음에 무척 당황했었습니다. 아울러 저는 장차 불쾌한 일을 당할 수도 있다는 사실을 인정하는 소수에 속한다는 말씀도 드립니다. 아, 아닙니다! 선생님께서 생각하시는 일이 벌어질 가능성이 있습니다. 하지만 지금까지는 그런 것 같지 않습니다. 우선 제 아들은 7월 1일에 열네 살 하고도 10일이나 12일이고 지금도 정신이 성장하고 있습니다. 다음으로 제 아들은 지금도 아주 겸손해서 경탄을 받으려고 하기는커녕 자신이 경탄을 받고 있는지조차 모릅니다.

따라서 저는 제 아들이 곧 성장을 멈추지 않을 것이라고 생각합니다. 혹시 성장이 멈추더라도 저는 아들이 더 이상 경탄받지 못하는 것을 한탄하지 않을 것입니다. 허영에 들뜬 젊은이보다 더 적게 한탄할 것입니다. 그래서 아무것도 잃지 않을 것입니다. 오히려 세심한 교육을 받고, 많은 지식을 쌓고, 이른 경험을 하고, 여행을 하고, 대저택에서 명예롭고 사랑스러운 환대를 받고, 세상과 교양 있는 사회를 알게 되겠죠.
우리 가운데 누구도 이런 것을 결정할 수는 없습니다. 신의 축복에 달려 있습니다. 하지만 이제 그 가능성은 저에게 훨씬 많이 달려 있습니다. 3년 전과는 다르게 말이지요.

1814년 6월 22일
칼 비테

앞서 언급했듯이 사람들은 정신적인 성장을 멈춘다는 이유로 내 교육 방식을 극렬하게 반대했다. 하지만 나는 그런 반대를 잘 해결했다. 고맙게도 내가 오늘 스승님의 편지에 답장을 해야 한다면 지극히 조용하고 기쁘게 신에게 감사할 것이다. 1814년 6월 22일에 내가 썼던 모든 것이 이제는 완전히 그대로 이루어졌다. 정말 이제는 나와 내 아들을 위해 자신있게 말할 수 있다.

Chapter 6

칼이 즐거워한 교육법 VS 영재를 죽이는 교육법

—— 나는 두 신동에 대한 글을 읽으면서 그들이 내 아들과는 완전히 다른 교육 방식을 따랐음을 알았다. 두 신동에 대한 교육적 성과는 형편없었던 반면 내 아들의 경우는 좋았다.

두 신동은 그야말로 영재였고 내 아들은 아니었다. 그래서 두 신동은 한 살 때부터 격식을 갖춘 수업을 들었고 내 아들은 여섯 살에야 비로소 수업을 들었다. 내 아들은 여섯 살 이전에는 놀이처럼 읽는 것을 배웠기 때문이다. 또 내가 잠깐 계산법을 가르치려다가, 아니 그냥 시작하려다가 현명하게도 그만두었기 때문이다.

두 신동은 하루 종일 방 안의 공기만 마시면서 책상머리에 앉아 있었다. 내 아들은 여섯 살까지 책상을 전혀 몰랐다. 그 후에는 날마다 15~45분간 책상에 앉아 있었고 열 살까지는 방보다 밖에서 더 많이 지냈다.

두 신동은 처음부터 병약했다. 내 아들은 언제나 건강하고 명랑했다.

두 신동의 건강에 대해 말하자면 둘 다 연약하고 병약했다. 비바람, 거친 음식, 과도한 움직임을 조심해야 했다. 내 아들은 활기와 힘이 넘쳤고, 날씨에는 전혀 영향을 받지 않았으며, 도보 여행을 많이 했고, 우리가 허락한 음식은 무엇이나 먹고 마셨다.

그래서 두 신동은 잠깐만 반짝이다 사라진 현상이 될 수밖에 없었다. 내 아들은 고맙게도 날마다 육체와 정신을 발전시켰다. 최근 편지에 따르면 북이탈리아와 스위스에서 도보 여행도 했다고 한다. 도보 여행에 능한 나도 화들짝 놀랄 장거리 여행이었다.

Chapter 7

적기에 시작하는 공부

―― 적기에 시작한 교육에는 무척 본질적이고 다양한 이익이 있었다.

칼을 교육한 주된 원칙은 경건성과 경건성에 기초한 윤리성이었다. 칼은 전체적으로 자기의 아버지이자 보편적인 아버지인 신을 보고 느꼈다. 자신을 에워싼 모든 것을 존중하고 사랑했다. 신이 인간을 창조하면서 같이 만든 동물과 식물까지도 사랑했다. 어느 정도는 자기 형제자매로서 말이다. 그 때문에 칼은 커다란 등급 체계에서 점점 더 높이 서려고 애썼다. 그렇지만 다른 존재를 시기하거나 경멸하지 않았다. 반대로 칼은 점점 더 높이 올라설수록 다른 존재를 더 진심으로 존중하고 한층 깊이 사랑했다. 칼은 자기보다 아래에 있다고 생각한 것을 가슴 아프게 동정했다. 칼은 부모의 가르침, 교양인들과의 교제, 자신의 근면성을 통해서만 높이 비상하려고 애썼다. 칼에겐 세 가지가 전부 지극히 소중했기에 평범한 아이들의 태도와는 정반대였다. 칼은 친구처럼 신과 이야기했다. 신의 선물과 자비로운 인도에 감사하고, 자기 일을 잘하도록 힘과 도움을 청하고, 유쾌하고 즐거운 일에 기뻐하는 동시에 이를 자비로운 신과 연관시켰다. 피어나는 장미뿐만 아니라 하모니카 소리에서, 지빠귀의 노래뿐만 아니라 라파엘의 그림에서, 풀줄기뿐만 아니라 작센스위스의 바위산에서, 영리한 자기 개뿐만 아니라 총명한 사람들에게서, 그렇게 도처에서 칼은 신을 보고 듣고 느꼈다.

칼은 곧잘 기도했고 특히 혼자 있는 시간에 기도하는 것을 가장 좋아했다. 또 우리 부부가 함께 있을 때도 그랬다. 제삼자 앞에서 기도하는 것은 꺼렸다. 칼이 기도한 방식을 소개하기 위해 내가 듣곤 했던 칼의 기도문을 알려주겠다. 칼은 자신의 상황과 처지에 맞게 기도했다. 우리가 여행을 떠나려고 하면 칼은 이제까지 도와준 것에 감사하고 우리를 더 보호해달라고 기도했다. 우리가 어디를 방문하면 칼은 우리에게 호의를 베풀어준 친구들에게 충분히 보답해달라고 신에게 기도했다. 우리 부부나 칼의 친구가 아프면 회복하게 해달라고 기도했다. 여기 그중 하나를 소개하겠다.

> 사랑하는 하나님, 지난밤을 무사히 보내게 해주셔서 감사합니다. 이제 또 하루를 잘 보내도록 해주세요. 저에게 이제껏 좋은 교육을 베푸신 부모님께 보답해주세요. 저에게 늘 줄 수 있고 또 주고 싶어 하는 부모님을 도와주세요. 두 분이 오래 건강하도록 지켜주세요. 부모님과 주위 분들 덕분에 제가 날마다 즐기는 수많은 기쁨에 감사합니다. 제가 오늘 얌전하고 순종하고 부지런하도록 도와주세요. 저와

부모님께 이로운 것을 선택하게 해주세요. 욕심, 자만, 불순한 생각, 거짓말로부터 저를 지켜주세요. 우리에게 유익하다면 선한 것을 주세요. 우리에게 악해 보이는 것도 진정 선한 것이라면 주세요. 비록 우리가 그런 것을 피하게 해달라고 간청하더라도 말이에요. 부당한 것을 인내하는 법을 가르쳐주세요. 저를 위해 그토록 수고하는 사람들에게 보답해주세요. 모든 사람들, 특히 고통받는 사람이 잘 지내길 바랍니다.

아침저녁으로,
시간과 상황에 맞게,
진심이 담긴 칼의 기도

이렇게 경건하고 윤리적인 교육의 토대, 〈구약성서〉와 특히 〈신약성서〉, 예수의 삶과 가르침, 온갖 좋은 구절과 글귀가 칼의 올바름과 선량함의 굳건한 초석이 되었다. 모든 피조물에서 신성을 직시하고 신과 자주 친밀하게 대화함으로써 칼은 끊임없이 자신에게 집중할 수 있었다. 그래서 칼은 쉽게 부정한 것에 빠지지 않고 타인에게 유혹당하지도 않았다. 덕분에 칼의 마음은 더없이 순진무구해서 매우 지각 있는 사람들은 칼을 천사처럼 순수하다고 말하곤 했다.

칼은 우리가 없을 때도 금지된 것을 하지 않았다. 신이 보고 있는데 어떻게 감히 신을 모욕하겠느냐고 칼은 스스로에게 말했다. 그래서 지금 이야기하려는 사건이 종종 일어났고 일어나곤 했다.

한번은 멀리 사는 어떤 목사님 댁을 방문한 적이 있었다. 다음 날 아침 커피를 마시다가 칼이 우유를 탁자에 좀 쏟았다. 규율대로 하자면 칼은 벌로 더 이상 먹거나 마시지 못하게 된다. 대신 소금을 곁들인 빵만으로 배고픔을 달래야 했다.

칼은 우유를 무척 좋아했다. 목사 부부는 칼의 실수를 귀엽게 봐주고 칼에게 아주 맛있는 과자를 주었다. 그 부부는 칼을 이루 말할 수 없이 좋아했기 때문이다. 칼은 갑자기 얼굴이 시뻘겋게 달아오르더니 매우 당황스러워하며 우유를 더는 마시지 않았다. 나는 그 이유를 잘 알았지만 모른 척했다.

목사 부부도 곧 알아채고 칼더러 우유를 마저 마시라고 했다. 칼은 목사 부부의 권유를 거절하고는 자신의 부주의로 우유를 탁자에 쏟았으니 우유를 더는 마실 수 없다고 고백했다. 물론 목사 부부는 괜찮다고 말하고 칼이 원하면 계속 우유를 마셔도 된다고 했다. 나는 완전히 침묵하고 주변의 물건을 정리하는 척했다. 하지만 칼은 미동도 하지 않았다. 그래서 그 부부는 아이를 지극히 사랑하는 마음에서 내가 칼에게 우유를 마시지 못하게 손짓을 했을 것이라고 나무랐다.

그제야 나는 칼을 마당으로 내보내고 부부에게 모든 것을 설명했다. 하지만 소용없었다. 그 부부는 작은 실수조차 엄격하게 규율로 다스려서 식욕이 왕성한 건강한 아이가 맛있는 우유와 과자를 같이 먹지 못하게 하는 것은 자연을 거스르는 짓이라고 주장했다.

"당신이 멀리 가 있어요. 그러면 아이가 곧 우유를 마실 거예요." 하고 그 부부가 말했다. 나는 그러겠다고 대답하고 멀찍이 물러났다. 칼의 행동이 내 강요가 아니라 자기 영혼에서 나온 것임을 그 부부가 알도록 말이다. 단, 그 부부가 무슨 일이 벌어졌는지 나중에 사실대로 이야기해주는 조건으로. 칼이 우유를 마셔도 야단치지 않겠다고 나는 미리 그 부부에게 약속했다. 그 부부도 내 조건을 들어주기로 했다.

이제 칼이 안으로 불려왔다. 나는 그럴듯한 핑계를 대고 멀찍이 떨어졌다. 그 부부는 온갖 방법으로 칼이 먹고 마시게 하려고 애썼다. 하지만 소용없었다. 그 부부는 우유를 더 달콤하게 만들어주었다. 그래도 소용없었다. 그 부부는 내가 모르게 우유 잔을 다시 채워주겠다고 약속하며 칼에게 다른 과자를 건넸다. "규율로 이건 금지할 수 없단다."라고 궤변을 늘어놓으면서. 특히 그 부부는 내가 전혀 모른다면서 나에게 고자질하지 않겠다고 칼에게 약속했다. 칼은 흔들리지 않고 이런 말을 반복했다.

"제 아버지가 모르신다고 해도 하나님이 알고 계세요. 그게 더 중요해요. 제가 우유와 과자를 먹는 것은 분명 속이는 거예요."

그 부부는 칼이 많이 걸어야 한다는 점을 상기시켰다. 그러려면 힘이 필요하다고. 그래도 칼은 소금과 빵이 뺨을 붉게 하고 힘을 줄 것이라고 주장했다.

마침내 그 부부는 나를 다시 부를 수밖에 없었다. 그들은 무슨 일이 있었는지 눈물을 글썽이며 이야기했다. 나는 최대한 냉정하게 사랑스러운 칼에게 입을 맞추었다.

"넌 벌을 자청해서 받았고 잘 참았어. 우리는 도보 여행을 해야 하고 우리 친구들이 간청도 하니까 난 벌을 그만 거두고 싶구나. 조용히 과자와 우유를 먹으렴. 벌을 받을 만큼 받았다. 넌 자유야."

그제야 칼은 고마워하며 음식을 먹어치웠다. 그 부부는 식욕이 왕성한 여섯 살짜리 아이가 좋아하는 음식을 먹으면 안 되는 상황에서 어떻게 자신을 절제하는지 이해하지 못했다.

그 부부는 순수한 경건성과 이에 기초한 윤리성을 제대로 몰랐다. 왜냐하면 경건성과 윤리성이 있으면 그 이상의 일도 가능하지만 경건성과 윤리성이 없으면 그런 일이 거의 불가능하니까.

두 번째 토대는 교육과 육체의 강화였다. 가능하면 각각의 힘을 많이 키우는 것이었다. 그것에 대해서는 이미 말했으니까 여기서는 건너뛰겠다. 여기서는 당연히 감각을 날카롭게 벼리고 강화하는 것을 일컫는다.

세 번째 토대는 오성, 이성, 통찰력, 기지, 기억력, 상상력 같은 정신적 능력을 최대한 발달시키는 것이었다. 이미 했던 이야기지만 여기서는 더 길게 이야기해볼 것이다. 이는 문어체를 비롯해서 올바른 사고,

질문, 대답, 반론에 익숙해지는 것과 연관되며, 누구든 즐겁게 해준다. 칼이 가장 사소한 언어나 과학을 배우기 전에 사람들이 칼을 보고 싶어 했다. 덕분에 칼이 얼마나 즐거워했는지. 칼이 얼마나 많이 듣고 보고 배웠는지.

내가 방문한 지역의 교양인들은 선량한 소년이 기뻐할 만한 것을 모조리 보여주고 싶어 했다. 그래서 칼의 어린 시절은 자기의 선량함 덕분에 가장 고상한 기쁨과 끊임없는 배움과 함께 지나갔다.

칼은 여섯 살에 언어 수업을 시작했다. 행복을 위해서는 언어에 정통해야 한다는 분명한 확신을 통해, 심사숙고 끝에 선택한 목적에 맞고 간단한 방법을 통해 칼은 단어와 형식을 쉽게 습득했다. 이제까지 칼에게 일어난 모든 일들 덕분에 칼은 계속 쉽게 습득했다. 단어를 설명하는 바탕에는 바로 놀이가 있었다. 외국어 읽기는 이전의 독일어 읽기와 같이 진도가 빨랐다. 엄청나게 많이 배운다는 것을 모른 채 가장 기분 좋은 대화, 가장 즐거운 오락처럼 외국어를 습득했다.

과학 수업은 오래 준비했다. 토론하고, 수천 가지 기이한 사물을 관찰하고, 여행하고, 고대사와 근대사를 이야기하고, 자기가 아는 언어로 스스로 읽으며 과학 수업을 준비했다.

칼은 굉장히 많이 알고 싶어 했다. 보통 아이들에게는 엄청나게 힘들게 가르쳐야 하는 것들을 칼은 낚아채듯이 배웠다. 칼은 고대 지리와 근대 지리, 고대사와 근대사, 거의 모든 곁가지를 총망라한 자연사, 수학, 물리학, 화학을 아주 철저하게 공부해서 열세 살에 이미 철학 박사가 되었다. 그전에 받은 증서도 칼에겐 아주 명예로웠다. 열네 살에 베터라우에서 자연과학협회 회원이 되었다. 칼은 아름다운 라인 지대에서 살 수 있는 행운도 누렸다. 보조 학문으로 법학을 해박하게 배움으로써 열여섯 살에 명예롭게도 법학 박사 학위를 받았다. 그러고는 여기저기 여행을 많이 다녔다. 베를린에 오래 살면서 수많은 즐거운 경험과 몇몇 불쾌한 경험을 했다. 수많은 고귀한 사람들에게 사랑받았고 소수의 악한 사람들에게 비방받았다. 왕의 은전으로 2년간 학술 여행을 다니면서 명예롭고 유익한 임무를 이론적이고 실제적으로 준비했다.

Chapter 8

일찍 시작하면 성장도 일찍 멈출까

—— 그건 아닌 듯하다. 내 아들이 다른 아이들보다 일찍 성장을 멈추지는 않았으니까.

1811년 콜레긴라트 폰 야콥 교수는 내 아들의 정신력이 열네 살에 고정될 것이라고 걱정했다. 나는 만약 그런 일이 일어나면 정신력이 너무 손상되지 않도록 예방하겠다고 그를 안심시켰다. 내 아들이 열네 살이 되자 내가 이긴 것 같았다. 고맙게도 모든 것이 내가 원하는 대로 되리라는 희망이 해마다 커졌다.

최근에 칼이 작업한 것들, 특히 모든 글이 칼의 정신력이 성장을 멈추지 않았음을 뒷받침해준다. 그 증거로 칼이 어머니에게 보낸 두 편의 편지글을 인용해보겠다.

이번에는 제가 여행하는 동안 일어난 외적인 사건보다 제 내면을 좀 더 말씀드릴게요. 제 내면의 일이 외적인 사건보다 더 중요한 듯해서요. 드레스덴에 머물던 17일간은 제 기대대로 제게 아주 대단한 영향을 주었습니다. 여러 가지 이유에서 그렇습니다. 감수성이 풍부한 사람으로서 근사한 예술 작품을 감상한 것이 그 첫 번째 영향입니다. 말로 표현하기 어렵지만 인간 내면의 가장 고귀한 부분을 자극하는 여러 이념이 제 내부에서 깨어났음에 틀림없습니다. 베르테르는 때로 생각을 말로 표현할 수는 없지만 대신 형식으로는 보여줄 수 있다고 했습니다. 말로 표현하지 못하는 그 생각은 다른 세계와 밀접하게 연관되어 있다면서 예술가와 예술 작품에 담긴 지고지순한 정신이 그런 생각을 불러일으킨다고 말했습니다. 이 말을 이해하는 사람은 드뭅니다. 아무도 그 말을 번역하지 못합니다. 저에게 더 중요한 것은 고결한 사람인 F와 G와 더 친밀하게 사귀는 것입니다.

1817년 9월 22일 바이마르에서

이제는 향수병이 나았습니다. 하지만 또다시 심하게 향수병에 걸릴 것 같아요. 곧 로마에서 일 이외의 이유로 만날 수 있는 사람들을 찾아낼 것입니다. 매번 그런 감정은 아름다운 자연 속에서 느껴지곤 하죠. 그런 감정은 공유의 결핍에서 나오지, 몰두에서 나오지는 않습니다. 혼자 걸으면 그런 감정에 굉장한 자양분이 제공됩니다. 정신이 특정 이념에서 엇나가지 않고 오히려 강제로 연결될 때까지 말입니다. 앞날을 위한 계획, 지나간 사건에 대한 면밀한 검토는 저에게 가장 유익했습니다.

(……)

형제가 참수당했던 형장에서 막 돌아오는 길입니다. 저는 이런 끔찍한 연극에 깊이 감동받았습니다. 아! 거친 대중은 얼마나 잔인한지요! 범죄자는 인간 공동체가 지켜보는 데서 불행한 자를 심연으로 끌어내립니다. 누구든 불행한 자가 될 수 있다는 사실을 아무도 몰라요. 그들의 편협한 열정은 그들을 위해 죽임을 당하는 그 로마인이 우아하게 죽어가는지를 관찰하기만 합니다. 그건 행위를 이끄는 인간적인 열정이 아닐까요? 나와 범죄자 사이에 무슨 차이가 있는지요? 스스로 죄가 없다고 여기는 자가 그 사람에게 처음으로 돌을 던질 것입니다.

1818년 10월 29일 취리히에서

Chapter 9

여덟 살까지는 무조건 방임하는 것이 좋을까

—— 학교에 들어가기 전까지 아이가 실컷 놀게 내버려두는 것이 좋지 않을까. 무척 자연스러운 질문이다. 우리는 언제부터 아이를 가르쳐야 할까? 루소의 견해에 따라 일곱 살이나 여덟 살이라고 대답하는 것이 유행이 되었다. 이렇게 주장하는 사람들에게는 "그토록 오랫동안 수업을 받지 않고 교육을 받지 않은 아이들을 유심히 살펴보세요. 그런 아이들이 어떻게 되었는지." 하고 대꾸할 수밖에 없다. 그 아이들은 대개 고집이 세고, 폭력적이고, 욕구와 욕망에 충실하고, 이따금 아주 무지할 것이다. 꼭 자기 부모처럼 말이다.

한번은 교육 제도에 대해 알고 싶어 하는 사람과 이야기를 나눈 적이 있었다. 그는 내 아들이 이른 시기에 예의범절을 교육받은 것에 질색을 했다. 그는 "안 됩니다!"라고 말하더니 자기 아들은 어린 시절을 즐기게 할 것이라고 했다. 여덟 살까지 하고 싶은 것을 하도록 그냥 유모와 엄마에게 맡겨둘 것이라고 했다.

나는 얼른 “그러면 나중에 교육할 것이 거의 없을 겁니다.”라고 대꾸했다. 결과적으로 내가 옳은 것으로 드러났다. 그 아이는 지능이 좋았는데도 결점이 많은 평범한 사람으로 자랐을 뿐이다. 그 아이의 머리가 둔했다면 아버지 탓에 바보가 되었을 것이다.

“이와 유사한 길을 가야 했던 위대한 사람들도 있다.”라고 반대할 수도 있다. 정말 드물기는 하지만 그런 사람들이 있기는 하다. 다만 그들은 타고난 재능이 돋보인 데다 특별한 교육 방법을 통해 다른 사람들보다 눈에 띄었기 때문에 그들의 초기 여정이 유명해졌고 덩달아 이런 길이 옳다는 결론이 났다. 하지만 언제나 밝은 면이 있으면 어두운 면이 있기 마련이다. 일찍이 깊게 뿌리내린 결점은 고치기가 아주 어렵다. 그렇게 교육받은 모든 위대한 인물의 굴욕적인 결함을 쉽게 찾을 수도 있지만 여기서는 그러지 않겠다. 악한 사람들의 방식대로 위대한 사람들을 끌어내리려고 하는 것은 온당치 않기 때문이다.

앞서 언급한 교육 방식이 최고라고 옹호하는 사람은 매우 뛰어난 소질을 타고난 사람(진짜 천재)이 어디서나 성공하고 위대한 인물이 되는 반면, 중간 정도의 소질만 타고난 사람이나 아주 적은 소질을 타고난 사람은 틀림없이 실패할 것이라는 점을 간과한다(그들이 수적으로 천재보다 훨씬 많다는 사실도 잊는다). 또한 그런 천재가 처음부터 제대로 지도와 교육을 받으면 얼마나 더 고귀해지고 숭고해지고 쓸모 있어지는지를 잊어버린다.

나쁜 환경 탓에 80밖에 올라가지 못하는 사람이 세심한 지도와 이로운 환경에 있다면 100까지 올라갈 수 있을 것이다. 인간적으로 가능한 완전성의 최고 경지까지 올라가는 것이다. 좋은 환경은 이런 일을 가능하게 한다.

아울러 각 시대마다 경멸스럽고, 무례하고, 지저분하고, 억지스럽고, 교만하다고 평가받은 사람들 가운데에는 특정 시대에 유용성을 인정받고 명성을 얻은 사람들이 있다. 그들이 어린 시절에 제대로 교육을 받았다면 위대한 사람들 중에서도 으뜸이 되었을 것이다.

초기에 자유분방하게 놀도록 내버려둔 아이들이 나쁘게 되지 않았다면 혈기가 덜 왕성했거나 환경이 좋았을 것이다. 하지만 그들은 결국 나쁘게 되곤 했다.

아이를 그냥 방치하거나 보모에게 맡기면 자연스레 길거리 아이들과 어울린다. 처음에는 이웃 아이들, 다음에는 이웃 아이들의 친구들, 결국에는 모든 아이들과 어울린다. 왜냐하면 인간은 사회적 동물이기 때문이다. 아이들은 대개 아이들과 어울리는 것을 가장 좋아한다. 나아가 아이들은 노는 것, 당연히 밖에서 노는 것을 좋아한다. 밖에서 노는 것이 가장 유쾌한 까닭은 신이 공기를 아주 신선하고 강건하고 흥겹고 상쾌한 힘으로 축복해서 그렇다. 그래서 아이들은 밖에서 가장 행복해한다. 아이들과 같이 놀 수 있다면 특히 행복해한다.

길거리에서 노는 것이 위험하더라도 나 또한 방구석에 영원히 앉아 있기보다는 밖에서 노는 편을 좋아할 것이다. 여기서 방구석이란 베를린의 방을 이야기하는 것이 아니다. 베를린의 방은 대개 천장이 높고, 공기가 잘 통하고, 밝고, 정감이 있고, 순수하고, 크다. 그래서 부모가 아이들의 놀이방을 꾸며줄 수가 있다. 여기서 방구석이란 소도시나 시골의 방을 의미한다. 그런 방은 보통 대가족이 살아가고 살림살이가 가득한, 작고 낮고 비좁고 축축한 지하방이다.

거기서 아이들은 쇠약해진다. 아이들의 몸은 퉁퉁 붓고 수분이 메마른다. 분비선이 부풀고 소화력이 약해지고 뺨이 창백해지고 눈빛이 흐릿해지고 정신의 불꽃이 점점 꺼져간다. 복통, 두통, 치통, 불쾌감, 지루함을 거치면서 어떤 일이든 마지못해 하고, 성격이 완고해지고, 항상 자신이 옳다고 믿고, 사람들에게 반항하고, 심지어 노예근성과 편견에 사로잡혀서 우둔해지고 근시안이 된다. 힘센 부랑아가 언젠가 쓸모 있는 일을 할지도 모른다. 심지어 완전히 특이한 여정을 거쳐 새로운 길을 열어가는 일도 종종 있다. 하지만 방 안에서 왜소해진 사람은 책상물림 학자로만 쓸모가 있다. 이런 상태에서는 앞서 언급한 부정적 요소가 육체적 · 정신적으로 그의 내면에 남아 있다가 전부 외부로 나타난다.

그렇다고 내가 길에서 친구들과 어울리다가 맞을지도 모르는 커다란 위험을 간과하는 것은 아니다. 내가 어떻게 간과할 수 있겠는가. 나는 그 위험을 흔하게 관찰했고 두려운 마음으로 지켜보았다. 자위행위를 유도하는 은밀한 유혹, 아이들이 저지르는 가장 끔찍한 비행, 부모에게 불복종하려는 유혹, 부모를 향한 무례, 사기, 절도 등을 이야기하는 것이 아니다. 정말 그런 일은 비일비재하고 그 결과는 정말 끔찍하다. 그러나 내가 이야기하고 싶은 것은 길에서 노는 아이들 틈에서 공공연하게 벌어지는 일이다.

집 옆의 넓적한 돌에 아이들이 옹기종기 모여 앉아 도박을 하는 장면을 끊임없이 목격하게 된다. 그 아이들은 너무나 가난해서 적선이라도 해주고 싶을 정도다. 그런 아이들이 동전 한두 푼을 걸고 도박을 한다. 부모가 부자인 아이들에게 원래 판돈의 열 배나 되는 동전을 걸고 말이다. 나는 그 아이들에게 "꼬마 도박꾼들아! 한 번만이라도 돈을 따길 바란다!" 하고 소리쳤다. 시내를 지나갈 때마다 서로 두들겨 패는 아이들을 꼭 만난다. 처음에는 사소한 일로 의견이 맞지 않다가 결국 욕설로, 싸움으로 번져서 급기야 서로 때리고 발로 차고 돌을 던진다. 베르길리우스가 "분노가 모든 것을 무기로 바꾼다!"라고 읊었던가.

나는 참으로 단말마적 공포에 사로잡힌 채 그런 싸움을 목격하곤 했다. 그 싸움을 말리려고 모든 일을 해봤다. 하지만 나는 결국 점점 무관심해졌다. 나는 나 자신을 누군가 단말마의 고통을 겪을지도 모른다는 걱정에 사로잡힌 약한 신경의 소유자라고 생각했기 때문이다. 그러면 내 삶에 고요한 순간은 사라진다. 항상 "지금 누군가 또다시 단말마적 고통에 시달리고 있겠지."라고 틀림없이 혼잣말을 할 테니까. 사람들이 싸우는 동안 바로 그런 일이 박애주의자에게 일어난다. 마침내 그는 싸움에 무관심해지거나 싸움을 말리지 않게 될 것이다.

몇몇 곳에서는 모래를 던지는 불행한 일이 관습이 되었다. 그런 관습은 장난으로 시작해서 끔찍한 일로 변해버렸다. 한 아이가 우연히 몸을 돌리는 순간 다른 아이가 모래를 던진다. 그렇게 한 아이가 파편과 잔돌이 들어 있는 모래를 움켜잡고 다른 아이가 잽싸게 모래 덩이를 바로 눈으로 던진다. 이런 일로 눈을 다치지 않고 아프기만 해도 다행이다. 보통 이런 경우 가장 격렬한 싸움으로 번진다.

다른 곳에서는 겨울에 눈뭉치를 던지는 것이 다반사다. 적절한 선에서만 눈싸움이 벌어지면 누가 반대하겠는가. 부드러운 눈뭉치를 던지는 것은 즐거운 장난으로 노련함과 민첩성, 집중력을 길러주고 심신을 단련시켜준다. 하지만 눈뭉치가 점점 단단해진다. 많은 남자아이들이 양손으로 오랫동안 제대로 눈을 뭉친다. 작고 촉촉하게 눈을 뭉친 다음 얼려두고 싶은 곳에 몰래 줄지어놓는다. 그런 눈뭉치를 등이나 가슴에 맞으면 엄청나게 고통스럽다. 하지만 얼굴이나 눈에 정면으로 맞으면 어떻게 될까. 그 눈뭉치를 가져간 악동은 분명히 상대를 정확히 맞힐 수 있는 가까운 곳에서 온 힘을 다해 던질 것이다.

그런 경우 피가 철철 흐르고 평생 코나 눈에 상처가 남는다.

나는 장난기 어린 싸움이 심한 부상이나 폭력적인 싸움으로 발전하는 것을 자주 지켜보았다. 끔찍하게도 언제나 학생 하나가 떠오른다(그 아이의 이름은 뮐러였다). 그 아이는 학교 옆의 공터에서 친구들과 잡기 놀이를 했다. 그 공터는 담으로 에워싸여 있고 나무나 건물과는 동떨어져 있었다. 뮐러는 아주 능숙하게 다치지 않고 한참 동안 뛰어놀았다. 나는 그 아이가 염려스러웠지만 너무 멀찍이 있었기에 말릴 수가 없었다. 그 아이는 잡기 놀이를 하면서 쏜살같이 달아났던 것이다.

이제 그 아이를 쫓는 아이가 가까이 다가갔다. 그 아이는 도망치기 위해 학교 건물로 달렸다. 문 하나를 제외한 나머지 문들은 아래위로 빗장이 단단히 채워져 있었다. 뮐러는 달렸다. 있는 힘껏 달렸다. 아이는 학교 입구로 돌진하면서 문을 열기 위해 머리를 돌렸다. 그렇지만 아이는 이미 너무 문 가까이에 있었다. 전속력으로 달리던 아이는 빗장이 채워진 문에 튀어나온 못에 이마를 부딪혔다. 순간 얼굴에 피가 흘러내리고 고통스러운 비명 소리가 나더니 아이가 바닥에 쓰러졌다.

어떤 남자아이가 어쩌다 사지가 마비되었는지, 불구가 되었는지, 얼굴에 울퉁불퉁 혹이 나거나 상처가 났는지, 눈에 종기가 났는지, 애꾸눈이 되었는지, 자세히 살펴보면 모든 일은 길에서 벌어졌다. 더욱 흔하게 듣는 대답은 부모가 그런 일이 일어난 것조차 제대로 모른다는 것이다. 남자아이가 부모에게 사고를 숨기는 바람에 심지어 시기적절하게 의사의 진료를 받지 못하는 경우도 있다. 부모 탓에 아이들 대부분이 의사를 무서워하기 때문이다.

알다시피 나는 이런 불행을 잘 알고 가볍게 여기지 않는다. 하지만 길에서 노는 것이 위험하다고 해도 나는 아이를 언제나 방구석에 앉아 있게 하기보다는 길에서 뛰놀게 할 것이다. 다행히도 위험을 이겨낸 사람들은 부드러운 눈뭉치에도 겁을 집어먹고 가랑비나 서늘한 바람에도 병상에 눕는 사람들보다 좋아 보인다.

어리석게도 다음과 같이 말하는 아버지나 교육자에게는 재앙이 내리기를 바란다.

"내 아들은 여덟 살까지는 하고 싶은 것을 하게 될 겁니다. 그때까지 보모나 어머니에게 맡겨야죠."

이상의 모든 것에서 자녀교육은 아주 일찍 시작해야 한다는 결론이 나온다. "그런데 얼마나 일찍 시작해야 할까요?"라는 물음에 우리는 결국 자신에게 돌아간다. 우리 몸과 지성과 의지(아버지와 어머니 모두)에 주목하자. 우선 우리의 몸과 지성을, 다음으로 의지를 조절하는 법을 배우자. 심지어 아직 자식을 낳지 않았을 때도. 옥외 운동을 자주 하고 깨끗한 물을 자주 마시는, 소박하고 검소하고 절약하고 만족하는 행복한 삶이 대개 아이의 몸을 건강하게 하고 마음과 지성을 균형 있게 길러주는 최선의 수단이다. 남자는 최대한 자신을 단련해야 한다. 그리고 몸이 건강하고 정신력이 뛰어나고 선의를 지닌 아내를 자력으로 선택해야 한다. 그러면 아이는 몸이 건강하고 정신력이 강하고 선의를 품을 것이다.

이에 반대 의견이 쏟아진다. 누군가 "내 상황에서는 돈을 위해 결혼해야 한다.", "내 아내의 뛰어난 친척이 없었다면 나는 지금과 같은 안정을 누리지 못했을 것이다.", "내 아내가 얼마나 춤을 잘 추는지 반해버렸다.", "영리하고 기지 넘치는 대화로 인해 내 아내에게 흠뻑 빠졌다."라고 말한다. 또 "나는 아내를 사랑했다. 나는 아이를 위한 엄마가 아니라 나를 위한 아내를 찾았다."라고 말하는 사람도 있다.

나는 "신사 양반, 당신은 나름 옳을지도 모르지. 하지만 멋진 자녀를 갖는 것과 관련해서는 당신이 완전히 틀렸어."라고 대꾸하겠다.

아이가 배 속에 있을 때에는 두 배로 조심해서 아이를 배려해야 한다. 이때 부모 양쪽이 협력해야 한다.

소박한 음식으로 절제하고, 부부간의 스킨십을 즐기고, 밖에서 많이 움직이고, 깨끗한 물을 마시고, 몸 전체를 완전히 깨끗하게 하고, 어김없이 의무를 다하고, 무엇에든 만족하고, 즐겁게 지내고, 신을 믿어야 한다.

이런 것이 태내에서 자라는 아이의 건강에 좋을 뿐만 아니라 유익한 영양을 공급해준다. 이는 어머니에게 주어진 가장 확실한 수단이다. 아버지가 같은 방법으로 사색하고 느끼고 즐기고 행동함으로써 어머니의 삶을 달콤하게 해주면 두 사람은 평온해지고 신이 반드시 부부에게 건강한 아이를 선사할 것이다. 적어도 육체와 정신과 마음이 중간 정도의 자질을 갖춘 아이 말이다. 그 이상은 필요 없다.

Chapter 10

달콤한 칭찬은 아이에게 독이 될 수 있다

—— 우리는 칭찬에 인색해서 칼에게 주로 "잘했어, 내 아들!", "얘야, 기특하구나!", "네가 옳을 수도 있어!", "정말이야, 맞아!"라는 말을 해주곤 했다. 내가 칼에게 동의한다는 것을 보여주기 위해 이러한 표현을 쓰곤 했다. 몇 가지 다른 격려의 표현, 이를테면 작은 상으로 돈을 주었다. 그 돈을 불쌍한 사람들을 위해 쓰도록 슬쩍 유도했다. 마그데부르크에 있는 풍크 박사에게 선물받은 공책에 칼의 행동을 기록한다든지, 칼이 엄마나 우리 가족의 친구들에게 해준 일을 사람들에게 차분하고 다정하게 들려주었다. 그럴 때마다 나는 너무 많이 늘어놓기보다는 아주 조금만 말했다. 듣는 사람들은 "덕분에 기쁘구나, 칼! 넌 정말 사랑스럽구나!"라고 대꾸하곤 했다.

내가 칼을 쓰다듬거나 심지어 입맞춤을 했다면 분명 칼이 나이에 비해 무척 뛰어난 일을 해낸 것이었다. 칼이 윤리적으로 선한 것을 말하거나 실천했을 경우 나는 기꺼이 그 애를 쓰다듬고 입맞춤해주었다. 내가 껴안고 입맞춤해주는 것을 칼은 무척 대단하게 여겼다. 짧은 삶에서 기이한 순간에 내가 이따금 칼에게 보여준 확신이 모든 상을 능가했다. 그러니까 칼은 신이 지켜보는 가운데, 다른 정신적인 존재와 가장 뛰어난 사람들이 보는 가운데 이전보다 더욱 높이 서 있을 것이라는 확신, 얼마간 이로움과 행복을 누리고 이 땅에 많은 선행을 베풀며 나중에는 좀 더 지고지순한 신의 목적에 쓰일 것이라는 확신 말이다.

칼은 천진난만하고 경건한 눈빛으로 우리에게 웃어주었다. 우리는 그런 웃음을 볼 때마다 신의 거대한 왕국에서 고귀한 일을 마치고 지고한 곳으로 되돌아가는 천사의 기쁨을 떠올리곤 했다. 대개 칼은 앞에 언급한 이야기를 하고 난 뒤 더욱 공손해지고 한층 부지런해지고 한결 선량해졌다. 그래서 칼에게는 칭찬도 사탕발림도 더는 필요 없었다. 하지만 우리의 테두리 밖에서 살았던 대부분의 사람들은 이런 사실을 짐작하지 못했다. 아니, 알고 싶어 하지도 않았다. 그들에게는 나름대로 핑계가 있었다. 내가 엄격하다는 것이었다. 인정이 많은 사람들은 나를 냉혹하다고 표현했다.

이를테면 나는 활력이 넘쳤음에도 아들을 신중하고 냉정하게 칭찬했다. 그런 식으로 내 아들이 말하고 행한 것의 가치 자체를 약화시켰던 것이다. 사람들은 신의 뜻에 맞는 동기를 얘기하는 대신 냉혹함, 고집, 자만, 부정, 부인, 심지어 내 아이에 대한 시기까지 내 탓으로 돌렸다. 수준이 형편없는 사람들은 더 높은 동기로 고양될 수 없었기 때문이다. 반면 내가 아들이 없을 때 아들에 대한 진실을 말하면 그런 아버지의 감정은 '허영이나 자만'으로 폄하되었다.

그런 왜곡된 판단은 칼이 있는 자리에서도 내려지곤 했다. 10년, 12년 동안 내 아내를 빈정거리고 동정하는가 하면, 내가 없을 때는 아내를 꼬드겨 부부 사이를 이간질했다. 내가 굉장히 공평한 동시에 정당하고 자애롭지 않았다면 저 비참한 사람들이 뜻하는 일이 이루어졌을 것이다.

좀 나은 사람들은 칼에 대해 고리타분한 표정과 몰상식한 반감으로 "아, 당신이 완전히 잘못했어요. 당신 아들은 칭찬받을 만해요. 그런 칭찬은 아이를 더 고무시킬 겁니다."라고 말했다. 그 사람들의 의견으로는 내가 칭찬에 너무 인색했거나 지나친 칭찬을 방해했다는 것이다. 칼에게 칭찬이 쏟아질 것 같으면 칼을 내보내는 식으로 말이다.

나는 칼을 지나치게 칭찬하는 사람들에게 몸짓을 하거나, 따로 부탁을 하거나, 그렇게 하지 말라고 대놓고 말했다. 하지만 그들은 심지어 칼이 옆에 있을 때도 더 크게 떠벌려 칭찬했다.

오래지 않아 나는 많은 친구들과 이웃 사람들의 약점과 비열함을 꿰뚫어보았다. 나는 아주 조심스럽게 주변을 정리했다. 나는 어떤 이들로부터 완전히 물러났고 어떤 이들로부터는 아예 꽁무니를 뺐다. 내 예상과는 달리 그럴 필요가 있었기 때문이다. 내 아이가 행복하도록 나는 조금도 망설이지 않고 입에 발린 칭찬의 위험에 대해 분명하고도 진지하게 이야기했다. 칼은 이해를 잘했다. 하지만 잘난 체하는 어리석은 사람들은 더더욱 비열하게 나와 맞섰다.

설탕, 과자, 커피, 맥주, 포도주 등 맛있는 것과 연관되어 그런 일이 벌어지곤 했다. 반면 가까이 지내는 우리 친구들, 선량한 교양인들은 내게 큰 도움이 되었다. 그들은 내가 원하는 것을 이해하고 용기를 내서 기꺼이 나에게 도움의 손길을 내밀었다. 내가 눈짓만 해도 그들은 팔을 걷어붙이고 나를 도왔다. 내 아내나 내가 칼에게 만족하지 않았다면 그들은 칼을 옹호하지 않았을 것이다. 오히려 더 냉정하게 대했을 것이다. 우리가 칼에 대해 다정하게 이야기했다면 칼이 그들에게서 사랑을 듬뿍 받을지언정 칭찬이 쏟아지지는 않았을 것이다.

칼이 아직 어려서 거의 배운 것이 없거나 전혀 배우지 않았던 시기에는 목적에 맞게 꾸며낸 짧은 이야기로 윤리 교육을 시킬 수 있었다.

하지만 칼이 암송을 하고, 놀라울 정도로 계산을 해내고, 예기치 못하게 재빠르게 잘 읽고, 프랑스어까지 이해하기 시작하자 다른 교육 방법을 찾아야 했다.

처음부터 그리고 항상 최고는 신이었다. 인간 세상에서 신을 꼭 닮은 이는 예수였다.

신에 대한 이야기를 칼에게 들려주곤 했다. 신이 우리가 천사라고 말하는 정신적인 존재에게 얼마나 환영받는지를 말이다. 나는 칼에게 우리의 온몸, 정신력, 능력, 교육, 심지어 선행의 동기까지 전부 신에게 감사해야 한다는 것을 보여주었다. 그런 확신 덕분에 어린애다운 순수한 심성, 진심 어린 겸손, 소박함이 쉽게 토대를 이루었다. 아니, 오히려 아직 순진무구한 마음에서 그런 것이 저절로 흘러나왔다.

우리는 예수의 인격을 보여줌으로써 인간이 공손함과 겸손을 통해 지혜, 정신력, 관용, 단호함, 선량함, 정의, 공정함, 신앙심, 신의 의지와 명령에 대한 복종, 인내, 자기 부정의 가장 높은 경지에 이를 수 있음을 칼에게 알려주었다.

그래서 칼의 마음에서는 신에 대한 경외감, 예수에 대한 가장 친밀하고 성스러운 사랑, 예수를 닮고 싶어 하는 바람이 우러나왔다. 아내와 나는 예수의 생애에 벌어졌던 사건 하나만 언급하곤 했다. 칼은 예수의 덕성이 명확하게 드러나는 그 사건을 잘 이해하고 크게 감동받아서 삶에 적용하곤 했다. 물론 칼은 스스로 늘 신성을 깊숙이 파고들었다. 따라서 칼은 우리가 굳이 거들지 않아도 예수의 행동에 비추어 겸손하게 행동했다.

나아가 칼에게 저명한 사람들의 이야기를 들려주었다. 저명한 사람들은 분별, 재능, 숙련도가 워낙 뛰어나서 우리 눈에도 분명하게 보이므로 칼이 그들과 같은 경지에 오를 것이라고 확신한 우리 부부가 칼에게 강압적으로 그들의 이야기를 들려주었을 것이라고 추측하겠지만 절대 그런 의도는 없었다. 반대로 우리는 고결하고 후덕한 사람들의 이야기를 통해 신의 뜻에 맞는, 경건하고 박애적인 행동을 칼에게 알려주고

자 했다. 이 모두를 따뜻한 마음으로, 경건한 기쁨으로, 이따금 눈물을 흘리면서 이야기해주었다. 칼의 마음은 이런 것에 사로잡혔고, 감동을 받았으며, 그렇게 행동하려는 아름다운 그리움이 일었다.

그런 일을 하려는 동기가 생긴 칼은 우리가 원했던 것을 대개 스스로 했다. 칼이 그렇게 하지 않으면 우리의 이야기를 상기시켜서 우리의 교육 목적을 이루었다.

칼은 고귀한 행동, 타인을 위한 헌신, 박애, 선량함, 관용, 우정을 교훈으로 담고 있는, 황금기의 독일 시를 거의 모두 암송했다. 칼은 그런 시를 기꺼이 배웠고 내용을 완전히 자기 것으로 만들었다.

칼은 〈용감한 남자의 노래〉, 〈여인 마그달리스〉, 〈독재자 디오니시오스에게 살금살금 다가갔다〉, 〈합스부르크 왕가의 루돌프 대공〉, 〈대장간 가는 길〉 같은 시를 좋아했다. 칼은 시를 전부 외워서 오래도록 기억했다.

이제 나는 분별 있는 사람과 노련한 교육자에게 묻겠다. 그런 교육을 받은 아이가 자만하고 허영심이 많고 불손하겠느냐고.

대답하기가 쉽지 않다. 나는 사탕발림을 자주 듣지 않은 아이는 그렇지 않다고 분명히 대답할 것이다.

물론 사탕발림이라는 독은 점점 늘어났다. 사람들은 다양한 형태로 아이에게 사탕발림을 했다. 그래서 나는 다양한 해독제를 생각해내야 했다.

한번은 우리 가족이 할레에 가게 되었다. 우리가 참석할 점심 모임이나 방문한 집에서 평소처럼 칭찬이 쏟아질 것을 예상은 했다.

할레에 도착하기 전에 나는 아내와 함께 겉치레, 칭찬, 사탕발림에 대한 그럴듯한 대화를 시작했다. 우리는 칼을 염두에 두지 않은 것처럼 행동했다. 하지만 사실은 칼을 항상 염두에 두었다. 또 칼이 대화 내용에 강하게 반응하고 자신과 연관 지을 것을 예측한 나는 몇 마디를 던지곤 했다.

칼은 우리 부부의 대화를 통해 정신이 나약한 사람들, 상대에게 호감을 얻으려는 사람들이 타인에게 기분 좋은 말을 즐겨 한다는 것을 알아냈다. 또 나쁜 사람들이 자기 이익을 챙기기 위해, 무지한 사람들이 고도의 개념에 쉽게 도달하기 위해 사탕발림을 섬세한 삶의 방식이라 여기고는 올바르지 않더라도 지인들이 불쾌해하지 않고 좋아할 말을 한다는 것을 알아냈다.

덧붙여 말하자면 진정한 칭찬은 길게 하지 않는 법이다. 오히려 따스한 눈길로, 부드러운 악수로, 진심 어린 몇 마디 말로, 이따금 뺨을 쓰다듬는 행위로, 입맞춤으로, 무엇보다 사랑과 자비로 칭찬받을 만한 사람의 마음에 드는 행위로 표현된다.

우리 부부는 이런 이야기도 했다. 내 친구 중에 한 명이 나의 정신적인 작업에 대해 공치사나 사탕발림을 하는 대신 내가 앞으로 더욱 분발하도록 진심 어린 논평을 썼다는 이야기 말이다.

그런 이야기를 하다 보니 그 집에 거의 도착했다. 나는 점점 장난기가 발동해서 이렇게 말했다.

"성문 앞에서 사람들이 서로 사소한 것에 대해 입에 발린 소리를 할 거야. 그러니까 그들이 전혀 생각지도 않은 말이나 그들의 생각과는 다른 말을 하는 거지. 내가 돈을 몇 푼 쥐여주면 문지기는 활기가 넘쳐서 고분고분하게 내 안부를 묻고는 내가 잘 지내면 정말 기쁠 것이라고 말할 거야. 내게 부탁이 무엇인지 물어보고 내가 세금을 내는 일은 없을 것이라고 장담할걸."

(나는 그 사람의 말투를 외울 정도였다.) 나는 덧붙여 말했다.

"내가 정말로 고분고분한 하인을 부리는 말투로 '자, 내 부츠를 벗겨서 닦아주세요. 여기까지 오면서 더러워졌거든요.'라고 대꾸하면 그는 적잖이 놀랄 거야. 아니면 내가 잘 지내면 정말 기쁠 것이라는 말이 진심인지 맹세하라고 하면, 부탁이 뭐냐는 질문에 즉시 아무개 집에 가서 우리가 왔다고 전하라고 하면, 목사가 세금을 납부할 일이 없다는 사실을 어떻게 확신하느냐고 다그치면 굉장히 놀랄 거야."

나는 말을 계속 이어갔다.

"문지기는 독일어를 상당히 잘해서 자신이 내뱉은 말을 잘 알지. 너도 알겠지만, 그런 말에 주의를 기울이면 스스로 속아 넘어가는 거야. 우습게도 어떤 사람들은 부모가 무척 지각 있고 진지해서 입에 발린 말에 빠져들지 않으니까 아이들에게는 먹힐 것이라고 생각할지 몰라.

알다시피 부모는 정신적인 존재로서 아이들을 사랑할 뿐만 아니라 동물 같은 어린 존재로서도 아이들을 사랑하지. 그래서 어떤 사람은 내가 너를 칭찬하는 말에 무심할 정도로 둔감하지는 않을 것이라고 상상한단다. 넌 몰지각한 짓은 절대 안 했지. 내가 걱정스러울 정도로 넌 칭찬에 얼굴을 붉히지. 도대체 왜 네가 그런 거짓에 대답을 해야 하지? 넌 분명히 당황할 거야. 내 마음에 들게 칭찬하는 두 사람이 있어. 그들은 정말 이성적으로 칭찬한단다. 사탕발림을 하는 사람은 수백 명의 부모들을 상대로 목적을 이루겠지만 아이들은 버릇이 없어질 거야. 속아 넘어간 아이들이 자신들은 다 안다고 믿기 때문이야.

가장 우스꽝스러운 일은 부모가 자녀의 칭찬을 듣고 싶어 하는데도 상대가 칭찬할 결심을 하지 못할 때란다. 그는 아이들이 반쯤 칭찬받을 일을 하면 보통 예의상 칭찬할지 몰라. 하지만 정직한 사람은 그 이상은 칭찬하지 않을 거야.

그러면 부모는 무신경의 얼음을 녹이려는 듯이 칭찬을 받아내려고 안간힘을 쓰지. 정직한 사람에게 자녀가 있을 경우 사탕발림을 하는 사람들은 정직한 사람의 자녀를 지나치게 칭찬해주면 쉽게 자기들 뜻을 이룰 것이라고 기대한단다. '뭔가를 주면 반드시 갚을 정도로 공손할 것'이라고 생각하고서 칭찬을 쏟아붓지. 역겨움에 불평을 터뜨릴 때까지. 그러면 그들은 칭찬을 그만두지만 즉시 '비테는 무례한 사람이야. 내가 그의 아들 칼을 그렇게 칭찬해도 아무 소용이 없더군. 비테가 내 아이들에 대해 한마디라도 할 것이라고 기대했는데 한마디도 없었어. 비테는 아이들을 전부 교육할 수 있다고 상상하는 걸까? 그건 아니지. 칼은 많이 부족해.'라고 말하지. 얘야, 그 사람들이 옳다고 생각하지 않니?"

칼은 진심으로 그 사람들이 옳다고 생각하고는 자신에게 부족한 점을 이야기했다. 그러고는 칼이 칭찬받을 일을 하지 않았는데도 칭찬한 사람들, 또는 지나치게 칭찬한 사람들의 이름을 열거했다.

아내와 내가 덧붙였다.

"내가 경험한 이야기를 들려주마. 상업에 종사하는 두 아버지와 두 어머니가 있었단다. 한 사람이 다른 사람을 지나치게 칭찬했지. 양쪽 아이들이 반쯤 천사라고. 하지만 실제로는 아니었어. 아이들이 천사였다면 부모는 아이들에게 이롭지 않은, 심지어 해로운 노력을 하지 않았을 테니까."

어느새 우리는 성문 앞에 도착했다. 우리가 멈추자마자 마부와 말과 마차를 잘 아는 문지기가 얼른 나오더니 내가 앞서 말한 내용과 거의 똑같은 찬사를 쏟아냈다. 우리 셋은 웃음을 참을 수 없었고 나는 장난기가 발동했다.

"우리가 스스로 세금을 해결하지 않으면 우리 집에 아무것도 남아나지 않을 거예요. 아, 여기 우리 집 꼬마가 있군요. 가격을 매겨보세요! 그러고 보니 돈도 있군요."

(동시에 나는 문지기 손에 동전을 조금 밀어 넣었다.) 그제야 우리는 도시로 들어갔고 나는 진지하게 말했다.

"그 모든 일에 고작 동전 몇 푼밖에 들지 않다니!"

우리의 대화는 분명 결말이 좋았지만 나는 여기서 지적을 해야겠다. 다들 우리 부부가 칼과 나눈 대화나 칼 앞에서 나눈 대화가 바라던 결과를 내리라고는 상상하지 못했을 것이다. 반대로 나는 마음과 정신의 길고도 조심스러운 교육 없이, 반복적이고 계속되는 아버지의 노력 없이, 뛰어난 친구들의 도움 없이, 뿌리 깊은 윤리와 경건한 동기 없이 그 모든 시도는 딱딱한 껍질을 관통하지 못할 것이라고 확신했다. 지성과 감성에 쉽게 지워지는 흐릿한 인상만 만들어낼 것이다. 말 세 마리가 운반할 수 있는 무게를 실은 마차의 경우와 거의 같다. 한 마리만 마차를 끌면 마차가 한 발자국도 움직이지 못하고 말은 과로사할 것이다. 마차를 쉽게 움직이려면 말 세 마리가 함께 마차를 끌어야 한다. 그러면 분명 마차가 순조롭게 굴러갈 것이다.

많은 사람들이 칼은 항상 완벽해서 실수나 부족함을 스스로 알아채지 못했다고, 칼은 자신이 다른 아이들보다 얼마나 앞서 있는지 분명히 알고 있었다고, 그래서 칼이 자만심과 허영심에 차 있었다고 확신했다. 그 때문에 내가 앞서 언급한 말을 상기시키겠다. 우리는 칼이 세심한 교육과 지도를 받으며 성장하면 현재와 미래에 어떻게 될지 알려주곤 했다. 그리고 아이가 태어나자마자 우리 집에 데려와 우리 아이처럼 교육하면 얼마나 발전할지도 알려주곤 했다. 우리는 항상 조심하고 부지런하면 모든 측면에서 훨씬 발전할 수 있다고 칼에게 설명했다. 하지만 칼은 이런저런 일에서 자신이 얼마나 부족한지 분명히 알았다. 칼의 기억은 물론이고 칼이 윤리적인 행동을 기록한 공책에도 드러나 있다.

그런 대화를 나누다가 내 머릿속에 학교에 가지 못하고 가축을 돌봐야 하는 양치기 소년이 떠올랐다면, 그리고 내가 양치기 소년을 보기 위해 산책길의 방향을 잡았다면 마음속 깊이 동정심을 갖고 이렇게 말했을 것이다.

"가엾은 소년! 적어도 뭘 배우려면 지금 학교에 있어야 하지만 생계를 이어가기 위해 가축을 쳐야 하다니. 소년의 아버지가 아홉 자녀를 먹여 살리기엔 너무 살림이 쪼들려 소년이 일손을 도와야 하니까. 칼, 그 소년이 얼마나 영리하게 대꾸했는지 알지. 그 소년이 제대로 교육받았다면 어떻게 되었을까."

그리고 나는 그 소년과 직접 이야기를 나누면서 학교를 거의 다니지 않으면 얼마나 많은 것을 잃게 되는지 주의를 주고 겨울에는 열심히 학교에 다니라고 경각심을 일으켰다.

그렇게 목적에 어긋남이 없었다. 칼의 마음 깊숙이 동정심이 일었고 칼의 지성이 분명하게 통찰했다. 현재 자신이 지닌 미약한 존재와 지식조차도 결국은 자신이 아니라 부모님의 덕이라는 것을 말이다. 비슷한 예방 수단 없이 칼을 어떻게 사탕발림으로부터 지키겠는가? 내가 감히 말하건대 칼처럼 많은 사탕발림을 듣는 아이는 거의 없었다. 천만다행이다. 칼을 잘 아는 사람들도 사탕발림이 칼에게 전혀 해가 되지 않는다고 판단했다. 할레에서 가장 지적이고 탁월한 사람인 젠프 박사는 칼을 알기 전에는 칼이 분명 거만할 것이라고 말했다. 칼이 틀림없이 거만할 것이라고 젠프 박사는 여러 번 반복해서 말했다. 왜냐하면 칼과 같은 장점을 지니고 있다면 자만하지 않는 것이 오히려 인간 본성에 어긋나기 때문이라고 했다. 나는 반복해서 반대 입장을 확고하게 밝혔다. 내가 아니라고 부정하자 젠프 박사는 칼이 거만해야 한다고 격하게 말했다. 아니면 칼이 초인적인 존재임에 틀림없다고 했다. 나는 침묵했다. 대꾸할 말이 없었기 때문이다. 잠시 뒤 나는 젠프 박사가 칼을 만나보아야 한다고 항변했다.

얼마 뒤에 나는 젠프 박사에게 칼을 데리고 갔다. 젠프 박사는 눈에 띄게 칼을 좋아했고 오래 이야기를 했다. 아버지 말투로 하다가 점점 친밀한 말투로. 마침내 그는 나에게 칼이 전혀 거만하지 않다고 털어놓았다. 젠프 박사는 내가 칼의 교육을 어떻게 시작했는지 신은 알 것이라고 했다. 나는 칼을 좀 떨어뜨려놓은 뒤 앞서 언급한 교육 과정을 젠프 박사에게 알려주어야 했다. 젠프 박사는 이따금 다정하게 고개를 끄덕이다가 이윽고 말했다.

"맞아요, 가능해요! 이젠 믿겠어요. 칼은 지금도 앞으로도 거만하지 않을 거예요. 칼이 이런 확신으로 더욱 성숙한 이성에 이른다면 현명한 사람이 될 거예요. 참으로 지성적이고 현명한 사람은 자만할 리 없지요."

이제는 나를 당황시켰던 수많은 일로 넘어가겠다. 부유하고 고상한 남녀, 그러니까 통치자, 그 아내와 자녀, 그 주변인으로 인해 당황하는 일이 있었다. 괴팅겐에서 겪은 단 한 가지 사례만 언급하겠다. 그런 당황스러운 상황에서 내 행동 방식이 가장 잘 드러나기 때문이다.

어느 학교 교장이 괴팅겐에 있는 친척집을 방문했다. 그 교장은 칼에 대해 많이 듣고 관련된 글도 많이 읽었다. 그는 우리와 알고 지내는 자기 친척 집에서 칼을 더 많이 알게 되었다. 그 교장은 우리를 초대해서 칼을 시험하게 해달라고 자기 친척에게 부탁했다. 그 친척은 내가 반대하지 않을 것이라고 생각하고 그 교장에게 두 가지 모두를 약속했다.

우리는 초대와 시험 요구를 받아들였다. 그 교장은 시험을 보겠다는 말을 내게 직접 하면서 이렇게 덧붙였다. 내 아들에게 언어와 다른 학문 영역, 특히 수학 시험을 치르게 하고 싶다고. 수학은 그 교장이 가장 좋아하는 학문이었기 때문이다. 나는 그 교장에게 모든 것을 허용했다. 그리고 칼이 없을 때 그 교장에게 조건을 달았다. 교장이 칼의 지식에 만족하더라도 칼에게 칭찬을 하지 않거나 살짝만 하기로 말이다.

나는 반 농담으로 덧붙였다.

"칼을 마음껏 사랑해주는 건 괜찮지만 칭찬은 하지 마세요. 당신도 아버지이자 교육자이니 제 부탁이 필요 없겠지요. 이런 부탁을 드려 죄송합니다."

우리가 밖에 내보냈던 칼이 드디어 돌아왔다. 그 교장은 얼른 칼과 이야기를 나누고는 곧 격식을 갖춘 시험을 치르기 시작했다.

나는 칼의 지식과 연관 지어 그런 연구에 대해 말해야 하므로 여기서는 그 교장이 시험 결과에 아주 만족해서 칼을 아버지처럼 귀여워해주었지만 칭찬은 의도적으로 피했다는 것만 알려주겠다. 내가 계속 주시하자 그 교장은 내 눈빛을 이해하고 칭찬을 자제했다.

드디어 수학 시험을 치를 순서가 되었고 칼에게는 기하학의 여러 과제가 제시되었다. 칼은 그 과제를 쉽게, 또 여러 방식으로 풀었다. 칼은 이따금 그 교장의 사고 과정으로 들어가 자기만의 고유한 증명 방식을 도출해서 그 교장을 완전히 만족시켰다.

여기서 그 교장은 이미 내가 보기에 지나친 칭찬을 했다. 그래서 나는 그 교장을 더 날카롭게, 더 진지하게 주시했다. 그러자 그는 내 뜻을 이해하고 침묵했다.

시험관과 수험생은 주제에 더욱 깊숙이 들어갔다. 시험관과 수험생은 같은 학문을 좋아하는 친구처럼 대화하고 더 수준 높은 수학에 빠져들었다. 급기야 그 교장도 완전하게 모르는 영역으로까지 들어갔다.

"아, 자네는 나보다 더 많이 아는군."

그 교장은 기쁨과 놀라움이 어린 말투로 불쑥 말했다. 나는 화들짝 놀랐다. 나는 다행히 이 모든 것을 비교적 제자리로 돌려놓았다.

"제 아들은 지난 6개월 동안 처음으로 대학 강의를 들었습니다. 그래서 아직 많이 잊어버리지 않았지요."

내가 대꾸했다. 그 교장은 내 말을 알아듣고는 칭찬을 거두었다.

잠시 후 그 교장이 칼에게 말했다.

“이제 마지막 문제를 내야겠네. 위대한 오일러가 3일간 고민했지만 풀지 못한 문제지. 자네가 그 문제는 모를 것이라고 예상하네.”

벌써 나는 아주 초조해지기 시작했다. 내 생각에 칼이 그 문제를 풀었는데도 내가 칭찬을 못하게 하면 나를 잘 모르는 교장은 나를 거만한 아버지로 여길 것이 분명했기 때문이었다. 또 내가 대화를 재빨리 중단시키면(나는 그런 경향이 있었다) 그 교장은 내가 칼이 그 명제를 풀지 못할 것을 걱정한다고 혹은 내가 칼이 문제를 풀지 못하는 것을 창피하게 여긴다고 생각할 가능성이 있었다.

그 교장이 문제를 냈다.

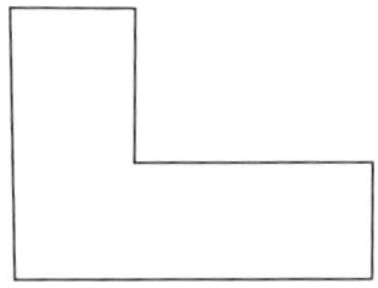

“농부가 이런 형태의 경작지를 갖고 있었어. 죽음이 임박한 농부가 세 아들을 불러다 면적을 똑같이 나누되, 각자의 땅 모양이 전체 땅 모양과 아주 흡사해야 한다고 했어.”

그 교장은 경작지의 모양을 석판에 그렸다.

“이 문제를 이미 풀어보았거나 읽어본 적이 있니?”

칼은 아니라고 대답했고 나도 아니라고 힘주어 말했다. 나도 칼의 수학 수업을 늘 같이 들었기 때문이다.

우리는 칼이 곰곰이 생각하게 두었다. 그 방의 한쪽 구석에서 그 교장은 나에게 칼이 이 문제를 풀지 못할 것이라고 얘기했다. 또 그 교장은 칼이 아직 모든 것을 알지 못한다는 점을 보여주기 위해 그 문제를 냈다고 했다.

그 교장은 할 말이 많았지만 갑자기 칼이 "다 풀었어요!"라고 외치면서 대화가 끊겼다.

"그럴 리가 없어!"

그 교장은 진지하면서도 당황스럽게 대꾸했다.

"보세요! 세 아들은 전체 모양과도 흡사한 경작지를 똑같이 나눠받았어요."

칼이 이제까지 긁적거린 선을 선명하게 그으면서 말했다.

"자네, 그 문제를 이미 알고 있었지."

그 교장은 심하게 경멸하는 투로 외쳤다.

칼은 굉장히 겸연쩍어했다. 칼은 눈물을 글썽이며 "아니에요!"라고 힘주어 말했다.

나는 침묵을 지킬 수가 없었다. 나는 칼이 그때까지 그 문제를 몰랐다고 말했다. 또한 칼은 그런 것을 부인하거나 뻔뻔스럽게 거짓말을 할 정도로 비열하지 않다고 아주 엄숙하게 확언했다.

"그럼 당신 아들은 위대한 오일러를 능가함에 틀림없습니다!"

그 교장은 여전히 의심스럽게 칼을 응시하며 대꾸했다. 나는 몹시 불안하게 얼른 대답했다.

"전혀 그렇지 않아요. 당신은 노련하니, 눈먼 비둘기도 완두콩을 이따금 발견한다는 걸 잘 아시잖아요."

나도 모르게 그 교장의 손을 콱 꼬집고서 웃으며 말했다. 그 교장은 눈치를 채고 얼떨결에 대꾸했다.

"물론, 그렇지요!"

그 교장은 잠시 내 쪽으로 몸을 돌리고 나지막이 속삭였다.

"그런 대단한 지식을 지니고도 그토록 겸손한 것은 당신의 교육 방식 때문이군요."

어느새 칼은 그 교장과 완전히 다른 대상에 대해 더 재미있는 대화를 나누기 시작했다. 그런 대화는 당연히 그 교장을 가장 기쁘게 해주었다.

Chapter 11

꼭 체조를 시키지 않아도 된다

—— 우리는 1816년 베를린으로 갔다. 당시 베를린은 우직한 독일인이라면 체조를 해야 한다고 말하는 곳이었다. 무조건 옛날 풍습에 따르다 낭패를 보기 전에 좀 더 분명하게 알려고 했다. 소박하게 내린 머리와 독일 중세풍의 옷이 체조와 연관되어 있었다. 하지만 나는 이미 황무지에서 그런 검소한 머리 모양으로부터 어떤 검소한 영혼도 찾지 못했다. 베를린에서 더 길고 더 소박한 머리 모양을 목격했다. 하지만 머리 모양은 소박해도 정신은 뱀처럼 교활하고 가슴은 무척 비열한 사람을 많이 보았다.

그래서 나는 전체를 좀 더 면밀하게 관찰했다. 곧 우리는 얀 교수를 알게 되었고 사교 모임에 참석할 기회도 생겼다. 나는 사교장 뒤쪽에서 주의 깊게 귀를 기울였다. 내 아들은 활발하게 참여하라는 요구를 받았고 요구에 따랐다. 나는 내 아들이 언어 구사력이 뛰어나다는 찬사에도 아랑곳하지 않고 독일어를 조급하게 대충 주워섬기는 것을 용인하지 않았다. 나는 우리말을 최대한 순수하게 사용하기 위해 30년 이상 애썼다. 또 내 글은 이미 당시에도 상당히 순수한 독일어를 담았다. 당시 사람들은 반은 프랑스어, 라틴어, 고대 그리스어를 섞어 썼다. 나는 자유가 아니라 뻔뻔함을 허용하지 않았다. 뭇사람들은 여전히 그런 행태를 인내하고 있었지만 말이다. 선량한 내 아들은 얀 교수에게 존경받고 사랑받는다고 착각했다. 칼이 이런 생각을 불신이나 편견으로 여길 수도 있다고 논쟁하려는 것이 아니다. 나는 칼에게 주의를 주었다.

"행동을 조심하렴. 비더마이어(Biedermeier, 1815년 독일연방 성립부터 1848년 3월혁명에 이르는 메테르니히 체제에서 널리 유행했던 비정치적이고 퇴영적인 풍조를 지칭하는 용어로, 소시민적이고 속물적이라는 부정적인 의미도 지닌다-옮긴이) 성향의 사람들이 있고 순수 독일적인 사람들도 있거든. 그런 면에서 네 말이 옳아."

하지만 나는 근래에 허영, 자만, 불쾌, 질투, 옹고집, 조야함, 반항, 파렴치를 아주 자주 목격했다. 이성에 토대를 두지 않은 저주, 욕설, 비방을 다양하게 들었다. 나는 누군가 원하는 것을 관철시키기 위해 주먹질을 하거나 몽둥이와 돌을 드는 모습을 목격하곤 했다.

거의 날마다 "댁의 아들에게 체조를 시킬 건가요?"라는 질문을 받았다. 나는 "아마도요."라고 대답하고는 화제를 돌렸다. 내 친구들에게는 아니라고 대답했다. 한번은 왜 체조를 시키지 않느냐는 물음에 지금도 내 아들에게 운동을 시키고 있고 그 정도면 운동의 유익함은 아주 충분하다고 대답했다. 아들은 많은 운동을 할 줄 알았고 다른 운동을 배울 기회가 있으면 또 배울 것이다. 나는 이미 20~30년 전에 바제도(1724~1790, 독일의 교육 개혁가 – 옮긴이)의 순수한 제자로서 운동을 하라는 권유를 받았고 훌륭한 교육에는 운동이 반드시 필요하다고 설명한 잘츠만과 캄페에게 깊이 감사하고 있었다. 나는 이미 슈네펜탈에서 렌츠에게 말했다.

"너무 지나치지 않습니까? 멀쩡한 사람들을 불구로 만들 수도 있어요. 내가 선생이라면 가만있지 않을 겁니다. 젊은이들은 정신적인 일에 몰두하지 않을 테고 조야해질 겁니다."

렌츠는 당당히 내 말을 부정했다. 그러고는 자신의 주장이 가장 논리 정연하고 감독 기관에 적합하다고 했다. 하지만 나중에 렌츠는 학교 교장으로서 이런 운동을 뒷전으로 밀어놓았다. 그는 내 아들이 기어오르는 체조 동작을 하자 오싹해했다. 그래서 나는 체조의 유익한 점을 새로 발견하지 못했다. 오히려 체조 때문에 마음이 상했다. 사람들은 내가 존경하는 교사와 친구들의 왕관을 찌그러뜨리고 그들에게 '빌린' 이름을 씌우곤 했다. 여기서 '빌린'이란 말은 아마도 '로만 민족적인'이라는 단어로 바꿔야 할 것이다. 중세 독일어로는 체조가 마상에서 벌이는 무술 시합을 의미했다. 이후 근대 독일어, 중세 로망스어(프랑스, 벨기에, 스위스에서 쓰이는 언어), 근대 로망스어, 이탈리아어, 중세 라틴어, 영어, 스웨덴어를 두루 거치면서 의미가 조금씩 달라졌다. 동사 '체조하다'는 중세 라틴어와 이탈리아어에 뿌리를 두고 있고 원래 의미는 '돌아가다', '방향을 바꾸다'였다. 그래서 빌러람처럼 많은 외국어를 수용한 노트커

(독일 수도사)는 '체조하다'를 '어떤 방향으로 돌리다', '방향을 바꾸다'라는 의미로 썼다. 수많은 로망스어를 채택한 스위스에서는 '체조하다'를 '어떤 방향으로 돌리다', '방향을 바꾸다'라는 의미로 흔히 썼다. 나아가 '마상의 무술 시합'에서 유래한 24개의 독일어 단어는 바뀌지 않고 이를테면 '마상의 무술 시합용 창', '마상의 무술 시합 기사' 등에 남았다. 언어는 쉽게 변화하지만 독일어는 변화에 둔하다. 이는 독일어가 로망스어에 뿌리를 두고 있는 것과 관련이 있다. 동사 '체조하다'의 경우도 그렇다. 이런 전쟁 관련 언어는 전부 로망스어계 나라(프랑스어를 쓰는 나라, 이탈리아어를 쓰는 나라, 스페인어를 쓰는 나라, 프랑스어를 쓰는 스위스 지방)와 네덜란드에서 독일로 들어온 것이라고들 생각할 것이다. 다들 아서 왕과 원탁의 기사들을 기억할 것이다. 그 기사들은 당시에도 노래로 칭송되었다. 다들 카를 대제와 그전의 영웅들을 비롯해서 아직도 회자되는 수많은 기사 이야기를 기억할 것이다. 그러면 로망어가 더욱 분명해진다. '체조'는 신체를 쉽게 움직이고 돌리는 기술이다. 짧게 말해 신체를 능숙하게 쓰는 법을 배우는 기술이다. 적어도 이성적으로는 '체조하다'의 의미가 분명해진다. 즉 '돌리다', '방향을 바꾸다', '비틀다', '노련하게 하다', '이리저리 뛰다'라는 의미가 된다.

체조를 통한 대중 교육에 대해 이야기를 듣거나 책을 읽으면 걱정이 앞선다. 체육 교육의 많은 측면이 야만, 횡포, 30년 전쟁의 시대로 회귀하는 듯하다.

내가 이런 현상을 관찰하는 동안 내 아들의 학위 증서가 배달되었다. 나는 많은 독일인들의 주장을 이미 들었다. 체조를 하지 않은 남자아이가 그토록 박학다식하여 철학 박사, 법학 박사, 학회 회원, 다양한 분야의 작가가 된 것을 참을 수가 없다고. 이제 내 아들은 대학교에서 시간강사가 되려고 하지만 그들은 인정하려고 하지 않았다. 내 아들이 시강을 힘차게 잘해내는 수밖에 없었다. 드디어 그날이 왔다. 나는 강당 뒤쪽에서 시끌벅적한 20~24명을 주목했다. 다음 시강자인 뤼베크 출신의 넬팅처럼 다들 독일 정신을 과시했다.

우리는 학장 슈말츠를 그의 집까지 마차로 태워주었다. 나는 이런 사건을 엄격하게 조사하고 엄벌할 것을 희망한다고 학장에게 말했다. 학장은 난처하게 대답을 얼버무렸다. 내가 얘기를 더 하자 학장은 점점 더 당황했다. 나는 학생 시위 이후에 학장이 영악하게 좋은 것을 포기하고 반대파로 옮길 것이라는 사실을 알아챘다. 그래서 나는 내 아들이 권리를 박탈당하면 파렴치한 선동자들에 맞설 것이라고 경고했다. 나는 그날의 사건이 그 대학과 다른 독일 대학에서 일어날 유사한 사건의 시작에 불과하다고 그를 확신시켰다. 그러고는 이후 비슷한 사건이 지긋지긋하게 늘어날 것이라고 덧붙여 말했다. 내 예측대로 지난 2년간 수많은 학생 시위가 벌어졌다. 사실 내가 전혀 상상력을 보태지 않아도 그런 일이 일어날 것이 불 보듯 뻔했다. 학장은 내 말을 부인하지 못했다.

내가 나중에 어느 사교 모임에서 놀라는 기색을 보이자마자 그 학장은 평정심을 잃고는 내게 웃으며 "그게 바로 로만인입니다!"라고 대꾸했다. 허와 실이 완전히 다르다는 내 의견이 증명되었다. 따라서 나는 아들에게 주의하라고, 얀 교수가 허락해준 세미나에 다시 가지 말라고 부탁했다. 어떤 핑계로든 무례한 대우를 받을 것이라고, 무엇 때문에 자신을 위태롭게 하느냐고. 아, 내 아들은 얀 교수가 자신에게 잘해준다고, 많은 수강생들이 그렇게 생각한다고 대답했다. 그래서 아무도 자신을 모욕하지 않을 것이라고 주장했다. 하지만 나는 "우리 부자를 웃음거리로 만들려고 얀 교수가 학생들의 환심을 산 거야. 학생들의 호응은 큰 자극제지. 내 말 명심해. 그 교수는 너를 추락시킬 거야."라고 말했다. 나는 선량한 내 아들이 얀 교수의 옛 독일 영혼에 깊이 잠식당한 것을 알았다. 나는 내 아들이 원하는 대로 두었다. 아, 하지만 경험의 학교는 그릇된 것을 가르친 적이 거의 없다. 며칠 뒤에 얀 교수는 우리 부자와 내 아들의 교육을 경멸하고 웃음거리로 만드는 일을 부추겼다. 그 교수가 그린 원색적인 풍자화는 쉽게 인식되었고 모두 내 아들을 돌아보게 했다. 그래도 좀 선한 사람들은 그 교수의 행동을 경멸했다. 하지만 그 교수는 수강자들이 잘 기억하도록 농담을 시로 포장했다. 가장 연민을 자아내지만 영리하게 계산된 시였다. 나는 내 책을 오염시키고 싶지 않으니 독자들에게 그 얘기를 더는 하지 않겠다. 그래서 마지막으로 두 줄만 남기겠다. 하지만 나는 그 두 줄조차 가까이 둘 수 없다.

"그 사람(내 아들)은 머리를 월계수에 바친다."

"잔가지가 그 사람의……."

그 교수의 말에 유별나게 큰 웃음이 터져 나왔다. 다음 수업에는 얀 교수의 추종자들이 여느 때보다 더 몰려들었다. 1817년 1월 27일부터 수많은 공공 간행물에 실린 우리 부자에 대한 수많은 비방과 과소평가는 조야하고 비열했다. 험담과 거짓은 주된 조미료였다. 거리낌 없이 정진하는 선량한 내 아들은 반복된 자잘한 시험에서 독일적 우직함을 신물 나게 겪었다. 하지만 충실하고 박애적인 내 아들의 마음은 오로지 비감하게 생각하는 것에 익숙해졌고 또다시 이런 쪽에 속아 넘어갔다.

Part 3

태교부터 출산 후 3년, 내 아이의 운명을 결정하는 시기

—

0~36개월까지 바른 성장을 위한 교육 가이드

Chapter 1

모든 것은 태교에서 시작된다

—— 메르켈과 선배가 시로 육아 비서(祕書)를 써주었다. 우리 부부는 그 비서를 따르는 것을 좋아했다. 나는 이미 청년 시절에 장차 아이를 갖는다면 육체, 정신, 마음, 지식, 숙련도에서 뛰어나게 교육할 작정이었다. 그래서 나는 친구나 지인이 생각 없이 허락한 애매하거나 위험한 만족을 자제했다. 또 나는 최대한 심신을 단련하기 위해 노력하고 진실로 나에게 이로운 것과 해로운 것을 알기 위해 의학을 많이 공부했다. 나는 날마다 욕구로부터 자유로워져서 마침내 당당히 말할 수 있게 되었다. 우리 지역에서 인간 현존을 위해 필수불가결한 것을 제외하고는 그 무엇도 필요하지 않고 요구하지도 않는다고. 이런 방식으로 살면서 나는 실제로 더 건강하고 독립적이고 쾌활하고 만족스러웠다. 또 많은 사람들에게 호감을 샀다. 그래서 내가 원했던 작은 것을 나 자신이나 타인을 통해 쉽게 이룰 수 있었다.

나는 정신에는 아주 많은 즐거움을 허락했다. 섬세한 사교, 엄선된 독서, 길고도 잦은 여행, 아름다운 예술 체험…… 이런 것이 전부 나에겐 필수불가결한 욕구에 해당되었다.

나는 지식을 부단히 늘리려고 애썼다. 배울 가치가 있는 지식을 넓히기 위해 진지하게 노력하지 않은 날은 낭비한 날로 여겼다.

내가 교육면에서는 이 땅에서 어떤 도움도 받지 못한다는 것을 미리 알았기에 가능성을 열어놓고 모든 것을 시도해보았다. 그래서 나는 가능하면 배울 가치가 있는 것을 모조리 배웠다. 사람들이 "시골 목사로서 그렇게까지 배울 필요가 없어요."라고 말하면 나는 그저 웃었다.

나는 배우자를 찾을 때도 내 계획을 함께 추진해줄 조력자를 구했다.

배우자는 무엇보다 건강해야 했다. 아름답지 않지만 호감이 가고 특히 신체에 흠이 없고 균형 잡힌 얼굴 표정을 띠어야 했다. 얼굴이 고르지 못하거나 아주 비호감인 사람과의 결혼은 쉽게 결정하기 힘들었을 것이다. 그 여자가 얼굴을 제외하고 내 마음에 드는 특성이 많았을지라도 말이다. 마음이 순수하고 타락하지 않았으며 무엇보다 소박하고 경건해야 했다. 정신은 연마했지만 박학다식하지는 않아도 되었다. 배우자감의 지식과 성숙함에는 여성스러운 일도 들어 있어야 했다. 이를테면 꿰매고 깁고 뜨개질하고 짓고 끓이고 굽고 씻고 다리미질하고……. 이런 수많은 여성적인 기술 말이다. 또 필요한 만큼 그림을 그리고 노래도 조금 할 줄 알아야 했다.

덧붙여 말하면 배우자는 신분이 높거나 낮아도, 대도시 출신이거나 작은 마을 출신이라도 괜찮았다. 하지만 시골 출신이고 중간 계층이길 바랐다. 재산은 전혀 없어야 하고 나로 인해 행복해져야 했다. 부유한 여자와 결혼할 기회가 많았지만 그런 기회를 이용하지 않았다. 자유롭게 살림을 하고 아이를 양육할 여자를 원했다.

물론 내가 결국 선택한 배우자는 내가 추구하던 면모를 전부 갖추지 못했으나 내가 중요하다고 판단한 요구 사항을 갖추었고 아주 젊다는 강점이 있었다. 그래서 나는 내 소망대로 배우자를 만들어갈 수 있기를 바랐다.

일찍이 나는 소망대로 특별히 사랑스러운 내 아이를 낳아 양육해줄 젊은 여자를 선택했고, 그 여자는 내 목적을 장려해줄 모든 일을 해낸 반면, 내 목적에 방해가 될 모든 것을 피했다.

내 이상을 생생하게 눈앞에 보여주기 위해 그 여자에게 신부로서 다정한 이름을 지어주었다. 보센스 루이제가 바로 그 이름이었다.

우리 둘의 결혼 생활은 완전히 건강하고 근심 없고 쾌활하고 즐겁게 시작되었다. 아직 아이가 없는 데다 힘든 일, 특히 곤궁한 일이 없었기 때문에 우리는 내 공직이 허용하는 한, 이리저리 돌아다녔다. 우리 지역의 안락하고 진기한 것들을 눈여겨보았고 유쾌한 사람들과 교제를 즐겼으며 불안한 생각 없이 싹틀 존재를 가장 분별 있게 돌보았다.

나는 한때 고통스러운 걱정거리가 있었지만 젊은 아내에게 최대한 감췄다. 엄청나게 사기를 당해 곤궁에 빠졌지만 절약을 하며 임신한 아내가 모르게 했다. 내 아내에게 필요한 것은 합리적인 방법으로 늘 갖추어주었다. 아내가 더는 요구하지 않기도 했다.

하지만 내가 절박하고 끔찍한 불행을 예견했을 때 아내가 값비싼 것을 원했다. 나는 아내가 원하는 것을 당연하다고 생각해서 들어주었다. 아내의 건강과 교양을 위해, 존재의 완전성을 위해 장려할 만한 것이었기 때문이다.

그러니까 아내는 자기 친척을 전부 다시 보고 싶어 했고 내 친척도 만나고 싶어 했다.

우리는 로하우에서 데사우를 거쳐 베를린으로 가야 했다. 여러 도시를 두루 거치는 장거리 여행이라서 내가 감당하기엔 비용이 너무 컸다. 겉보기에 그 여행은 유용해 보였고 아내가 나를 깊이 사랑하는 증거였기에 기쁜 마음으로 여행을 감행했다. 나는 편리한 차를 샀고 여행도 떠났다. 내 명예, 재산, 평정을 역행하는 여행이었다. 하지만 아내는 내가 후회하지 않게 했다. 임신한 아내는 자신과 아이에게 무엇이 가장 유용한지 확신했다. 아내는 장거리 여행을 아주 쾌적하게 느꼈고 여행이 교양에 미치는 영향을 아주 분명하게 깨달았다.

1798년 5월에 나와 가까운 친구들이 많이 살고 아내의 가까운 친척도 살고 있는 그라프샤프트의 만스펠트까지 올라갔다. 동시에 우리는 주목할 만한 것을 모두 보면서 6일 만에 거의 15마일(약 24킬로미터 – 옮긴이)이나 걸었다. 하지만 아내는 여행에 대만족이었다. 물론 아내도 피곤해했고 용기가 조금 가라앉았다. 하지만 적절한 음식과 음료를 즐기며 평정을 찾았고 전혀 피곤한 적이 없었던 것처럼 금세 회복했다.

여행에서 돌아온 아내는 지인들에게 우스웠던 도보 여행에 대해 즐겁게 이야기했다. 모든 도보 여행이 그렇듯 기억해보면 즐겁고 우스꽝스러운 일이 있었다. 나는 도보 여행의 모든 것을 뒷받침해주었고 아내에게 계산서를 보여주었다. 즐거운 여행에 얼마나 비용이 적게 들었고 차에 얼마나 많은 비용이 들어야 했는지. 그랬더니 아내는 내가 예견한 대로 "앞으로는 늘 걸어서 여행하고 싶어요!"라고 다짐했다. 나는 그 다짐에 흡족했다.

우리는 여유 있게 시간을 들여서 어디로 갈지 머리를 짜고 생각을 했다. 내가 가장 고심하는 시간이기도 했다. 나는 평지에서 수일간 걷는 것은 아내에게 무리라고 쉽게 간파했기에 아내가 하르츠 산맥의 최고봉인 브로켄에 관심을 갖게 했다. 아내에게 이 산은 높은 산이기도 하고 이미 어린 시절부터 수없이 들었던 산이기도 했다. 나 역시 아내에게 그 산에 대해 여러 번 이야기한 적이 있었다.

우리는 기쁜 마음으로 브로켄 여행을 결심했고 1798년 7월과 8월에 실행으로 옮겼다.

우리는 만스펠트에 들러서 며칠간 친구들과 지내다가 마치 우리 집 밖으로 나오듯이 상쾌하게 도보 여행을 이어갔다.

우리는 늘 산맥에 머물면서 온갖 기묘한 것을 눈여겨보았다. 며칠 만에 우리는 도보로 브록켄까지 갔다. 날씨는 계속 좋았다. 근사한 저녁과 아름다운 아침을 즐겼다. 아내는 더 높은 세계에서 굽어보며 마법에 걸린 기분이라고 말했다.

나는 여기까지 걸어오니 얼마나 좋으냐고 말했다. 아내는 사랑스럽게 내게 기대며 고맙다고 했다. 아내 눈에 고인 부드러운 기쁨의 눈물이 언어로 표현한 것 이상을 말해주었다.

더 이상은 생략하겠다. 우리는 아주 행복하게 로하우로 되돌아왔다. 우리 부부가 첫아이(언제까지나 잊지 못할 것이다)를 잃은 슬픔을 위로하고 다시 이전의 밝은 모습을 찾아야겠다는 주목적이 이루어졌다. 아내는 이전처럼 다시 건강과 활기를 되찾았다. 아, 하지만 로하우에서, 오히려 주변 지역에서 흑색 비방이 일었다. 디스카우에서부터 악의적인 농담이 퍼졌다. 내가 젊은 아내에게 나와 같이 시골을 돌아다니자고 전제군주같이 강요했을 것이라고. 아내의 의지를 거슬러서 끔찍한 날씨에 험한 산길을 끌고 다녔을 것이라고. 아내는 그런 비난에 아랑곳하지 않고 나중에는 브록켄 여행에 대해, 하늘이 내려준 여행길에 대해 친구들에게 두고두고 이야기하고 편지로 알려주었다. 아내는 그런 도보 여행을 아주 좋아해서 또 가자고 수없이 졸랐다.

5년 뒤에 내가 허리띠를 졸라매고 절약해서 경제적 압박에서 벗어나게 되자 아내와 함께 마차로 멀리 여행하는 것도 즐기게 되었다. 아내는 마차로 여행하는 것도 좋아했다. 하지만 마차 여행은 브록켄 도보 여행처럼 오래도록 웃음을 주지는 못했다.

아내가 또 여행을 가자고 했을 때 나도 그러고 싶었다. 마차로든 도보로든 기꺼이 장거리 여행을 가고 싶었다. 하지만 마차로는 여행하지 못했다. 비용이 너무 많이 들었기 때문이다. 도보 여행도 다시 엄두를 내지 못했다. 하지만 도보 여행은 살림, 일 등 이런저런 근심거리를 깡그리 잊게 해서 유익하고 순진무구한 어린 시절로 돌아가게 해주고, 고향이 없지만 도처가 고향이게 해주고, 온갖 쾌적함을 누리게 해주고, 감각적으로나 정신적으로 아내의 교양에 영향을 끼쳤다.

아내는 다시 사랑스러운 임신부가 되었다. 나는 최대한 깊은 걱정을 숨기고는 우리의 넉넉지 않은 처지보다는 즐겁게 살려고 애썼고 근거리 여행을 많이 했다. 멀리 여행하는 것은 내 힘에 부쳤으니까.

따라서 아직도 살아 있는 칼이 가장 행복한 환경이 갖춰져 있는 듯했던 죽은 형보다 훨씬 불리한 환경에서 태어나 어머니의 따뜻한 품에서 양육되었다는 것은 누구에게나 명백하다. 아, 나 자신이 즐겁지 않았다. 산모의 영양 섭취에 대한 걱정뿐만 아니라 날마다 쏟아지는 나에 대한 흑색 비방을 다시 들었기 때문에 끊임없이 짜증이 나서 생활력이 파괴되고 쾌활함이 죽고 화가 치밀었다.

이럴 때마다 시로 지어준 육아 비서가 최고의 안식처였다. 그 비서가 내 마음에 평화를 주었다.

Chapter 2

약한 아이, 건강하게 키우기

—— 내 아들은 1800년 7월 1일 오후 3시쯤에 태어났다. 조산사와 나는 건조하고 따뜻한 소금으로 아들의 몸을 바로 닦아내고 털어주었다. 그러고 싶었다.

동양에서 출간된 여행서적을 읽은 적이 있다. 여행서의 편찬자는 천연두를 아예 모르는 몇몇 아랍 씨족에 대해 이야기했다. 그는 좀 더 자세히 관찰하기 위해 의도적으로 그 씨족 마을에 머물렀지만 특별한 것을 알아내지 못했다. 아이들이 태어난 직후에 아주 세심하게 몸 구석구석을 소금으로 문질러주는 것 말고는 남다른 방법이 있는 것도 아니었다.

그는 그 사람들이 왜 그러는지 연구했지만 이유를 알아내지 못했다. 다만 그들이 반드시 그런 과정을 거친다는 것만 알아냈다.

여기서 두 가지를 지적하고 싶다. 첫째, 갓난아이를 소금으로 문지르는 것은 '자비의 행위'로서 '권고'된다는 점이다. 둘째, 사람들이 "여러분은 너무 비참하고 불행해서 돈을 들여 아이를 소금으로 문질러주지는 않을 것이다."라고 말한다는 점이다.

나는 그런 행위가 해롭지 않다고 생각했다. 의사 메켈은 그런 행위가 이롭다고 말해주었다. 그래서 나는 앞서 말한 대로 조심스럽게 아이를 소금에 문질러주었다.

칼이 평생 천연두에서 자유로울지는 모르겠지만.

자연은 칼이 아무런 신체적 오점 없이 태어나게 했다. 그래서 우리는 칼에게 신체적 이상이 생기지 않도록 최대한 노력했다. 인간이 타고나지 않은 신체와 정신의 온갖 결핍은 부모, 교사, 교육자, 친척, 친구들, 지인들, 본인 스스로가 부주의해서 생긴다. 나는 오늘날까지도 그렇게 확신한다.

정말로 운 좋게도 아들은 완전히 청년으로 자랄 때까지, 1817년 5월 1일 내가 열일곱 살의 칼을 독립시킬 때까지 아주 건강했다.

내가 더 이상 모든 것을 책임질 수 없다는 것은 자명하다. 나는 아들이 건강을 망가뜨리지 않기를 신과 아들 자신에게 바란다. 하지만 내 아들이 건강을 해친다 해도 나는 책임을 면할 것이다. 지각 있는 모든 사람들, 심지어 가장 위대한 우리 의사들로부터도. 그들이 이전에 내 교육 방법에 반대했을지라도 나는 아들의 건강과 관련해서는 무죄다.

내 아들은 열여덟 살이 될 때까지 처음부터 늘 건강했다. 괴팅겐에서 경솔하게 심한 코감기에 걸려서 2~3일간 두통에 시달리고 땀까지 흘려야 했지만 지각 있는 사람은 대수롭게 여기지 않을 것이다.

소아병조차도 내 아들을 그냥 지나쳤다. 칼이 어린아이·소년·청소년 시절에 살던 로하우, 메르제부르크, 할레, 라이프치히, 괴팅겐, 하이델베르크, 베를린에 천연두, 홍역, 성홍열 등 수많은 나쁜 병이 창궐했는데도 우리 아들만은 비켜갔다. 나는 아픈 아이들이 있는 집에 칼의 접근을 막지 않았다. 그랬다면 칼을 특히 건강하게 키우지 못했을 것이다. 건강한 몸이 칼을 보호하지 못한다면 차라리 일찍이 병을 앓는 편이 낫다고 생각했다. 그래서 나는 주저 없이 칼과 함께 아픈 아이들의 집에 드나들었고 사람들이 아픈 아이들에게서 멀찍이 떨어져 있으라고 간청하면 그대로 했다.

나는 내 아들이 어린 시절에도 이미, 소년과 청소년 시절에는 자주 장거리 여행을 데리고 다녔다. 여행 중에 머무는 집들은 수많은 병에 걸릴 환경이었지만 아들은 절대 병에 걸리지 않았다.

로하우에서 나는 더 서슴없이 행동했다. 그러는 것이 이성적이고 이롭다고 여겼기 때문이다.

내 아들이 태어나기 전에 우리의 뛰어난 주치의들인 메켈과 라일은 천연두 예방접종에 찬성하지 않았다. 둘 다 아이를 진심으로 사랑하는 마음으로 나에게 충고했다. 두 의사의 공통된 의견은 찬성이나 반대로 결정될 때까지 기다리라는 것이었다.

그래서 나는 기다렸다. 하지만 그때 천연두가 두 번이나 연거푸 우리 지역에 발생했다. 하지만 심하지는 않았기에, 또 내 아들은 완벽하게 건강했기에 나는 메켈에게 내 아들을 천연두에 방치해도 괜찮은지 물었다. 그러자 그 의사는 자연 치유가 된다고 했다.

우리는 천연두에 걸린 아이들에게 우리 아들을 자발적으로 데리고 갔다. 아들은 천연두에 걸린 아이들과 오랫동안 놀면서 손도 맞잡고 몸도 어루만졌다. 내 아들은 교육받은 덕분에 근거 없이 두려워하거나 역겨워하지 않았다.

내 예상대로 아들은 천연두에 걸리지 않았다. 나중에 홍역, 성홍열이 마을 전체를 덮쳤다. 그 병들은 아주 고약했다. 그래서 나는 아들을 위해 자발적으로 전염된 곳을 찾아가지는 않았지만 겁먹고 도망치지도 않았다. 아픈 아이들이나 그 부모들이 원하면 주저하지 않고 찾아가서 조언하거나 도와주었다.

나는 예나 지금이나 거의 매일 전염병이 주로 퍼지곤 하는 장소인 학교에 갔다. 아픈 아이의 부모는 서슴없이 나에게 다가와 이것저것 묻거나 아이의 죽음을 알리고 장례 절차를 문의했다. 그때마다 내 아들은 그들을 보고 그들과 말하고 이곳저곳에서 그들과 악수했다. 그래도 내 아들은 감염되지 않았다. 그래서 나는 당당히 주장해도 된다고 생각한다.

"아이가 건강하게 태어났다면 조심스레 건강하게 키워라. 그러면 아이의 몸에 어떤 불순한 것도 모여들지 않는다. 전염병에 거의 걸리지 않거나 절대 걸리지 않는다. 내 아들의 피는 늘 고요하고 체액은 언제나 깨끗하다."

열일곱인가, 열여덟 살쯤 내 아들은 베를린에서 홍역을 앓았다. 집에 홍역 환자가 없었는데도 말이다. 그해 내내 아들은 다양한 양상으로 열이 나는 데다 걱정과 상심 그리고 지나친 긴장에 빠졌다. 게다가 너무 오래 앉아 있어서 계속 독성이 깊이 박혔고 전염에 저항할 수도 없게 되었다.

칼이 두 살일 때 예방약의 질이 그전보다 좋아져서 종두 예방주사를 맞았다.

내 일기장에 따르면 의사 라일이 확언했다고 한다. 내 아들은 천연두가 말끔히 나아서 앞으로는 절대 걸리지 않을 것이라고.

건강하게 태어나 잘 양육된 아이는 병독으로 가득한 환경에서도 병에 거의 걸리지 않는다는 점을 다음 사건이 증명해줄지 모른다.

로하우는 습기가 많은데, 특히 목사관이 그렇다. 습도가 높은 해에는 풀밭, 정원, 마당까지 습기가 넘치고 지하실은 완전히 습기로 꽉 찬다.

해를 거듭할수록 점점 습해졌고 다들 오한이 났다. 내 아내도 오한에 떨었다. 나도 어느 여름에는 괜찮았지만 어느 여름에는 심하게 오한에 시달렸다. 하지만 칼은 매 시간 그냥 잘 견뎌냈다. 명랑하거나 상쾌해 보이지는 않았지만. 그게 다였다.

Chapter 3

어른이 아이를 아프게 한다

—— 산후도우미가 나와 같이 갓 태어난 아기를 세세히 살피고는 양쪽 가슴이 부드럽게 봉긋 솟아 있는 것을 알아냈다. 산후도우미는 흔한 일이고 별일 아니라면서 봉긋 솟은 곳에 들어 있는 젖을 짜내야 한다고, 그러지 않으면 딱딱하게 굳어서 해로울 수 있다고 말했다.

나는 자연이 완전히 건강한 아이에게 그토록 특이한 실수를 저지른 것이 이해되지 않았다. 그래서 나는 그 문제로 산후도우미와 승강이를 벌였다. 하지만 도우미는 젖을 짜주면 2~3일 만에 솟은 부분이 없어질 것이라고 말했다. 그때 마침 아이 할머니가 처음으로 우리 집에 오셨다. 그래서 나는 며칠간 아이 할머니에게 라이프치히, 나움부르크, 데사우, 뵈를리츠를 구경시켜드렸다.

잠깐 집에 머물던 나는 아이가 완전히 건강하지 않고 왠지 불안해하며 힘이 없는 것을 알아챘다. 하지만 아이가 아프다고 섣불리 진단할 수 없었다. 그래서 일이 많아 산만한데도 주의를 계속 기울였다.

"정말 귀엽구나!"라며 아이 할머니가 좀 시들한 표정으로 말씀하셨다. 그러고는 아기가 절대 크고 강하지 않을 것이라고 덧붙이셨다. 물론 그 말이 해롭지는 않다. 누가 자연을 거스를 수 있겠는가!

하지만 그런 이야기를 몇 번이나 듣게 되자 아이를 더욱 유심히 관찰하게 되었다. 결국 나는 아이가 자연적으로 그런 것이 아니라 불행하게도 어른이 악영향을 끼쳤음에 틀림없다고 확신하게 되었다.

나는 주변 환경을 샅샅이 탐색했지만 해로운 것은 없었다. 도우미가 날마다 하는 일이 아이에게 해로울 수도 있다는 생각을 못했기 때문이다. 나는 아기를 책상 위에 눕히고 옷을 풀어헤쳤다. 아이의 가슴이 드러나자마자 아이가 시들했던 이유가 분명하게 드러났다. 도우미가 아이의 양쪽 가슴을 무지막지하게 눌러댄 것이었다. 그 자극으로 체액이 흘러나와 부패했다. 암갈색으로 변한 젖꼭지가 개암처럼 솟은 채 곪아갔다. 젖꼭지를 살짝 건드리기만 해도 아이가 자지러지게 울어댔다.

난 그제야 알게 되었다. 섬세한 사람이라면 누구나 내가 경악하고 끔찍하게 두려웠다는 점에 공감할 것이다.

나는 곧바로 의사 메켈에게 편지를 썼다. 메켈이 얼른 와서 가엾은 아기를 보고는 곪은 부분을 과감하게 도려냈다. 몇 주 뒤 종양은 전부 사라졌지만 아이는 많은 고통을 참느라 기운이 빠져서 바깥 공기를 거의 쐬지 못했다. 힘차고 건강하게 태어나지 않았다면, 순수한 젖을 먹이고 가장 청결하게 보살피지 않았다면 분명 아이는 병에 걸렸을 것이다.

그렇게 우리 인간들이 부주의해서, 분별력이 없어서, 게을러서 생긴 일들을 자연, 즉 신의 탓으로 돌린다.

Chapter 4

아이를 청결하게 보살피는 구체적인 방법

—— 칼이 태어났을 당시 나는 전혀 부유하지 않았다. 아니, 너무나 가난했다. 2년 전부터 물가가 엄청나게 올랐기 때문에 나는 가족을 제대로 부양할 수 없었다. 시간이 흐르면서 더욱 그랬다. 나 자신에게 불필요한 것을 모두 없앴다. 하지만 내가 능력이 되면 아내를 돌보았을 것이고 부자라면 아이를 챙겼을 것이다.

빨랫줄, 침대 시트, 배내옷, 속옷을 자주 갈아주고 빨았다. 매번 신경 써서 말리고 불에 쪼였다. 확신하건대 아무리 부유한 가족이라도 아이를 위해 이렇게까지 하지는 못했을 것이다. 섬세한 면에서는 우리가 부자들보다 앞섰을 것이다.

날마다 아이를 욕조에서 목욕시켰다. 나나 아내, 아니면 둘이 함께 목욕을 시켜주었다. 처음에는 물이 따뜻했고 나중에는 미지근해졌다. 칼은 욕조에 들어가는 것을 좋아하더니 나중에는 아주 좋아하게 되었다. 우리는 곧 칼과 놀았고 칼을 골렸고 욕조 뒤에 숨었다. 하지만 칼이 우리를 쉽게 찾을 수 있게 칼에게 물을 튀겼다. 칼의 목욕 시간이 유쾌하게 지나갔다. 정수리를 포함한 칼의 온몸을 물로 씻은 다음 비누로 제대로 닦아주고 다시 물로만 한참 씻어주었다. 자그만 몸 구석구석 살이 접힌 부분도 빼놓지 않고 씻어주었다. 우리는 칼의 목과 귀 뒤까지 아주 세심하게 씻어주었다. 그러면 두통, 치통, 임파선 부종, 두피의 뾰루지를 완전히 피할 수 있다. 이미 이런 증상으로 시달리는 아이들도 꼼꼼한 목욕을 통해 증상을 완화시킬 수 있고 나중에는 말끔히 몰아낼 수 있다.

이렇게 목욕이 끝나면 곧바로 아이를 욕조에서 꺼냈다. 아이가 계속 욕조 안에 머물고 싶어 할지라도. 그동안 이미 알맞게 데운 수건, 속옷, 겉옷을 준비해두었다. 아주 신속하지만 무척 조심스럽게 물기를 말리고 따뜻하게 옷을 입혔다.

밖이 덥다면 옷을 벗겼다. 그러지 않으면 깨끗하고 건조한 침대에 눕혔다. 잠시 몸에 물기가 마를 때까지.

생후 1년간 이런 식으로 매일 목욕을 시켰다. 상황에 따라 불규칙하게 목욕시켜도 아이에게 해가 되지 않을 때까지 규칙적으로 목욕시켰다. 날씨가 차가울 때는 방에서, 따뜻할 때는 밖에서 했다. 목욕 전이든 중이든 후든, 언제든 아주 조심했다.

단 한 번 잘못한 적이 있었다. 내가 저녁때쯤 집에 돌아와 내 작업실로 가려고 하는데 목욕을 마친 칼이 불안하게 색색거리는 소리가 들렸다. 문을 열어젖힌 나는 진짜 걱정거리를 찾아냈다. 추운 방에 있는 침대에 칼을 너무 일찍 눕힌 것 같았다. 아직도 따뜻한 가슴으로 들이쉰 차가운 공기가 해로웠던 것이다.

문득 평소의 자상한 부성애를 뛰어넘는 행동이 나왔다. 나는 신속하게 2년 6개월 된 아이가 누워 있는 침대를 감싸 안았다. 그러고는 따뜻한 난로 바로 옆에 있는 소파로 아이를 데려가서 가슴을 이리저리 부드럽게 문질렀다. 재빨리 끓인 라일락차를 들여올 때까지. 나는 처음에는 찻숟가락으로 차를 한 모금씩 떠먹이다가 마침내 아이가 원하는 만큼 먹였다.

그러자 금세 아이의 몸에 온기가 살아났고 땀이 났다. 15분마다 색색거리는 소리가 줄어들었다. 아이는 자연스러운 상태로 되돌아왔고 우리는 사랑스러운 아이를 지킬 수 있게 해준 신께 깊이 감사했다. 우리는 차분하고 즐겁게 저녁을 보냈다.

나는 이렇게 결론짓겠다. 사람들은 아이들을 조심스럽고 신중하게 목욕시키지 않는다고. 목욕이 얼마나 더할 나위 없이 유용한지, 하지만 얼마나 쉽게 해가 되는지, 얼마나 지속적으로 화를 불러오는지, 얼마나 어이없게 숙환이나 죽음으로까지 이어지는지.

청결에 대해 한마디로 요약하면, 우리 부부는 이성적으로 할 수 있는 모든 것을 했고 우리가 가진 것으로 할 수 있는 모든 것을 했다.

하지만 두 가지만 알려주겠다. 이것만 명심하면 아주 유용하기 때문이다.

첫째는 오래되고 진솔한 속담과 관련 있다.

"영리한 간호사는 요람만 봐도 아이가 지저분한지 아닌지를 알아야 한다."라는 속담은 정말 옳은 말이다. 1818년 12월에 늦둥이를 각별한 사랑으로 돌본 아주 총명한 어머니가 증명해주었다. 전 독일의 교양계가 그 어머니를 존경했다.

"그 속담은 정말 그렇다는 말이 아니라 아이를 지저분하지 않게 돌볼 수 있다는 말이다. 내 아이가 태어난 지 겨우 몇 달밖에 안 되었지만 우리는 아이의 욕구를 이미 정확하게 알아낸다. 또 우리가 다른 일 때문에 간과한 것이 있더라도 금세 무슨 일이 일어났는지 알아낸다. 드물게는 추측도 한다. 아이의 움직임, 음색, 표정까지 아주 자연스럽게 알아낸다.

더군다나 아직 반쯤은 동물적인 작은 존재가 이미 확고한 질서에 익숙해져 있다. 우리는 작은 존재를 세심하게 보살피면서 다양한 욕구가 반복적으로 나타나는 시간들을 알아낸다. 그러고는 우리 스스로 아이의 작은 의자에 앉아 헛된 일은 아예 하지 않거나 거의 하지 않는다."

우리 부부도 이 말을 완전히 확신한다. 여기 언급한 어머니는 우리가 칼에게서 경험한 것을 이야기해주었을 뿐이다. 단지 무경험, 비이성, 태만, 음흉만이 그것을 부인할 수 있다.

둘째는 아이를 아주 청결하게 보살피면 기침, 코감기, 두통을 앓지 않는다는 것이다. 목욕을 통해 몸을 청결히 하지 않으면 공기 속에 우글거리는 세균이 몸 전체로 유인된다. 우리는 로마나 그리스보다 북쪽에 살기 때문에 아이에게는 콧물 수건이 더 필요하다. 또 놀다가 손이 축축해지면 닦아야 한다. 우리는 칼의 콧물 수건이 다른 사람의 비위를 상하게 하지 않도록 날마다 바꿔주었다.

Chapter 5

칼이 걸음마를 배울 때까지

아내는 칼을 최대한 스스로 돌보고 보살폈다. 할레, 베르제부르크, 라이프치히 등으로 여행을 가서도 마찬가지였다.

칼이 태어나 생후 9개월이 지날 때까지 여자아이가 우리 집에서 도우미로 일했다. 아내가 너무 허약해서 못하는 일을 도우미가 세심하게 챙겨주었다.

그녀가 결혼으로 일을 그만두자 우리는 두 번째 도우미를 고용했다. 그녀는 우리 가족에게 이루 말할 수 없는 고통을 안겼다. 그 도우미의 부주의 탓에 가엾은 아이가 죽을 뻔했다. 그래서 다른 도우미를 고용했다.

세 번째 도우미는 로하우 교구에 편입된 조그만 마을 베제니츠 출신이었다. 도우미의 부모님은 재산이 넉넉했고 아이들도 다른 집보다 잘 교육했다. 도우미는 아이가 넘어지지 않도록 신경 쓰면 되었다. 우리는 도우미에게 아이가 넘어지지 않게 조심하라고 신신당부했지만 도우미는 매번 자신을 믿으라고 호언장담했다. 하지만 나는 사람을 볼 줄 알았기 때문에 도우미를 믿지 않고 계속 관찰했다. 한번은 도우미가 칼을 한쪽 팔에 안고 깊이 잠들어 코를 골고 있었다. 칼은 이미 깨어나 활기차게 움직이고 있었기 때문에 분명 떨어져서 어디가 부러지거나 심하게 다쳤을 것이다. 외투를 입히지 않았다면 말이다.

그 도우미는 산후도우미처럼 자신의 부주의를 침묵했을 것이고 아이의 부상은 은폐되었을 것이다. 나중에 우리가 나서도 이미 너무 늦어버렸을 것이다.

또한 아무도 우리에게 그런 사실을 알려주지 않았을 것이다. 그런 경우 신분과 관계없이 보통 사람이라면 누구나 해로운 동정심을 품기 때문이다. 그들은 침묵하고 숨기고 미안해하는 사람을 끝까지 도울 것이다. 그들은 가엾은 도우미를 불행하게 만들 수는 없다고 하겠지만 죄 없는 아이가 망가지는 것은 어쩔 것인가.

그런 경우 할레 지역에서 입히는 아이 외투가 도움이 된다. 외투는 도우미와 아이를 편안하게 감쌀 정도로 크다. 외투는 몸 아래로 길게 늘어져서 아이의 다리도 따뜻하게 덮는다. 아이는 도우미의 팔이 아니라 부드러운 외투에 의해 지탱된다. 아이가 외투를 꽉 잡고 있으면 다치거나 떨어지는 일을 줄일 수 있다.

나는 외투가 없는 곳에서 다친 아이에 대해 더 많이 들었다. 당연하다! 아이 외투를 입히고 세심하게 돌보면 악마 같은 일은 금세 사라질 것이다.

이미 말했듯이 우리는 칼에게 늘 가장 깨끗한 옷을 입혔다. 동시에 우리가 생각할 수 있을 만큼 검소하고 자연스럽게 입혔다.

부주의한 도우미와는 잠깐 얽혔었다. 내가 견딜 수 없었기에 다시는 그런 일이 없었다.

몇 주 뒤에 칼은 이미 줄곧 침대에 누워 있었다. 칼은 팔과 다리를 자유자재로 움직일 수 있는 커다란 행운을 누렸다. 또 아무런 문제 없이 몸 전체에 피가 돌았다.

칼이 더 편안하고 안정되도록 낮에는 칼을 한참 동안 돌돌 감아놓았다. 칼이 조금 튼튼해지자마자 칼을 감아두는 일을 중단했다.

우리는 마룻바닥에 두터운 양털 깔개를 깔아놓았다. 깔개 중간에 포대기를 깔고 칼을 눕혀두었다. 나나 아내 또는 도우미가 칼 옆에서 같이 놀았다.

칼은 최대한 밖에서 지냈다. 넓은 마당, 마당과 맞닿은 정원, 풀밭, 숲이 칼을 둘러쌌다. 곧 우리는 칼을 이리저리 데리고 다녔다. 칼을 때로는 마당이나 정원 또는 풀밭에 앉히기도 하고 때로는 해와 바람과 비를 피할 수 있는 작은 유모차에 태우고 한참 동안 돌아다녔다. 아무런 구속 없이 눕거나 앉을 수 있는 야외에서 자유롭게 움직이는 것이 아주 유익하다고 생각했다. 나는 모든 부모들에게 이 점을 강조하고 싶다. 대도시에서도 얼마든지 따라할 수 있다. 아이 외투가 없는 곳에서는 더욱 필연적이다.

아이를 이렇게 키우면 도우미도 짐을 던다. 무엇보다 아이가 가장 자연스러운 상태에서 안전하다. 밖에서 놀면 기분이 좋아지고, 소화도 잘되고, 금세 피곤해지고, 잠도 잘 온다. 다시 말해 살아가고 성장할 힘이 점점 더 많이 모인다.

마침내 칼이 일어섰다. 우리는 칼이 비틀거리며 걷는 법을 배우도록 내버려두었다. 관습에 따르면 아이가 아주 일찍 발을 내딛도록 가르치고 이리저리 끌고 다녀야 했다. 하지만 우리는 이런 측면에서 칼과 함께 기꺼이 뒤처졌다. 약한 다리가 구부러지지 않고 몸을 지탱하지 못할까 염려되었기 때문이다. 그래서 아이가 스스로 몸을 곧추세울 때까지 아주 오랫동안 이리저리 기어 다니게 두었다. 우리는 보행기를 생각조차 하지 않았다. 우리는 칼이 보행기 없이 걸을 수 있을 때까지 잠자코 기다렸다. 칼이 두터운 양털 이불 위에 넘어져도 우리는 애태우지 않고 그냥 웃으면서 크고 분명하게 말했다.

"아, 칼이 넘어졌구나! 일어나, 칼!"

칼이 조용히 일어나서 계속 걸었다. 우리는 칼이 넘어지고 부딪히고 심지어 너무 뜨겁지 않은 난로에 데는 것을 알면서도 처음에는 모른 척했다. 나중에 우리는 조용히 칼에게 알려주었다. 칼이 주의하지 않으면 자신이 붙잡은 것에 고통을 당할 수밖에 없었다. 우리는 칼이 스스로 해를 입어보고 깨달을 수 있도록 했다.

하지만 물과 불로 인해 회복할 수 없는 피해를 입지 않도록 우리는 아주 일찍이 칼에게 그 특성을 알려주었다. 하지만 조심스럽게 알려주었다. 우리는 칼이 다치지 않는 한, 물에 들어가거나 넘어지게 내버려두었다.

우리는 칼을 주의 깊게 지켜보았다. 칼이 아주 뜨거운 것을 만진 직후에도 잽싸게 식혀주지 않았다. 첫째, 우리는 일부러 얼른 식혀주지 않았다. 둘째, 우리는 칼에게 그런 종류의 불행한 예들을 보여주었다. 셋째, 우리가 물과 불로 인한 피해 사례를 들으면 칼에게 직접 알려주거나 친구들이 칼 앞에서 다시 한 번 이야기하게 했다. 넷째, 우리는 칼을 위해 이야기를 지어냈다. 이야기에는 계속 몸이 약해지는 것보다는 차라리 죽는 것이 훨씬 낫다는 내용을 담았다. 정말 그렇기도 하고. 나의 얕은 생각에 죽음은 흔하지 않지만 쇠약해지는 것은 흔하기 때문이다.

함께 노는 것이 아이를 보살피는 일이다. 이건 내 교육 방식에서 중요하기에 다음 장에서 계속 이야기하겠다. 아이가 일찍 발을 내딛고 걷기를 배우도록 독려하지 않으면 아이는 한참 만에야 걷기 시작한다. 하지만 달리기는 더욱 완전하게 배운다. 아주 강하게 성장하면, 꼭 필요한 힘이 부족하지 않다면 말이다.

Chapter 6

아이와 함께 놀아주기

—— 나는 아주 이른 시기부터 아이와 놀아주어야 한다고 확신한다. 또한 세상에서 마주치는 거의 모든 사물을 올바르게 사용하면 교육적인 장난감이 된다고도 확신한다.

어린아이와 노는 것은 단순하고 즐거워야 한다. 단순하고 즐거운 놀이를 통해 잠재적인 힘을 일깨우고 지도하고 강화시켜야 한다. 따라서 섬세하지 않고 감각적인 놀이부터 시작해야 한다. 아직 아이가 섬세한 놀이는 놓치기 일쑤이기 때문이다.

이를테면 우리는 손가락을 칼의 눈에 바짝 가져가 하나하나 또는 한꺼번에 다양한 방법으로 움직여보았다. 칼이 점차 손가락의 움직임을 포착했다. 처음에는 손가락이 저절로 움직이는 것처럼 그 움직임을 놓쳤다. 우리가 칼의 무반응을 염려하지 않고 우리 손을 칼의 손에, 또는 칼의 손을 우리 손에 가져갔더니 칼이 손가락을 잡았다. 칼은 기뻐하면서 손가락 하나를 입으로 가져가 빨았다. 그동안 우리는 크고 느리고 분명하게 “손가락!”이라고 반복해서 말해주었다. 아직 완전히 이해하지 못하는 존재가 분명하게 듣고 인지하도록 넉넉한 시간을 줬다. 몇 분이 지난 뒤에야 우리는 손가락을 칼의 입에서 빼고는 칼의 눈앞으로 가져가 “손가락 하나!”라고 반복해서 말했다. 그러고는 손가락 두 개를 칼의 눈앞으로 가져가 같은 방식으로 “손가락 두 개!”라고 말했다. 그런 식으로 계속했다.

칼이 엄지손가락을 잡으면 우리는 “엄지손가락!”이라고 말했다. 처음에 우리는 칼이 엄지손가락을 잡지 못하게 피했다. 아직 이루 말할 수 없이 근시안적인 정신을 혼란스럽게 하지 않기 위해서였다. 칼이 손가락을 모두 인지했을 때 우리는 칼에게 엄지손가락도 내어주고 그 이름을 알려주었다. 점차 집게손가락, 가운뎃손가락, 약손가락, 새끼손가락을 구분하기도 했다. 모든 것은 점차적으로 시작되었고 우리는 매번 이름을 크고 느리고 분명하게 반복해서 발음했다.

나중에 우리는 칼의 눈앞에서 손가락을 그냥 움직이거나 손가락으로 칼의 손이나 다른 물건을 들어 올리면서 앞서 언급한 대로 설명해주었다.

칼이 집중하도록 우리는 매끄러운 열쇠 두 개를 사용했다. 우리는 칼의 눈과 귀 앞에서 열쇠를 서로 부딪쳐서 소리를 내며 열쇠라고 말해주었다. 그러면 칼은 열쇠 하나를 움켜쥐고 또 하나를 입으로 가져갔다. 우리는 점점 칼 앞으로 열쇠를 가져가면서 “열쇠 하나, 열쇠 둘!”이라고 말해주었다. 열쇠의 수는 점점 늘려갔다.

누구든 알아차렸겠지만 이런 방법으로 이성적이고 신중하게 온갖 사물을 장난감으로 삼을 수 있다. 내 확신으로는 장난감을 잔뜩 사서 제대로 지도하지도 않고 아이 맘대로 놀게 내버려두기보다는 주변의 온갖 물건을 장난감으로 삼는 것이 낫다. 물론 아직 분별없는 어린아이들은 쉽게 다치고 아무것도 배우지 못한다. 시간을 반쯤 무의미하게 보내다가 곧 지루해하고, 짜증 내고, 고집을 부린다. 결국에는 장난감을 집어던지거나 내친다. 한마디로 아이들은 망가뜨리고 파괴하는 것에 익숙해진다.

파괴에 익숙해지는 것은 너무나 심각한 문제이기에 나는 진정 걱정하는 마음으로 인간이 얼마나 오랫동안 파괴하는 습관에 매달리는지, 이 습관이 얼마나 나쁜지, 이 습관에서 벗어나는 것이 얼마나 어려운지 곰곰이 생각해본다. 현명한 부모는 나를 이해할 것이다. 왜냐하면 그 부모도 분명 파괴하는 습관이 아이의 지성과 감정과 정서에 나쁜 영향을 끼친다는 것을 알기 때문이다.

아이들은 대개 지루함에 대한 불만을 장난감에 푼다. 나중에는 자기 손이 닿는 것에 화풀이를 한다. 마지막에는 주변의 동물과 사람에게까지 화풀이해서 슬픈 결과에 이를 수밖에 없다. 하나하나 들추어 논쟁하다 보면 내용이 너무 방대해질 것이다. 하지만 손가락으로 아이를 가르친 이야기는 해야 했다.

칼의 인지 수준이 어느 정도 발달하자 우리는 다음 단계로 넘어갔다. 이를테면 얼마 후에 우리는 칼에게 잎이 달린 나뭇가지를 갖다 주었다. 그리고 칼 앞에 내밀며 "나뭇가지 하나!"라고 말했다. 그런 다음 칼의 눈앞에서 잎을 하나 떼어내고 "나뭇잎 하나!"라고 말했다. 우리는 이 일을 나뭇가지와 나뭇잎으로 여러 번 번갈아 하면서 연약한 아이에게 생각할 시간을 주고는 크고 분명하게 천천히 말해주었다. "나뭇가지 하나, 나뭇잎 하나!"라고. 점점 우리는 나뭇잎을 더 많이 떼어내며 "또 나뭇잎 하나!"라고 말했다. 그러고는 칼 앞에 나뭇잎 두 개를 동시에 내밀며 말했다. "칼 봐봐! 나뭇잎 둘!" 나중에는 "나뭇잎 셋!"으로 수를 점차 늘렸다.

어느 순간 우리는 잎이 여럿 붙어 있는 나뭇가지를 가리키며 엄청나게 힘주어 "나뭇잎 하나, 나뭇잎 둘!"이라고 말했다. 우리는 얼른 "나뭇잎들 둘!"이라고 고쳐 말하고 이윽고 놀라는 표정으로 "많은 나뭇잎들!"이라고 했다.

우리는 점차 잎을 모두 떼어낸 줄기를 들고 이리저리 흔들며 "줄기!"라고 말했다.

"봐, 칼! 이건 줄기라는 거야! 이제 잎이 다 떨어져나가서 더 이상 나뭇가지가 아니라 줄기가 된 거야."

우리는 이 말을 하면서 나뭇잎과 줄기를 번갈아 보여주었다. 다음으로 나는 나뭇가지를 나무에서 베어낸 뒤 "칼, 이리 와봐. 내가 나뭇가지를 어디에서 베어냈는지 보여줄게."라고 말했다. 그러고는 나뭇가지를 칼의 팔이나 손에 갖다 대고는 나뭇가지를 베어낸 나무로 데려가 칼이 쉽게 알아보고 관찰하게 했다. 처음에는 나뭇가지, 나중에는 줄거리를 나무에 갖다 대고 늘 또렷하고 분명하게, 그리고 천천히 반복해서 말했다.

"보이지, 여기 이 나무에서 나뭇가지를 베어냈어! 나뭇가지는 나무에 이렇게 붙어 있었지."

그리고 나는 "나뭇가지를 하나 더 베어낼까?"라고 물었다. 칼은 "응!" 하고 분명히 대답했다.

이제 나는 내 주머니를 샅샅이 뒤져서 칼을 찾는 척했다.

"칼이 없어. 칼이 없으면 나무에서 나뭇가지를 베어낼 수가 없는데."

잠시 뒤에 나는 말을 이어갔다.

"기다려, 얘야! 칼을 가져올게."

나는 칼을 가져와 아들에게 보여주면서 말했다.

"여기 칼이 있어! 이제 칼로 나무에서 나뭇가지를 베어낼 수 있어."

나는 나뭇가지를 잘라 높이 치켜들고 말했다.

"이제 나뭇가지가 나무에서 베어졌어."

잠시 후 말을 이었다.

"봐, 칼! 나뭇가지가 나무에 꼭 들어맞지."

나는 그전에 자른 나뭇가지와 이번에 자른 나뭇가지를 같이 치켜들었다.

"나뭇가지 하나가 있고, 또 하나가 있네. 나뭇가지들 두 개!"

나중에 우리는 서로 크기가 다른 네 그루의 나무에 주의를 기울였다. 예를 들어 우리는 우선 자그만 나무를 가리키며 이렇게 말했다.

"이 나무는 작아!"

다음에는 어리지만 튼실한 나무를 가리키며 말했다.

"이 나무는 커!"

마지막으로 더 오래되고 튼실한 나무를 가리키며 말했다.

"이 나무는 무척 커!"

우리는 온갖 사물을 강조하고 알맞은 표현을 찾고 손짓으로 표현해서 놀이와 오락으로 칼을 즐겁게 가르쳤다. 어떤 나무는 아름다운 꽃과 맛있는 열매를 맺지만 그러지 않는 나무도 있다. 우리는 칼에게 모두 보여주었다. 떡갈나무의 경우 우리가 잘못 알았던 것이 있어서 바로잡아주기도 했다.

"아, 이게 떡갈나무야! 너한테 잘못 말한 게 있어. 떡갈나무는 열매가 없는 줄 알았는데 열매를 맺지 뭐야. 사람만 그 열매를 못 먹어. 하지만 돼지는 정말 맛있게 먹어치우지. 직접 보여줄게!"

우리는 도토리가 눈에 띄면 칼에게 주워주었다. 칼은 도토리를 가져다 돼지에게 던져주었다. 도토리가 아직 여물지 않았으면 나는 한참 칼과 도토리를 찾다가 곰곰이 생각하듯 말했다.

"아, 지금은 익은 도토리가 없겠구나! 저기 위에 나무를 보렴! 도토리가 보이지? 하지만 아직 너무 작아! 몇 주가 지나면 더 클 거야. 아마 몇 개는 떨어지겠지. 그럼 그때 주워가자."

비슷한 방법으로 칼은 우리 주변에 널린 수천 가지의 사물을 익혔다. 이를테면 장미도 마찬가지였다.

우리는 나뭇잎이 여럿 달린 나뭇가지, 몇 개의 꽃봉오리, 반쯤 핀 장미와 활짝 핀 장미를 칼 앞에 갖다놓고 말했다. "장미 덤불에서 꺾은 꽃가지야!" 그러고는 모든 것을 앞서 언급한 방법대로 가르쳤다. 가지, 잎, 줄기, 가시, 크고 작고 곧고 구부러진 꽃술, 꽃받침, 알록달록한 이파리, 크고 작고 매끄럽고 곱슬곱슬하고 휘고 접히고 희고 불그스름하고 붉고 거무스름하고 화려한 꽃, 꽃밥, 수술, 꽃가루, 아직 피지 않은 꽃봉오리(우리는 결국 꽃봉오리를 열어보았다), 반쯤 핀 꽃봉오리. 이따금 또는 마지막에 우리는 향기도 맡았다. 우리는 유심히 관찰하면서 다른 꽃이나 식물의 냄새와 비교했다. 알다시피, 가장 흔한 환경이 놀고 배우는 장이 된다. 겨우 대여섯 살인 아이에게 정신의 자양분을 주기에 더없이 크고 풍부한 장소다.

덧붙여 말하자면, 이런 방식으로 듣고 보고 느끼고 냄새 맡고 맛보는 사람은 분명 제대로 배울 것이다. 동시에 정신력도 많이 길러서 부드러운 인지와 취향뿐만 아니라 상상으로 듣고 보고 느끼는 것에도 놀라울 정도로 익숙해질 것이다.

윤리성을 기를 때에도 앞서 이야기한 방법이 중요하다. 칼이 자기 마음대로 되지 않아 불만이나 울음을 터뜨리면 우리는 "아, 이게 얼마나 특이한지 봐!"라고만 말하고 칼에게 새로운 것을 보여주었다. 그러면 칼이 재빨리 주의를 돌렸다. 칼은 불만을 잊고 다시 선량하고 명랑한 아이가 되었다. 칼이 소리를 지르고 울부짖는 일은 절대 없었다. 이른바 장난감은 거의 사주지 않았다. 장난감 값은 안 들었다. 왜냐하면 모든 것이 칼의 장난감이었으니까. 우리 집 앞에 상당히 큼직한 공터가 있었다. 60센티미터 이상의 길이로 자갈을 깔고 주변을 꽃과 덤불과 나무로 에워싸서 놀기에 좋았다.

그 공터는 늘 건조했다. 하루 종일 비가 내려도 한 시간만 지나면 물이 전부 자갈 사이로 빠져나가 공터가 다시 건조해졌다. 더 이상 축축하지 않으면 칼은 여기 정원에서 지냈고 아름다운 자연 속에서 놀았다. 처음에 칼은 사물 하나하나에 관심을 가졌다. 나중에 칼은 사물을 직접 관찰하다가 어떨 때는 우리에게 가르쳐주고 싶어서, 어떨 때는 우리에게 배우고 싶어서 우리에게 그 사물을 보여주었다.

내가 종종 다른 일이 있어서 칼과 함께하지 못할 때는 아내가 곁을 지켰다. 아내가 집안일이나 정원 일을 할 때마다 칼은 앉거나 서거나 걸으면서 늘 엄마와 함께했다. 칼과 엄마는 칼이 했던 일, 하고 있는 일, 해야 할 일에 대해 서로 이야기했다.

칼은 찬성과 반대 의견을 마음껏 말해도 되었다. 물론 겸손한 태도로. 뿐만 아니라 우리는 칼이 그래야 한다고 주장했다. 우리는 의도적으로 실수를 하거나 뭔가를 간과해버리곤 했다. 칼이 우리의 실수를 알아채지 못하면 우리는 즐거운 마음으로 칼에게 지적해주었다.

아스파라거스 자르기, 장미 꺾기, 열매 따기와 같은 사소한 일들이 칼을 교육할 기회가 되었다. 우리가 어떤 일을 하지 않은 그럴싸한 이유를 발견하면 칼이 우리에게 상기시켜주었다. 우리가 잊어버리거나 간과한 것처럼. 우리는 "아, 바보 같기는! 사실은 이런 이유로 그냥 넘어간 건데, 넌 몰랐구나?"라고 말하며 칼을 즐겁게 놀렸다.

그런 토론으로 칼이 우리보다 자신이 이해력이 깊다는 생각을 하지 못하게 했다. 왜냐하면 그런 경우가 자주 일어났기 때문이다.

모래 놀이는 가장 이른 시기에 하는 놀이 중 하나다. 나는 칼이 두 살쯤 되었을 때 모래 놀이를 위한 작은 탁자와 의자를 샀다. 그 탁자와 의자는 아직도 남아 있고 나에게는 평생 소중한 추억거리가 되어줄 것이다. 칼이 모래 놀이를 하던 의자와 탁자는 그가 대학교에서 이뤄낸 학문적 성과를 상징하게 되었다.

흔하고 하찮은 모래 놀이를 하면서도 우리는 많이 생각하고 의미를 부여했다. 아이를 교육하면서 우리는 많은 것을 목적에 맞게 구성했다. 우리가 했던 일이 해롭지 않을 것이라고 믿는다. 우리를 모방하려는 어머니들은 분명히 우리를 뛰어넘을 것이다. 훨씬 더!

이런 일은 주로 어머니들의 몫이므로 (왜냐하면 아버지들은 장시간 책상에 앉아 힘든 일을 하니까) 나는 아내에게 무엇을 어떻게 했는지 이야기해달라고 했다.

아내가 이야기해준 여행 놀이는 이따금 여행을 해본 아이들에게만 즐겁고 흥미로울 것이다. 하지만 나는 모두들 그 놀이를 진심으로 좋아하기를 바란다. 왜냐하면 나날의 환경 변화와 잦은 장소 변화만큼 영향력이 빠른 것이 없기 때문이다. 특히 예전에 살던 곳으로 되돌아온 뒤에는 완전히 다르게 보고 듣고 관찰하고 생각하고 판단하고 결론 내리게 된다.

여행을 모방한 놀이는 생생하게 다시 기억을 떠올릴수록 효과적이다. 이런 식으로 아이는 수백 가지의 사물과 사건을 기억한다. 그러지 않으면 금방 잊어버렸을 것이다. 그래서 아이는 더 예리하게 판단하고 비교하게 된다. 아주 작은 여행도 굉장히 이롭다. 특히 여행이 목적에 맞게 짜이고 반복된다면 말이다. 물론 부자들은 가난한 사람들보다 여행할 기회가 훨씬 많다.

칼은 많은 주방용품을 장난감으로 삼았다. 칼은 나와 함께 부엌에 있곤 했기에 내가 음식을 준비하는 모습을 자주 보았다. 나는 늘 칼에게 죄다 설명했다. 흠뻑 빠진 칼은 나를 모방하기 시작했다. 나는 이 놀이를 이용해 칼이 많은 것을 배우도록 돕고 이끌고 가르쳤다. 우선 우리는 칼을 위해 크고 작은 그릇을 샀다. 그러고는 칼이 그 그릇들에 모래로 만든 온갖 것을 보관하게 했다. 칼은 그릇들에 모래를 담아 밀가루, 쌀, 곡물, 소금, 우유라고 불렀다.

우리는 역할을 나누어 놀기도 했다. 이때 칼은 엄마 역할을 할지 아니면 요리사 역할을 할지 선택을 했다. 칼이 엄마 역할을 맡으면 무슨 음식을 만들지 정해야 했다. 그다음 내가 이것저것 물어서 칼이 제대로 대답하지 못하면 칼은 권위를 잃고 요리사가 되어야 했다. 그러면 내가 명령을 하면서 음식에 대해 이것저것 가르쳤다. 예를 들어 칼에게 정원에 가서 수프용 채소를 가져오라고 시키는 것이다. 칼이 엉뚱한 채소를 가져온다면 요리사 역할도 하지 못하게 했다. 이때 요리사 역할을 하지 못하게 하는 이유를 설명해주었다.

칼은 곧바로 요리사가 되지 못하고 도우미 역할에 만족해야 했다.

칼이 살아가면서 여러 상황에 직면했을 경우 올바른 개념을 갖도록 우리는 연극도 했다. 이를테면 칼이 엄마가 되고 내가 아이가 되었다. 칼이 명령을 했다. 나는 이따금 칼의 명령을 잘못 따르고 아예 불복종하기도 했다. 칼이 그걸 알아채지 못하면 권위를 상실했다. 하지만 칼은 내가 명령에 불복종하는 것을 거의 놓치지 않고 알아챘다. 칼은 오히려 나에게 진지하거나 상냥하게 항의했다. 나는 더 잘하겠다는 약속을 하고 용서를 구하지만 얼마 뒤에 또다시 금지된 일을 했다. 그러면 칼이 알아채고는 우스꽝스럽게 진지한 표정을 지어서 나를 아주 흐뭇하게 했다. 칼은 엄격하게 협박하면서 "난 알고 있어. 넌 어쩔 수가 없구나. 나는 너를 더 이상 사랑할 수 없어. 난 정말 가엾은 엄마야."라고 말하곤 했다.

이따금 칼이 선생님이 되었고 내가 학생이 되었다. 의도적으로 나는 칼과 똑같은 실수를 저지르고 집중을 하지 않았다. 칼은 거의 빠짐없이 이를 알아채고 나를 꾸짖었다. 따라서 칼은 자기 실수를 가장 뼈저리게 느끼고 실수를 하지 않기 위해 주의를 기울였다. 역할 놀이를 통해 나는 칼의 나쁜 버릇을 가장 확실하게 고쳐주었다.

칼의 지각이 발달하자 아버지 역할을 맡겼다. 칼은 아내 역할을 맡은 나와 함께 온갖 사물에 대해 대화했다. 우리의 아들과 아들의 교육에 대해 이야기할 때면 칼이 놀라운 의견을 내놓곤 했다. 나는 가끔 칼에게 여전히 실수가 많다는 이야기를 하고 실수를 하나하나 들추곤 했다. 그러면 칼이 나를 위로하면서 "걱정하지 마! 칼은 훌륭한 사람이 될 거야!"라고 결론지었다.

종종 나는 칼에게 충고를 해달라고 부탁했다. 아이의 이런저런 나쁜 버릇을 고치려면 어떻게 해야 하는지 물었던 것이다. 칼은 온갖 방법을 제안했다. 내가 온갖 방법을 써보았다고 대답하면 칼은 이렇게 말했다. "다 소용없다면 아이를 때려야지."

우리는 여행 놀이도 했다. 칼은 어디로 여행할지, 여행 중에 무엇을 보고 누구를 방문할지 말해야 했다. 동시에 칼은 경유할 장소도 말했다. 겨울에는 방에서, 여름에는 정원에서 특별한 사물을 이용해 여행 놀이를 했다. 예를 들어 칼이 마그데부르크로 가고 싶으면 서랍장이 할레, 탁자가 쾬네른, 의자가 베른부르크, 소파가 마그데부르크가 되었다. 나는 창가 의자에 앉아 마그데부르크 근처 클라인-오터슬레벤에 사는 글라우비츠 목사 역할을 했다.

우선 칼은 여행 준비를 했다. 이를테면 칼은 필요한 것을 모두 자기가 가져가야 하는지 물었다. 로하우로 지정된 난로에서부터 여행을 떠났다. 전에 여행했던 기억을 떠올려서 마른 길이냐 진창길이냐에 따라 걷기도 하고 흔들 목마를 타기도 했다.

칼이 도중에 여행 친구를 하나 또는 여럿 만나면 전에 실제로 그랬듯이 자기 차에 태워주었다.

칼이 도보나 말이나 마차로 다음 정거장까지 도착한 시간은 장소에 따라, 거리에 따라, 길의 상태에 따라, 도중에 일이 생기거나 다른 곳에 잠시 머무르는가에 따라 매번 달라졌다. 물론 칼은 내가 너무 일찍 또는 너무 늦게 오면 지적했다. 내가 지적할 때는 칼이 반박했다.

할레에서 칼은 어느 교수를 만나 대화를 나누었고 쾬네른으로 가는 길에는 어딘가에 들러 버터 빵과 물을 주문하고 순무 조각을 화폐로 지불했다. 그러고는 쾬네른에 도착해 하룻밤 묵었다.

칼은 다음 날 베른부르크에서 점심을 먹고 거기 사는 몇 가족을 방문했다. 그리고 어쩌다 기회가 닿아 마그데부르크로 갔다. 이윽고 칼은 클라인-오터슬레벤으로 가서 글라우비츠 역을 맡은 나에게 여행 중에 겪은 흥미로운 일과 가볼 만한 곳에 대해 이야기했다. 그런 여행은 다각도에서 이루어졌다. 칼에게 진기한 이야깃거리가 없으면 내가 웃으면서 말했다.

"페터를 온 세계에 두루 보내라. 하지만 페터가 기억할 게 없다면 무은 소용이 있을까?"

이제 내가 여행자가 되어 우리가 함께 방문했던 도시에서 겪은 수없이 특별한 일에 대해 이야기해주었다. 우리는 놀이를 다양하게 변화시켰다.

틈틈이 우리 둘은 책상 앞에 앉았다. 내가 칠판을 가져왔다. 내가 칠판에 무엇을 그릴지 칼에게 물어보았다. 우선 칼은 "남자!"라고 외쳤다. "그다음에는?" 내가 물었더니 칼은 "집!"이라고 대답했다. 그다음에는 고양이, 나무, 개, 아이, 책상이었다. 칼이 원하는 대로 모든 것을 그렸더니 칼은 남자와 아이 그리고 개의 이름이 무엇인지, 그들이 무얼 하는지 알고 싶어 했다. 나는 칼에게 이런 이야기를 꾸며주었다. (보통은 칼이 들은 이야기를 책상에 앉아 있는 내게 다시 이야기해주었다. 그러고 나서 칼은 이런저런 궁금한 점을 말했다. 특히 사람, 무엇보다 아이의 윤리적이고 정신적인 행동에 대해 의견을 말하곤 했다. 우리는 매번 반박하거나 동의했다.)

"얘야, 그 남자의 이름은 페터 슐츠야. 그 남자는 자기 집을 지었어. 예전에 그 남자는 아주 가난했지. 하지만 열심히 일하고 검소하게 살았어. 그래서 돈을 많이 모아 집을 지을 수 있었단다. 또 정말 선하고 부지런한 여자와 결혼해서 얼마 뒤에 아들을 낳았어. 그 아들의 이름은 아우구스트였지. 아내는 지금 부엌에서 점심을 준비했어. 굴뚝에서 아직도 연기가 나고 있지? 잠시 후 아내가 일을 마친 남편을 불러다 나무 밑에서 놀고 있는 아우구스트를 데려오게 했어. 온 가족이 함께 식사를 하려고. 남편더러 개와 고양이도 데려오라고 했어. 다 같이 점심을 먹으려고. 좋은 남편은 시키는 대로 한단다. 날씨가 아주 좋아서 남편은 아내에게 밖에서 점심을 먹자고 간청하고 식탁을 밖으로 가져갔지."

보다시피 가난한 사람들도 얼마든지 이 방법을 다양하게 변화시키고 개선해서 활용할 수 있다. 아이들을 즐겁게 가르치려면 말이다.

나무 블록을 쌓는 놀이도 유익하다. 제대로 지도하면 아이들은 나무 블록 놀이를 통해 즐겁게 놀고 많이 배울 수 있다. 그런 놀이는 많다. 특히 목조 건물이나 석조 건물을 모방하는 놀이들도 있다. 오두막, 헛간, 마구간 등은 여러 가지 방법으로 구성할 수 있다. 그런 건물들은 거의 목조 건물만 보이는 시골에서 특히 유용할 것이다. 아이가 더 쉽게 모방할 수 있을 테니까.

하지만 대개는 똑같은 집을 지은 다음 부분부분을 다양하게 꾸민다. 곰곰이 생각하고 찾아내고 개선하도록 잘 지도받은 아이는 그런 놀이에 싫증날 것이다. 하지만 그런 놀이는 유용하다. 그런 놀이는 아이에게 목조 건물의 구조에 대해 완전히 구체적인 개념을 심어주니까.

형편이 넉넉해서 그런 장난감을 많이 살 수 있다면 블록에 표시된 숫자를 지우는 것이 좋다. 물론 아이의 동의를 받고. 또한 수문, 제염소, 증기기관과 같이 아이가 본 적이 있는 신기한 사물뿐만 아니라 풍차와 물레방아의 모형도 살 수 있다. 전부 따로따로 가져와서 다시 조립해야 한다. 이때도 조립 순서를 표시한 기호를 최대한 빨리 지우는 것이 좋다.

잘못 조립해서 뭔가 망가질 수도 있다. 그러면 아버지와 아이가 고치면 된다. 시간이 흐르면 아이 혼자 고칠 것이다. 그렇게 아이는 자신도 모르게 스스로 해내는 법을 배울 뿐만 아니라 기술적인 일에도 익숙해진다.

나무 블록을 쌓아 올리는 놀이는 아주 중요하다. 내가 샀던 블록 중에 사방 2.5센티미터 정도 되는 정방형 나무 블록이 있었다. 다른 블록 중에는 길이가 5센티미터, 7.6센티미터, 10센티미터, 30.5센티미터에 이르는 것도 있었다. 두께는 똑같이 2.5센티미터였다. 고대 건물처럼 지붕을 올리도록 약 3밀리미터 두께에 길이가 15센티미터, 20센티미터, 30.5센티미터인 블록들도 있었다.

그 외에 쐐기돌 모양과 비스듬한 마름돌 모양의 나무 블록도 있어서 다리를 세우거나 통로를 만들 수 있었다. 흉벽을 지을 나무 블록도 넉넉했다.

이 나무 블록으로 우리는 전부 지었다. 처음에 칼은 나와 함께 또는 엄마와 함께 지었다. 나중에는 칼 혼자서 지었다. 칼은 예전에 보았던 크고 작은 집, 궁전, 부속 건축물, 헛간, 마구간, 다리, 교회, 탑, 풀밭, 별장의 울타리 등을 지었다.

건물마다 사람과 가축 그리고 가재도구를 갖추었다. 헛간에는 온갖 곡물과 짚이 들어 있고, 마구간 바닥에는 건초가 깔렸으며, 우리에는 장작이 들어찼고, 지하실과 저장실에는 잡동사니들이 가득했다.

건초와 짚은 충분했다. 저장실에 넣을 것들은 정원에서 구하거나 엄마가 선물했다. 또 칼이 모래, 흙, 작은 돌 같은 것을 가져왔다. 사람과 동물은 처음에는 엄마가 순무를 잘라서 만들어주었고 나중에는 칼이 노란 순무로 직접 만들었다. 가재도구는 보통 종이로 만들었다.

집주인은 칼이고 그 외 아내와 아이들, 하인들이 있었다. 더 나아가 말, 소, 양, 돼지, 닭, 거위, 오리 등이 있었는데, 일부는 우리가 마련해주었고 일부는 칼이 직접 구했다. 칼은 주의 깊게 모든 것을 조망하고 무엇이 부족한지 곰곰이 생각했다. 순무 화폐를 다 썼을 경우에는 더 이상 아무것도 사지 못하고 참아야 했다.

얼마나 다양하게 놀이를 할 수 있는지 다들 알았을 것이다. 나는 이런 놀이를 통해 부모와 자녀가 놓칠 수 없는 가장 유익한 장이 열린다는 말을 하고 싶다. 제대로 교육받은 아이는 날마다 장시간에 걸쳐서 블록으로 건물들을 지을 것이다. 왜냐하면 언제나 심사숙고하고 늘 새로운 것을 생각해내면서 다양한 방법으로 스스로 익히기 때문이다.

한번은 칼이 무너진 건축물을 찾아내 두세 번까지 나무 블록으로 완성했다. 칼이 얼마나 기뻐했는지 모른다. 게다가 그 건축물은 더욱 커졌다. 우리는 당연히 그에 걸맞게 칭찬해주었다.

장난감이 거의 없어도, 시골의 겨울이 아무리 길어도 칼은 심심하지 않았다. 칼은 나무 블록 놀이에 싫증내지 않았다. 반대로 늘 아주 즐겁고 행복해했다.

아이들 대부분은 장난감이 너무 많아서 모든 장난감에 무관심해진다. 결국 아이들은 어떤 장난감도 거들떠보지 않게 된다. 왜냐하면 장난감에 싫증날 대로 났으니까. 아이들은 항상 새로운 장난감, 값비싼 장난감을 사달라고 조른다. 다른 아이들이 그 장난감으로 노는 것을 보고는 그저 소유하기 위해 사달라고 하는 것이다. 적합한 사용, 이로움, 기쁨은 끼어들 여지가 없다.

자신이 가지고 있는 장난감에 무관심해지고 자신이 가지고 있지 않은 장난감에 욕심을 내는 것은 미래의 삶에 가장 해롭다. 시간이 흐르면서 크리스마스 선물에 돈이 많이 들어가지만 선물은 금세 쓸모없어진다. 우리는 작지만 유용한 선물들을 다양하게 찾아서 칼에게 주었고 칼은 엄청나게 기뻐했다.

날씨가 괜찮으면 칼은 앞서 말한 대로 밖에서 지냈다. 겨울날, 특히 맑고 추운 겨울날에 칼은 밖에서 놀았다. 칼은 걷고, 달리고, 점프하고, 한쪽 다리로 껑충거리고, 막대나 수레나 썰매를 타는 등 다양하게 놀았다.

날씨가 더욱 쾌적해지고 땅이 더는 축축하지 않으면 정원이 집이었다. 내내 칼은 잡초를 뽑고, 아스파라거스를 찾아내고, 다양한 잎과 꽃을 서로 비교하고, 식물이 틔우는 싹과 꽃을 들여다보며 시간을 보냈다. 우리에게 이야기해주려고 말이다. 기고 달리고 뛰고 날아다니는 수많은 곤충을 관찰하여 나중에 우리에게 이야기해주려고 말이다.

칼은 우리가 미처 몰랐던 것을 발견하게 되면 환호성을 올리며 우리에게 가져왔다. 그러고는 그게 무엇이고 어디에 쓰이는지 가르쳐달라고 졸랐다. 칼은 새를 특별히 좋아했다. 칼에겐 새 둥지가 사람의 집처럼 성스러웠다. 새끼 새는 아이와 같았다. 칼은 새가 둥지를 얼마나 정교하고 유용하게 지었는지, 알을 얼마나 분주하게 부화시키는지, 새끼를 얼마나 조심스럽게 돌보는지를 지켜본다. 그리고 새끼 새들이 성장하고, 날개를 파닥거리고, 어미 새를 따라다니다가 마침내 대담하고 자유롭게 혼자 세상으로 날아가는 모습을 지켜보느라 지루할 틈이 없었다. 이 모든 것이 다양한 배움의 소재가 되었다.

마당과 정원, 풀밭과 들판이 없었다면 우리가 어떻게 그렇게 경건하게 칼을 교육할 수 있었을까? 모두 우리가 아니라 신이 하신 일이다. 햇빛, 바람, 비, 이슬, 안개를 통해 번창시킨다는 생각은 칼과 함께 자라나서 신, 창조주, 아버지 등 모든 존재의 부양자를 늘 생각하며 푸릇푸릇 싹이 트고 꽃이 피는 모습을 보게 했다.

우리는 "자라고 피어나고 열매를 맺는다."라는 문장을 일부러 "신이 자라게 하고 피어나게 하고 열매를 맺게 한다."로 바꾸어 말하곤 했다.

따라서 칼은 정원, 아니 탁 트인 바깥에 있을 때면 자신이 지상에 구현된 신의 왕국에 있다고 느꼈다. 전능, 지혜, 영원성이 세상을 지배하고 날마다 사람과 동물에게 새롭고 지복한 경이가 일어난다. 칼이 어떻게 이곳, 다시 말해 하나님이 보는 곳에서 나쁜 것을 생각하고 말하고 행할 수 있었겠는가?

"잘못 지도받은 적이 없는 아이는 내가 앞서 말한 환경에서 늘 신을 경외하고 사랑하고 마침내 복종하고 감사하며 부지런해질 수밖에 없다."라고 나는 자신 있게 주장했다.

Chapter 7

또래 친구들이 많아야 좋을까

—— 아내는 칼에게 놀이 친구가 있어야 한다고 계속 말했다. 그러지 않으면 칼이 어린 시절을 즐기지 못하고 지루해하다가 결국 우울함을 느끼거나 심지어 고집쟁이가 되리라는 것이었다. 결국 나는 굴복했다. 아내가 나서서 칼보다 나이가 조금 많은 여자아이 둘을 놀이 친구로 골랐다. 당시 그들은 동네에서 가장 얌전한 아이들이었다. 여자아이들은 칼과 노래하고 춤추며 놀았다. 당연히 칼은 무척 즐거워했다. 그런데 전에 고집을 피운 적이 없고 거짓말을 절대 하지 않던 아이가 재빠르게 두 가지를 모두 배웠다. 또한 거친 표현에 길들여지고 제멋대로 행동하고 사람들을 부리려고 했다. 여자아이들은 작은 이익을 위해 기꺼이 우리 집에 놀러 왔기 때문에 칼에게 맞서지 않았다.

칼이 제멋대로 굴면 여자아이들이 우리에게 알려주었으면 좋겠다는 우리의 바람은 아무 소용이 없었다. 여자아이들은 그동안 살아온 시간, 사회적 지위, 교육, 그리고 여기에 필연적으로 연결된 편견 탓에 귀머거리나 다름없었다.

결국 칼이 폭력적으로 행동하는 바람에 여자아이들은 발길을 끊었고 우리는 여자아이들과 다시 거리를 두게 했다.

부모가 늘 아이들 곁에 붙어 있어도 이런 안타까운 일이 일어날 수 있다. 우리가 조심하지 않았다면 또 무슨 일이 있었을지 모른다.

이런 과정을 겪으면서 우리는 어떤 조건에서도 칼의 놀이 친구를 집으로 부르지 말아야겠다고 결심했다. 친구를 부르지 않음으로써 우리 아들은 물론이고 우리 부부도 더 행복해졌다!

아이들이 또래 친구들 없이는 즐거울 수 없다는 생각은 어리석고도 유해한 망상이다.

아이들이 아이들을 좋아하는 것은 당연하다. 아이들 틈에서는 생각, 경향, 말, 행동을 거의 조심할 필요가 없으니까. 늘 감독을 당하지 않고 눈에 띄지도 않으니까. 하지만 어른들도 아이들과 함께 있으면 아이일 뿐이다. 그래서 명랑한 농담을 같이하고 이따금 아이를 높여주고 아이에게 권위를 부여한다. 아이들은 어른이나 부모와 놀아도 아주 행복해할 것이다. 게다가 나쁜 버릇은 배우지 않고 해를 입지도 않는다.

교육받지 못한 부모의 아이들을 교육받은 부모의 아이들과 아무 준비 없이 어울리게 하는 것이 가장 나쁘다. 칼과 연관하여 내가 말했던 온갖 단점을 다른 가족에게서 늘 발견하곤 했다. 종종 훨씬 나쁜 문제를 발견했다. 나는 자신의 자녀를 다른 부류의 아이들과 어울리게 했던 것을 후회하는 부모들을 수없이 보았다. 훌륭하게 교육받은 아이의 덕성은 형편없이 교육받은 아이들에게 잘 전해지지 않는 반면 형편없이 교육받은 아이들의 약점은 훌륭하게 교육받은 아이들을 쉽게 파고든다. 왜냐하면 덕성은 처음에는 노력과 극기를 요구하기 때문이다. 노력과 극기는 우리의 성향과 욕구를 거스르니까. 약점은 빠르게 받아들여진다. 우리의 감각에는 자연스레 그런 경향이 있다.

제도권 시설이나 공립학교에 아이를 보내는 것이 가장 위험하다. 학교에 대해서는 이미 30년 이상 정해진 원칙이 있다. 즉 분별 있는 아버지는 웬만하면 자녀를 하층민 아이들이 있는 학급으로 보내지 않는다. 하층민 아이의 절반은 상류층 아이보다 훨씬 형편없게 교육받았기 때문이다.

학교가 윤리적인 교육기관이 아닌 동안은, 학생들이 첫 순간부터 마지막 순간까지 선생님의 끊임없는 감독을 받는 동안은, 수많은 선생님들이 각자의 전문 영역에서 최대한 바람직하게 수업을 이끌지 못하는 동안은, 노련한 아버지는 희생을 감수하면서까지 아이와 함께 학교에 가고 싶어 할 것이다.

학교는 아주 소수의 아이들만 받아야 한다. 이를테면 한 명의 선생님이 두세 명의 아이만 맡으면 더욱 지도를 잘한다. 학교에서 아이들을 많이 받으려면 선생님 한 명이 아이 두세 명을 맡을 정도로 선생님이 많아야 한다.

앞서 말한 대로 가정이나 학교 어디에서도 교육이 제대로 이루어지지 않는다면 세상의 온갖 오류가 모두에게 공유될 것이고 금세 그 오류가 덕성보다 웃자라서 덕성을 질식시킬 것이다.

다른 아이들과 어울리지 않는 아이는 성격이 원만하지 않고 사교성도 없다는 말만큼 멍청한 말도 없다. 나는 그와 정반대의 경우를 무수히 보았다.

칼과 유사한 방식으로 자란 모든 아이들이 양보를 잘했다. 양보가 어렵지 않았다. 다른 아이들은 다양한 방법으로 떼를 써서 자신이 원하는 것을 놀이 친구들로부터 빼앗았다. 그 결과 이런 떼쓰기에 길들여졌다. 따라서 약삭빠름, 속임수, 위장, 거짓말, 말다툼, 고집, 증오, 질투, 자만, 모욕, 싸움, 원망, 비방 등이 생긴다. 아이가 부모와, 또는 다른 분별 있는 사람들과 놀면 이 모든 것에서 완전히 자유로워진다.

물론 다른 아이들과 어울릴 기회를 완전히 배제하지는 않는다. 이따금! 특히 감독을 받으면서! 가끔 다른 아이들과 노는 것은 해가 되지 않는다. 적어도 신중하다면 말이다. 크고 작은 여행에서 칼은 다른 아이들과 수없이 어울리곤 했다.

칼은 아이들과 잘 어울려 놀았다. 아이들은 칼을 아주 좋아했고 매번 울면서 칼과 헤어졌다. 고요, 명랑, 질서, 심사숙고에 익숙한 칼은 놀면서도 다른 아이들에게서 이런 덕성을 관찰했다. 따라서 다른 아이들과 쉽사리 싸우지 않았다. 오히려 오해를 없애서 싸움을 막고, 합리적인 주장을 하고, 고통을 떠안음으로써 싸움을 끝냈다.

칼은 집에서 누구와도 싸우지 않기에 싸움을 몹시 불쾌하고 꼴사나운 것으로 생각했다. 곧 칼은 싸움이 놀이를 망치는 것을 느꼈다. 칼은 날마다 반복되는 싸움으로 자극받지 않아서 쉽게 흥분하지 않았다. 곧 잘 싸우는 아이들처럼 쉽게 격분하거나 흥분하지 않았다. 칼은 대개 아이들의 놀이를 끝장내는 불쾌함과 화를 몰랐다. 칼은 다른 아이들이 격앙되었을 때 오히려 침착했다. 아무리 말썽꾸러기라도 칼이 욕하고 때리도록 자극하지 못했다.

남자아이든 여자아이든 칼과 친해진 거의 모든 아이들이 칼을 좋아했다. 칼은 아주 원만한 데다 다른 아이들과 한결같이 잘 어울렸다. 나는 칼이 나이가 들어서도 친구와 싸우거나 사이가 나빠졌다는 이야기를 듣지 못했다. 영원히 탐색하는 과정에서 둘이 배운 주제에 대해 격렬한 언쟁이 벌어질 가능성이 흔한데도 말이다. 토론 상대가 대개 칼보다 훨씬 나이가 많아서 분명 언쟁이 일어났을 텐데도 말이다.

하지만 대개 칼은 더 나은 사람들의 편만 들었고 더 나은 사람들은 칼을 정확하게 알았다. 따라서 그들은 오늘날에도 칼을 진심으로 존경하고 사랑한다. 나는 아름다운 관계에 감동해서 기쁨의 눈물을 흘리곤 했다.

소중한 젊은이들이 고맙다. 다정하게 칼 곁에 머물러줘서 고맙다. 그 젊은이들은 칼의 존경과 나의 존경을 받아 마땅하다.

아이들이 다른 아이들과 놀아야만 기쁘고 즐거울 수 있다는 것은 해로운 편견에 불과하다. 또래 아이와 어울려야 한다는 이유로 아이를 집안 도우미한테 맡겨야 한다고 말할 수도 있다. 아이가 도우미와 같이 있는 것을 좋아하니까. 하지만 절박한 일이 아니라면 누가 무의미하게 도우미에게 가겠는가!

Chapter 8

오래 자는 것은 해롭다?

—— 정말 그렇다면 내 아들이 잠에 곯아떨어지는 것은 정말 멍청한 짓임에 틀림없을 것이다. 그토록 많이 자는 아이는 드물 테니까. 분별 있는 사람조차 수천 번씩 경고하고 불행을 예견해도 나는 자연의 암시를 따랐고 아내가 나를 도왔다.

조금 전까지 아주 따스한 엄마 품에 있던 존재를 우리 부부도 처음에는 아주 따뜻하게 대했다. 하지만 날이 갈수록 따뜻한 태도를 줄여갔다. 몇 주 뒤에는 방의 온기에 익숙해지게 했다. 생후 1년이 지나가자 침대에 말총으로 만든 아주 좋은 매트리스를 갖추었다. 늘 깨끗한 침대 커버를 씌워주고 말총으로 만든 얇은 쿠션과 흰 커버를 씌운 베개도 갖추었다. 가벼운 이불을 덮어주고 이불 커버는 자주 갈아주었다.

우리는 한 번도 칼을 흔들어댄 적이 없었다. 아이를 팔에 안고 적당히 흔들면서 위아래로 올렸다 내렸다 하는 것은 아이를 즐겁게 하고 해가 되지 않는다. 그래서 우리는 칼을 살살 흔들어주기는 했다.

반면 주로 아이를 흔드는 동안 발생하는 소리와 격렬한 움직임은 적어도 아이 뇌에, 이성에 이롭지 않을 가능성이 있다. 성인에게도 얼마간 해로울지 모른다. 어린아이의 경우 아직 모든 것이 약하고 흐물흐물해서 쉽사리 서로 해롭게 혼합될 수도 있다. 도우미가 아이를 흔드는 것, 특히 아이들이 심하게 요람에 부딪히는 것, 이불에 겹겹이 싸이지 않은 무기력한 아이가 아래로 떨어지는 것에 대해서는 말하지 않겠다. 그럼 그 아이는 멍청이나 불구가 될 테니까.

우리는 이 모든 것을 두려워할 필요가 없었다. 아이의 침대가 튼튼하고 사방에 상당히 높은 난간이 있었기 때문이다. 아이는 난간을 통해 안전하게 밖을 내다보고 사방을 둘러볼 수 있었다. 침대가 조금만 밀쳐져도 방 구석구석에 밀착되게 네 발에 놋쇠 바퀴가 달려 있었다. 그래서 우리는 뭔가를 먹거나 책상에서 뭔가를 하거나 창가 또는 난롯가에서 일을 해도 괜찮았다. 우리 눈은 거의 항상 사랑스러운 존재에게 머물렀다. 우리는 좀 더 편리하게 바닥에 높은 매트리스를 깔고 앉아서 아이를 쉽게 침대에 눕히거나 침대 밖으로 꺼내곤 했다. 매트리스 밑에 서랍이 있어서 깨끗하게 말린 빨래나 옷가지를 넣어두었다. 서랍부터 바닥까지 발 하나보다 높은 공간이 있어서 공기가 늘 드나들게 했다.

칼이 피곤하지 않은 한, 우리는 아이를 데리고 다녔다. 가능하면 밖으로 데리고 다니거나 침대에 함께 누워서 놀이를 하며 대화를 나눴다. 나중에 칼은 깔개나 침대에도 앉아 있었다.

칼은 피곤해지면 잤다. 흔들어 재우지 않아도 금세 잠들었다. 칼은 걸음마를 배우고 나서는 나무판자 위나 돌 위에서도 아주 단잠을 자곤 했다.

칼은 죽은 사람처럼 잠들었다. 단지 호흡과 홍조와 밝은 표정만이 살아 있었다. 우리는 칼을 다른 곳으로 옮겨 눕혔다. 옷을 갈아입힐 수도 있었다. 그래도 칼은 깨지 않고 꽤 오래 잤다.

칼이 드디어 잠에서 깨면 우리에게 다정하게 웃었다. "아이들이 잠에서 깨면 운다."라는 말은 칼에게 한 번도 적용되지 않았다. 그런 경우가 있다면 대부분 과실이 있거나 아이의 영양 섭취가 과도한 탓이다. 아이가 해로운 것을 먹거나 지나치게 과식을 하면 잠에서 깨어날 때 불쾌함에 울음을 터뜨릴 것이다.

더러운 침대나 공기가 깨끗하지 않은 구석에서 자는 사람은 분명 잠에서 깼을 때 기분이 좋지 않을 것이다. 하지만 이전에는 거의 모든 아이들이 그런 침대나 구석에서 자야 했다.

나는 칼이 몸을 세우려고 애쓰는 모습을 보자마자 더 이상 예전 침대에서 재우지 않고 매트리스를 마룻바닥에 깔았다. 우리는 침대에서 난간을 빼내 칼 주변을 에워쌌다. 부모들이 알게 모르게 많은 아이들에게 일어나는 불행한 일, 부모들을 허둥지둥 뛰쳐나오게 하는 일은 칼의 경우 상상도 하지 못했다.

“그런데 칼은 얼마나 오래 잤습니까?”라고 사람들이 묻곤 했다. 나는 사실대로 대답하면서 웃을 수밖에 없었다. 처음에는 다른 또래들처럼 자다가 점점 더 많이 잤다고 대답했다. 칼은 여덟 살 때부터 열두 살이 될 때까지 꼬박 아주 오래 잠을 자곤 해서 사람들을 놀라게 했다. 그렇게 자는 것에 대해 훌륭한 명의들만 좋다고 했고 그저 유식한 의사들은 깜짝 놀라기만 했다.

내 이야기가 특이해서인지 근시안들은 화들짝 놀랐다. 하지만 그건 놀랄 일이 아니라 자연적인 본성에 근거한 일이다. 이성적인 사람들은 나무 앞에서 숲을 제대로 본다.

칼이 태어났을 당시 우리는 칼에게 거의 영향을 끼칠 수 없었다. 그래서 칼은 또래 아이들처럼 잤다. 칼은 앞서 말한 우리의 놀이를 인지하자마자 함께 참여했다. 칼은 놀이에 열중했고 자극을 받았다. 덕분에 피가 힘차게 돌고 육체적, 정신적 힘도 크게 활동했다. 그래서 우리는 칼이 오래 깨어 있는 것이 좋겠다 싶으면 오래 깨워두었다. 그리고 그런 날에는 칼이 방해받지 않고 푹 자게 했다.

우리는 칼이 잠잘 때마다 어떤 질서에 익숙해지게 했다. 그래서 재우기가 더욱 수월해졌다. 우리는 칼이 잠들 때까지 활기차게 있다가 편안하고 쾌적하게 잠들게 하는 수단을 알아냈다.

어머니들은 보통 이런 불평을 한다.

"아, 아이 때문에 밤잠을 설쳐요! 그러니 제가 기운이 빠지죠. 제가 몇 시간 동안 깨어 있어야 해요. 하룻밤에 한 번 이상요. 그러면 전 다음 날 아침에 오히려 전날 밤보다 더 피곤하죠. 낮에는 멍하고요. 일을 할 수가 없어요. 기분이 울적해서 식욕도 없으니 아이에게 영양가 있는 음식을 해줄 수가 없어요."

하지만 내 아내는 그런 것을 조금도 느끼지 않았다. 우리가 바라는 대로 칼이 규칙적으로 잤기 때문이다. 우리는 형편대로 먹고 마시고 일하고 외출하고 잠잘 수 있었다. 칼은 우리를 전혀 방해하지 않았다.

긴 겨울밤에는 칼의 여러 가지 욕구를 맞춰주어야 했다. 칼은 자연스레 깨서 몸을 움직이고 다양한 소리를 냈다. 칼을 억압하는 다양한 불만을 다양한 방식으로 알려주는 듯했다. 아마도 거의 모든 아이들이 그럴 것이다.

어머니의 귀는 무척 밝다. 칼의 침대는 아내 바로 곁에 있었다. 그래서 아내는 칼이 깬 것을 재빨리 알아채고 칼에게 필요한 것을 이내 알아냈다. 아내는 바로 칼의 욕구를 채워주었고 칼은 몇 분 뒤에 다시 푹 잤다.

덕분에 아내도 밤에 충분히 자고 아침에 상쾌하게 깨어났다. 낮에는 왕성하게 먹어서 아이에게 건강하고 충분한 영양분을 섭취시켰다.

아이의 육체적·정신적 활동이 증가하면서 아이는 방 안의 양털 깔개

위에서 이리저리 기어 다니고 걷게 되었다. 우리는 아이와 제대로 대화할 수 있게 되었다. 시간이 흐르면서 육체와 정신의 다양한 힘이 작용하자 아이는 그에 비례해서 더 오래 잤다.

교사와 성직자는 오래 자는 것을 가엾게 여겼지만 나는 신에게 깊이 감사했다.

그런 상태가 아주 오래 지속되었다. 우리가 기대한 기쁜 결과가 나타났다. 아주 심한 긴장도 아이에게 해롭지 않았고 수면으로 회복되었다.

아이가 열 살이 되자 우리는 어느 도시에서 소심하지만 박식한 의사를 만나게 되었다. 저녁이었다. 우리는 칼과 의미심장한 여행을 했다. 의사는 우리에게 아이와 함께 가볼 만한 도시를 권했고 우리는 함께 그곳으로 가게 되었다. 도중에 의사가 칼과 이야기를 나눴다. 우리가 깊은 의학적인 이야기까지 나누게 되자 칼은 잠이 들었다.

우리는 곧 목적지에 도착했다. 우리는 잠든 칼을 차에서 안고 나와 옷을 벗기고 침대에 눕혔다. 칼이 다음 날 아침 늦게까지 푹 자자 의사가 크게 걱정하며 관찰하더니 놀라움을 표현했다.

나는 없는 이야기를 꾸며내는 사람이 아니다. 칼은 정말 13시간쯤 잤다. 반면 깨어 있는 동안에는 평소처럼 명랑하고 힘차고 배고파하고 목말라했다.

"저는 회의론자이자 불운을 알리는 예언자입니다."

의사가 농담조로 말했다. 그러고는 덧붙였다.

"어제 제 주장을 들으셨죠? 하지만 직접 이런 모습을 보니 생각이 바뀌었습니다. 염려할 필요가 없겠습니다."

나는 내 아들처럼 낮에는 활기와 생기가 넘치고 밤에는 죽은 듯이 자는 사람을 보지 못했다.

칼은 그렇게 자랐다. 나의 직접적인 영향권에서 벗어날 때까지 말이다. 성장한 칼은 그렇게 오래 자는 것을 창피하게 여기기 시작했다. 하지만 칼의 생각은 잘못이었다. 누가 오래 깨어 있고 더 많이 활동하는지, 칼은 친구들과 비교되었다. 물론 그 친구들은 제대로 알지 못한 채 칼을 조롱했다. 그래서 칼은 억지로 잠을 줄였다. 그러자 일하는 속도도 활기도 줄어들면서 오래 잘 때보다 성과가 나빠졌다.

그래서 나는 오래 자는 것을 창피해하지 말라고 했고 칼이 자신의 안녕을 위해 내 의견을 따르기를 바랐다. 내가 강요할 수 있는 일이라면 더 강력하게 밀어붙였을 것이다.

내 아들이 멍청하게 자지 않았다는 것은 분명한 사실이다. 하지만 칼은 유별나게 오래 잤다.

교육보다 양육이 중요하게 여겨지는 시기에는 아이들이 밤늦도록 하루 종일 먹어댄다. 농부의 가정에서 흔히 그렇다. 아이들은 식탁에 빵이 남아나지 않을 정도로 많이 먹는다.

그토록 과식하면 편하게 자지 못한다. 불편한 잠은 해로워서 몸을 약화시키고 불쾌하게 만든다. 과식한 경우 깨고 또 깨다 보면 차라리 조금만 자는 것이 정신적으로, 육체적으로 낫다. 기분도 좋고 말이다.

그렇게 여러 차례 자다 깨다를 반복하면 보통 아침에 꿈을 꾼다. 과식을 하거나 기분이 나쁘면 다양한 방식으로 불쾌하다. 따라서 몸이 약해진다.

건강한 사람, 특히 아이나 청소년이 여러 차례 자다 깨다를 반복하면 마찬가지로 아침에 꿈을 꾼다. 물론 유쾌하게 일에 몰두하고 쾌락을 느끼곤 하지만 마찬가지로 몸이 약해진다.

따라서 가장 좋은 것은 아이가 원하는 대로 오래 자게 내버려두고 잠을 방해하지 않는 것이다. 생리적 욕구 탓에 깨어난 것이 아니라면 잠깐 즐겁게 대화를 나누고 다시 잠들게 하라. 처음에는 아이가 깨는 시간을 관찰해야 한다. 물론 아이를 너무 일찍 재워서는 안 된다. 피곤해질 때까지 둬야 한다.

아이가 오래 잔다고? 그럴수록 좋다. 생각 없이 자는 것이 아니라 영리하게 자는 것이다.

Chapter 9

칼이 태어나면서부터 세 살까지 먹었던 것들

—— 내 아내는 임신 중에도 삶의 방식을 거의 바꾸지 않았다. 소화하기 힘든 채소는 아예 피하거나 평소보다 적게 먹었다. 칼에게 젖을 먹일 때도 그랬다.

우리는 유모를 두고 싶지 않았다. 엄마의 젖에 영양이 충분하다면 아이는 엄마 젖만 먹으면 되니까. 그래서 사람들은 우리와 칼을 많이 걱정했다. 칼의 엄마는 덩치가 크지도, 힘이 세지도, 뚱뚱하지도 않았으니까. 그런 엄마가 어떻게 아이에게 충분히 영양을 주겠냐는 것이었다.

사방에서 충고가 쏟아졌다. 내가 제정신이 아니어서 아내를 병들게 하고 아들을 죽이거나 약골로 만들 것이라고들 했다.

그런 충고가 옳은지 한번 살펴보자. 우선 우리 신분의 사람들이 보통 먹는 음식 외에 다른 음식을 먹어본 적이 없는 사람을 상상해보라. 깨끗한 물 외에는 마신 적이 없는 사람을! 그 사람은 비싼 음료를 하찮게 여기곤 했다. 그녀의 아침은 나와 함께 정원을 돌아다니다가 버터 바른 빵에 물 한잔을 마시는 것으로 끝이었다. 오후에는 커피도 차도 마시지 않고 저녁에는 가장 간단한 끼니나 버터 바른 빵을 먹었다. 그녀는 이런 삶의 방식으로 교육받았고 이를 아주 행복하다고 느꼈다. 그런 사람이 갑자기 아침마다 침대에서 최고급 크림을 곁들인 아주 진한 커피를 두 잔 마시고 프레첼(밀가루 반죽을 독특한 매듭 형태로 만들고 소금을 뿌려 구운 과자 – 옮긴이)을 먹어야 한다고 상상해보라! 10시경에 진한 코코아를 큰 잔으로 한 잔, 작은 잔으로 두 잔 마시고 여기에 버터로 구운 롤빵까지 먹어야 한다고 상상해보라! 식전에 뭔가 먹고 싶거나 평소보다 점심이 늦을 경우 고기 수프를 한 그릇 또는 두 그릇까지 먹어야 한다. 점심에는 영양이 풍부한 고기 수프만 먹거나 고급 채소와 닭구이, 오리구이와 야생고기구이를 영양식이나 보양식으로 먹어야 한다. 식사 때는 오래된 프랑스 포도주나 고급 적포도주 몇 잔을 마신다. 가장 좋은 것은 하루 종일 아주 진하고 달콤한 메르제부르크 맥주를 마시는 것이다. 식사 후에 다시 크림을 곁들인 특제 커피 몇 잔, 5시와 6시 사이에는 프레첼과 차 몇 잔이나 고기 수프, 저녁에는 구이 외에 고기 수프를 먹는다. 또 포도주 한 잔을 마시고 나중에 맥주를 마신다. 집안 살림에서 손을 떼야 하고 여기저기 뛰어다니지 말아야 하며 가끔 정원이나 왔다 갔다 해야 한다.

우리가 이것을 따라 했다면 내 아내는 이미 다른 사람들처럼 유열에 걸렸을 것이고 산욕열로 죽었을지도 모른다. 하지만 아내는 나의 희망대로, 또한 자신의 천성과 경험대로 유열에 걸리거나 산욕열을 앓지 않았다. 아내는 어떤 병도 앓지 않았다. 젖이 슬그머니 나오더니 늘 충분했고 칼이 젖을 뗄 무렵 젖이 슬그머니 들어갔다.

내 아내가 기적적으로 사람들이 충고한 삶의 방식을 견뎌내고 건강을 유지했다면 칼은 뚱보가 되었을 것이다. 또한 칼이 불안해해서 밤마다 엄마가 잠을 설치고 치통에 시달리는 등 온갖 질병을 견뎌야 했을 것이다. 의학적인 수업을 유심히 듣고 나중에 주의 깊게 관찰하긴 했지만 신의 도움으로 그런 일은 결코 일어나지 않았다. 경험 없는 아내가 사람들의 조언을 따르려고 하기에 내가 올바른 길로 바로잡아주어야 했다. 나는 아내에게 나를 믿고서 전체적으로든 부분적으로든 사람들의 충고를 거부하고 이전 같은 삶의 방식을 지속하며 집안일에 관심을 쏟고 이리저리 많이 뛰어다니라고 말해주었다. 기쁘게도 아내는 "하지만 다들 그렇게 말해요! 당신이 더 잘 안다는 거예요?" 하고 나를 당혹스럽게 만들지 않았다. 아내가 이따금 정말로 그렇게 생각했다는 것을 나는 알아차리지 못했다. 아내는 아주 가끔만 그런 표현을 했다. 왜냐하면 거의 4년간의 경험으로 나의 단순한 행동에는 그럴 만한 이유가 있다는 것을 알았기 때문이다.

아내의 평소 생활 방식에서 유일하게 달라진 점은, 그전에 태어난 아이의 경우에도 이미 그랬듯이, 아침저녁으로 묽은 밀가루 수프나 보리 수프를 먹고 점심으로 수프를 평소보다 조금 더 먹었다는 것이다. 그래서 처음부터 젖이 아무런 문제없이 나왔다. 유열 같은 병은 그저 소문으로만 알았다.

그밖에 아내는 늘 칼이 영양분을 충분히 섭취하게 했다. 덕분에 칼은 젖만 먹었는데도 영양이 풍부하게 잘 자랄 수 있었다. 아직 순수한 인간 유기체는 그토록 많은 것을 해내고 그토록 적은 것을 필요로 한다. 우리는 산욕열 같은 것은 생각지도 못했다.

하지만 우리가 다른 사람들의 충고에 귀를 기울였다면 아내가 얼마나 쉽게 그런 병에 걸렸을지, 얼마나 확실히 우리 아이가 희생당했을지 다음과 같은 사례로 증명된다. 어느 집에서 유아 세례가 있었다. 그 집에서 아내는 기분이 좋고 식욕도 돋아서 저녁으로 나온 고기 요리를 과식했다. 다음 날 아내의 기분은 아주 좋았지만 평소 칼에게 먹이던 부드러운 젖이 나오지 않았다. 그래서 칼은 열이 조금 났다. 하지만 칼에게 어떤 약도 먹이지 않았다. 대신 아내는 고기를 줄이고 가벼운 음식을 더 많이 먹고는 신의 자유로운 하늘 아래에서 오랫동안 산책했다. 이런 치료로 칼은 다음 날 건강을 되찾고 명랑해졌다. 물 만난 물고기처럼.

우리가 칼이 편안하지 않다는 것을 알아채지 못해서 제대로 대처하지 못했다면, 그래서 약(일종의 독)으로 낫게 하려고 했다면, 아내가 고기를 계속 먹었다면 어떻게 되었을까?

하지만 우리의 조언자들은 그런 생각을 하지 않았다. 또는 우리의 조언자들은 그런 생각을 하고 싶어 하지 않았다. 그들은 다른 사람들처럼 널리 알려진 조언을 따르는 것이 좋다고만 생각했다. 우리가 그 조언자들을 존중한다면 말이다. 그들은 근시안적으로 충고와 명령이라는 개념을 서로 혼동한다. 전문적인 학자들조차 그렇게 혼동하는 모습을 보면서 내 마음이 괴로웠다.

나는 말은 "예!"라고 하고 행동은 반대로 하는 방식을 절대 이해하지 못했다. 그래서 처음에는 조언자들이 옹호하는 것과는 다른 과정을 따르는 것이 좋다고 사람들을 설득하려고 했다. 하지만 그들을 납득시키지 못했다. 즉시 평소처럼 디스카우부터 할레를 거쳐서 내가 알려진 모든 곳에서 나에 대한 비방이 퍼졌다. 나를 비방하는 사람들은 내가 뻬딱하고, 거만하고, 허영기가 가득하고, 인색하고, 아내에게 야비하고, 무엇이든 아는 척한다고 주장했다. 정말 대놓고 나를 비방하는 자들은 내 아내가 쇠약해질 거고 내 아들은 죽을 것이라고 말했다. 하지만 아무 일도 일어나지 않자, 모든 비밀스럽고 공개적인 연구를 통해 내가 옳다고 증명이 되자 나에게 싸움을 걸고 전반적으로 나를 비난하다가 나중에는 특정한 면에 대해 나를 욕했다.

할레에서는 나와 관련된 틀에 박힌 말, 즉 내가 행운의 총아라는 말이 그때부터 오랫동안 유행했다. 왜냐하면 비평가들은 이런저런 계획이 성공한 것은 원숙한 경험, 심사숙고, 무쇠 같은 지속성의 결과였다는 점을 인정하지 않았기 때문이다.

칼은 아홉 달 동안 젖만 먹었다. 나는 "어머니는 심각하게 병에 노출

되어 있다."라는 일반화된 말에 딱 한 번 굴복한 적이 있다. 모두 인간적인 나약함 탓이었다. 우리는 조심스럽게 칼에게 다른 것을 좀 더 먹이려고 했지만 그 때문에 아이와 엄마가 곤욕을 치르자 처음 방법으로 되돌아갔다.

칼이 젖을 떼야 하는 시기가 되자 우리는 비로소 물과 버터 그리고 딱딱한 롤빵 가루를 넣은 수프를 이따금 조금씩만 주었다. 그러다 점차 그런 이유식을 자주 주었다. 동시에 아내는 아이와 조금 거리를 두었다. 그래서 칼이 엄마 젖을 찾는 경우가 드물어졌다. 며칠 뒤에 칼은 젖을 먹고 싶다는 생각을 하지 않게 되었고 엄마의 젖도 어느새 말라버렸다.

이제 앞서 언급한 수프는 보리 수프로 바뀌었다. 내 아내도 보리 수프를 같이 먹곤 했다. 이따금 아내는 보리 수프에 아주 신선한 우유를 넣기도 했다. 얼마 후에 칼은 고기 수프를 먹곤 했다. 고기 수프가 너무 진해 보이면 묽게 물을 넣어주었다. 칼은 점점 부드러운 채소에 익숙해졌고 마침내 우리가 먹는 온갖 음식에 길들여졌다. 우리는 칼에게 비교적 적은 양의 고기를 주었다. 이렇게 자연스러운 과정을 거치면서 칼의 이가 하나둘 났다. 칼은 이가 나는 것을 느끼지 못했고 우리도 몰랐다. 아내는 젖이 마르는 것을 다음과 같은 방식으로 준비했다. 칼이 젖을 떼야 하는 시점부터 아내는 정말 소식했다. 고기처럼 영양이 풍부한 음식은 아주 적게 먹었다. 이따금 단식을 했고 물은 많이 마셨다. 그러자 젖이 눈에 띄게 묽어지더니 칼이 먹지 않게 되었고 며칠 후에 젖은 아무런 고통 없이 말랐다.

처음 2년간 칼은 아침에 수프를 먹었다. 나중에는 우리가 먹는 버터 바른 빵과 신선한 물을 먹었다. 네 살쯤까지 우리는 칼에게 10시와 11시 사이에 버터 바른 빵을 한 조각 더 먹였다.

우리가 철두철미하게 조심했는데도 아이는 특히 시골 여자들로부터 뭔가를 몰래 받아먹곤 했다. 시골 여자들은 아이에게 먹을거리를 주는 것으로 사랑을 표현했다. 한번은 칼이 크게 해를 입을 뻔했다. 어느 지역을 방문했을 때의 일이었다. 어느 여자가 당시 젖을 먹고 있던 칼에게 우리 몰래 피를 넣은 소시지를 먹였던 것이다. 다행히도 우리가 데려간 도우미가 다음 날 칼이 아프다고 알려주었다.

칼이 세 살로 접어들면서 우리와 똑같은 음식을 먹었다. 칼은 아침을 간단하게 먹은 다음 오전 내내 바깥에서 이리저리 뛰놀다가 점심을 아주 맛있게 먹었다. 칼은 온갖 것을 먹게 되었다. 우리는 교육 전반에 걸쳐 그랬듯이 사랑에 진지함과 이성을 결합시켰다. 음식은 날마다 신선하게 만들고 정성껏 준비했다. 칼이 싫어하는 음식이 있으면 많이 먹으라고 강요하지 않았다. 처음에 그런 음식은 아주 조금만 먹이고 칼에게 맞는 음식이나 빵을 먹게 했다. 동시에 우리는 상상으로 이야기를 꾸며내서 그 음식을 싫어하면 커다란 즐거움을 놓치게 된다는 사실, 우리는 물론 다른 사람들도 그 음식을 아주 맛있게 먹는다는 사실을 알려주었다. "우리는 그 음식이 있으면 항상 기쁘단다. 넌 무척 슬프겠구나. 그 음식을 먹는 법을 배우렴. 그러면 그런 슬픔은 사라지고 우리처럼 기쁨을 누리게 되지!" 하고 우리는 말했다. 우리가 뭐든 먹었기에 칼을 좀 더 쉽게 그런 음식으로 유도하고 관심을 갖게 할 수 있었다. 오래지 않아 칼은 무엇이든 가리지 않고 먹게 되었다.

4시에 칼은 버터 바른 빵을 먹고 자기 그릇으로 물을 가득 마셨다. 빵은 버터를 바르지 않고 먹는 경우가 많았다. 왜냐하면 칼은 우리의 이야기에서 무욕의 이로움을 배웠기 때문이다. 칼은 저녁마다 우리보다 좀 일찍 수프를 먹었다. 늦지 않게 자러 가려고.

우리 기억에 칼은 집에서 배탈이 난 적이 없었다. 집에서 멀리 떠나 있을 때도 그런 일이 거의 없어서 우리는 신경 쓰지 않았다. 물론 우리를 초대해준 사람들은 아끼는 마음으로 칼에게 너무 많이 먹이려고 했다. 하지만 칼은 정신을 차리고는 더 이상 먹지 않았다. 놀랍게도 아주 맛있는 것이 있어도. 심지어 그 음식을 권하는 사람에게 "감사하지만 배불러요."라고 크게 화를 내기도 했다.

칼에게 어리석은 사랑을 베푼 사람들은 나를 원망하기까지 했다. 왜냐하면 그들은 칼의 거절이 칼의 영혼에서 우러나온 것임을 통찰하지 못했기에 거절을 인정할 수가 없었던 것이다.

"아이가 맛있는 음식을 먹지 않는 것은 자연에 거슬리는 겁니다. 그러니 당신이 아주 엄격하게 맛있는 음식을 금지했거나 먹지 말라고 눈짓을 했겠지요. 한 치도 벗어나지 않고 복종하다니 가엾은 아이군요!" 사람들이 빈정댔다. 그들은 칼과 내가 있는 자리에서, 심지어 내가 없는 자리에서도 나를 비방하곤 했다. 그들은 내가 야만인이라고 굳게 믿었다.

알다시피, 사람들은 본성에 대해 말하면서도 교육자가 수준 낮은 감각적인 본성을 끌어올려야 한다는 생각은 전혀 하지 못했다. 이성과 습관을 통하여 인간 내면의 고결함을 끄집어내 힘을 발휘하게 하는 것이 교육자의 의무라는 생각은 하지 못했다. 처음부터 제대로 교육받은 아이들의 경우 이런 일이 저절로 이루어진다는 사실을 소수의 교육자만이 알았다.

수백 가지 방법으로 제대로 교육받은 칼은 건강과 명랑함을 아주 소중한 두 가지 자산으로 여겼다. 우리는 기회가 있을 때마다 건강과 명랑함을 찬양했다. 그리고 건강하지 않고 명랑하지 않은 것을 안타깝게 여겼다. "과식하는 자는 명랑하기는커녕 불쾌해지고 나중에는 아프기까지 하단다." 하고 우리는 칼에게 말해주곤 했다. 칼이 어떤 곳에서 너무 많이 얻어먹었다면 우리는 칼을 딱하게 여겼다. 이젠 고통을 당해야 하고 전처럼 즐거울 수가 없으니까. 과식이 가져오는 여러 불쾌한 일을 칼이 눈앞에서 생생하게 보게 했다. 또한 있음직한, 훨씬 최악의 결과에 주의를 기울이게 했다. 특히 좋은 날씨에 밖에서 놀지 못하고 공부도 하지 못하고 우리를 돕지도 못한다는 점을 상기시켰다. 칼이 과식으로 아픈 탓에 우리도 밖에 나가지 못하고 할 일도 하지 못하고 걱정한다는 사실을 알아채게 했다.

비애에 귀를 기울이게 하는 것 말고 어떻게 아이의 이성과 감성을 제대로 교육하겠는가. 내가 인간 정신에 대해 제대로 알고 있다면 칼은 무분별함을 후회할 수밖에 없고 앞으로는 더욱 조심해야겠다고 마음먹을 수밖에 없었다. "그 사람들이 내 입에 음식을 퍼 넣었어요."와 같은 변명은 받아주지 않았기에 칼은 그런 변명을 늘어놓지 않았다.

"얘야, 너도 알다시피, 몸에 꼭 필요한 것 이상으로 많이 먹으면 몸에 해로워. 그런데 왜 네가 거절하지 못하니? 네가 괴로울 텐데. 정중하게 거절하렴. 넌 그렇게 많이 먹을 수가 없어. 그 사람들은 네 고통을 떠안을 수 없고, 떠안고 싶어 하지도 않아. 그러니 앞으로는 좀 더 영리하게 굴렴. 그렇게 음식을 강권하면 우리 가르침을 기억하렴. 아니면 그 사람들이 우리보다 너를 더 잘 안다고 생각하는 거니? 그 사람들이 우리보다 너를 더 사랑한다고 말할 거니? 얘야, 어떻게 그럴 수가 있겠니. 네 부모인 우리는 널 날마다 사랑하고 세심하게 보살핀단다. 아니다, 얘야. 넌 그렇게 생각할 수가 없겠지. 네가 다른 곳에서 먹은 음식을 우린 전혀 맛보지 않았어. 우리는 왜 그토록 네가 그 음식을 먹지 않기를 바라는 걸까? 왜냐하면 네가 그 음식으로 해를 입기 때문이야."

깊이 감동한 칼은 우리를 껴안고는 앞으로 더욱 조심하겠다고 경건하게 약속했다.

나중에 우리는 한 가지 또는 여러 가지 경우에 대비해 칼에게 꾸며낸 이야기를 들려주었고 그런 이야기는 제 목적을 다했다.

우리는 그 목적을 중심으로 삶에도 개입했다. 삶에는 많은 경우가 있었다. 유감스럽게도 농촌 아이들 사이에는 과식이 아주 흔한 일이었다. 이 아이들은 감성에 치우치기 때문이다. 더 수준 높게 즐기는 법을 모르기도 하고 그런 수준에 도달하지 못하기도 한다. 교양 있는 가족 중에도 특히 어린 친구들이나 지인들을 만날 경우 유사한 일이 벌어져서 우리는 칼을 주의시켰다.

가깝게 지내는 목사의 아들이 있었다. 내가 처음 그 집에 갔을 때 그 아이는 한 살이었다. 그 아이가 무척 귀여워서 나는 로하우의 집으로 돌아오는 길에 아내에게 "그 아이는 아주 수준 높게 교육할 수 있을 거야!"라고 말했다.

그 아이는 곧 '귀염둥이 아들', '아버지의 보물', '어머니의 보물'로 불렸다. 실제로 그 아이는 아버지와 어머니의 보물이었지만 귀염둥이 아들은 아니었다. 그래서 나는 그 아이가 수준 높게 교육받을 수는 없으리라는 사실을 금세 파악했다. 그 아이는 과식으로 뚱뚱하게 살이 쪘다. 그 아이의 어머니는 아이가 포동포동하다고 우리에게 자랑하곤 했다. 우리는 걱정스러웠다. 그래서 나는 너무 많이 먹인 아이에게 닥칠 위험을 그 어머니에게 설명할 수밖에 없었다.

하지만 그 어머니는 알겠다는 표정으로 웃었고 그 아버지는 자기만족 속에서 무럭무럭 자란 아홉 아이들을 가리켰다. 그 순간 나는 더 이상 왈가왈부하지 못하고 침묵해야 했다.

결국 내가 우려하던 일이 일어나고 말았다. 아이는 이따금 과식으로 고통스러워했고 날마다 야위어가더니 엄청난 치통에 병이란 병은 모두 걸려서 거의 죽음 직전까지 몰리곤 했다. 하지만 그 아버지와 어머니가 아주 건강했기에 아이도 부모로부터 많은 생기를 물려받았다. 그래서 그 아이는 계속 고통을 겪으며 살아남았다.

아이가 여덟아홉 살쯤 되자 나는 슬픈 마음으로 바라볼 수밖에 없었다. 왜소하고 잔뜩 부은 불쾌한 외모에 굉장히 큰 머리, 얽은 자국투성이인 얼굴, 고르지 못한 이목구비, 생기 없는 시선, 멍한 표정. 인간이 인간성을 짓밟히는 일이 그토록 자주 일어나는 것은 애석한 일이다. 가엾은 존재는 생각할 여유가 없었다. 늘 소화시키느라 바빴다. 그 탓에 판단, 견해, 인식은 형편없이 뒤떨어졌다. 하지만 그 아이는 그걸 몰랐다. 그 아이는 가끔 마을 학교에 다녔지만 시골 아이들보다 훨씬 뒤처졌다. 하지만 시골 아이들은 그 아이를 목사의 아들로 존중했다. 정반대로 그 아이는 아이들과 거리감을 느꼈다.

나는 그 아이가 파티 때마다 과식한다는 점을 확신했다. 한번은 크리스마스 직후에 칼과 산책을 하다가 그 아이의 형을 만나 물었다.

"다들 어떻게 지내시니? 모두 건강하고?"

"네, 덕분에 잘 지냅니다."

"동생은 아프지?"

"예, 아파요. 어떻게 아셨어요?"

"아, 그러니까, 크리스마스 직후니까."

무의식적으로 나온 말이었다. 내가 얼마나 씁쓸한 감정으로 그런 말을 내뱉었을지 박애주의자라면 이해할 것이다. 하지만 나는 거의 나서지 않았다. 왜냐하면 그 형도 어린 시절 엄청나게 먹었으니까.

나는 바로 칼과 함께 아픈 아이에게 갔다. 그 아이는 아랫배가 엄청나게 아프고 두통도 심해서 마구 헛소리를 했다.

나는 칼이 있는 자리에서 대화를 나눴다. 질문과 대답을 통해 내가 원하는 대로 토론했고 칼은 많은 것을 얻었다. 우리는 무절제에 희생된 아이를 진심으로 가엾게 여기고 어서 낫기를 빌며 집으로 돌아왔다.

우리가 밖으로 나오자마자 칼은 자신이 보고 들은 것을 이야기하고 적절한 평가도 곁들였다. 칼은 그 아이가 앞으로 과식을 하지 못하게 해달라고 내게 진지하게 부탁했다. 그 아이가 과식하지 않으면 칭찬을 해주라는 것이었다.

이런 식으로 우리는 그 집에 갈 때마다 조금씩 경고만 했다. 하지만 이런 일도 시간이 흐르면서 그만두었다.

칼이 그렇게 교육받지 않았다면 내가 뭘 시작할 수 있었을까? 그 아이는 이미 네 살, 다섯 살, 여섯 살에 마그데부르크, 라이프치히, 드레스덴, 베를린, 로스토크는 물론이고 여러 소도시와 시골 마을들에 갔고 나와 멀리 떨어져 있곤 했다. 이런저런 사람들이 칼을 성대한 식탁으로 초대했으니까. 유명해진 칼은 일고여덟 살쯤 비명횡사했을 것이다. 왜냐하면 우리는 부잣집 식탁에 초대를 많이 받았기 때문이다. 그때마다 그들은 대개 칼을 나와 떼어놓고 관찰하려고 했다. 정말 여러 번 사람들이 내게 고백했다. 칼을 유혹해보았지만 다행히도 소용이 없었다고.

처음에 나는 이런 일이 염려스러웠다. 하지만 나중에는 여유 있게 웃을 만큼 아주 태연해졌다. 왜냐하면 칼은 이미 다섯 살 때부터 마음대로 절제 없이 먹은 적이 없었고 절대 과식하지 않았기 때문이다.

우리는 칼이 설탕과 각종 설탕 절임을 처음부터 조금만 먹거나 아예 먹지 않는 것에 익숙해지게 했다. 아이들이 설탕과 과자에 맛을 들이면 소박한 음식에 무관심해진다. 그러면 정말 좋지 않다. 아이들은 곧 단것이 먹고 싶어서 직접 사게 된다. 이것은 더 좋지 않다. 아이들이 단것을 더 이상 살 수 없으면 부모와 환경에 불만을 갖고 사탕 과자나 돈을 훔치게 된다. 그건 정말이지 최악이다!

나는 단 과자를 자주 먹으면 위가 점액으로 가득 차게 된다고 믿는다. 단 과자는 기름지기도 해서 위를 망가뜨린다. 여기서 양분을 섭취해서 기생충이 생기거나 심지어 서식까지 하게 된다. 기생충은 사람을 엄청나게 괴롭히고 위경련까지 일으킨다. 강한 염분과 아주 심한 냉기는 물론이고 많은 당분도 어린아이의 이에 좋지 않다. 당분이 이에 남아 있지 않더라도 당분이 든 과자를 씹으면 이에 해롭다. 분명히 신경과 이의 법랑질에 이어 이 자체가 고통에 시달리게 된다. 그런 일이 일어나지 않는다고 해도 단것으로 인해 위가 점액으로 막히고 망가진 위의 분비물이 아이의 이를 망가뜨린다. 나는 늘 그런 사실을 염두에 두었고 단것을 멀리함으로써 얻는 유익한 결과를 알아챘다.

나는 주로 아이가 배부를 때만 단것과 군것질거리를 주었다. 단것과 군것질거리만으로도 이미 해롭고 분명 위를 망가뜨린다. 왜냐하면 단것은 필요 이상으로 식욕을 자극하기 때문이다.

매번 나는 내 편견이 옳다는 것을 확인했다. "사탕과자는 아이들의 이를 새까맣게 한다."나 "설탕 탓에 이가 빠진다." 같은 편견 말이다.

그래서 칼이 설탕이나 단것을 많이 먹는 습관에 빠지지 않게 했다. 다른 사람들이 칼에게 단것을 먹이려고 했지만 소용없었다.

할레의 어느 가정에서는 아이들에게 사탕 과자를 선물하는 가풍이 있었다. 나는 칼에게는 선물하지 말라고 부탁했지만 소용없었다. 나는 이유를 들려주었지만 그 가족은 웃어넘기고 말았다. 나는 아예 그 집을 방문하지 않거나 칼을 데려가지 않기로 했다. 하지만 그럴 필요가 없었다. 처음에 우리는 사탕 과자 봉지를 잽싸게 챙겨서 몰래 옆으로 밀쳤다. 그러자 칼은 우리 마음을 이해하고는 함께 참석한 사람들에게 과자를 나누어주고 설탕 부스러기는 개에게 먹였다. 개는 엄청나게 좋아했다. 놀랍게도 칼은 설탕을 절대 사람에게 주지 않았다. 사람이 설탕을 먹는 것은 너무 비이성적인 일이라는 듯이.

나는 이런 일로 그 가족이 불쾌하게 느껴졌다. 그런 일만 아니라면 그 가족은 나를 아주 상냥하게 대해줬을 것이다. 칼이 사탕 과자를 사람에게 나누어주거나 개에게 먹이자 나는 책망을 들었다. 그들은 칼의 몫은 칼이 먹도록 내가 명령해야 한다고들 했다. 나는 결코 그러지 않았다. 그래서 사교적 즐거움이 퇴색되곤 했다. 처음에는 정말 눈에 띄게 책망을 들었지만 점점 그런 일이 줄어들었다. 칼이 세 살인데도 여전히 그렇게 하자 사람들은 마침내 칼과 나에게 요구하던 것을 그만두었다.

칼이 고기를 비교적 적게 먹었다는 이야기는 이미 했었다. 그런 식습관은 지속되었지만 해마다 칼에게 먹이는 고기 양을 늘렸다. 칼이 특별히 많이 자랐거나 풍부한 영양 섭취가 해롭기보다 이로울 것이라고 생각할 근거가 있는 경우에 말이다.

우리는 이런 목적으로 하루에 한 번 이상 칼의 혈색, 식욕, 활동, 명랑함(나중에는 머리를 얼마나 쓰느냐도), 특히 성장에 주의를 기울였다. 칼의 키는 문설주에 표시했다. 매달 첫날에 키를 쟀다. 매번 얼마나 컸는지가 확연하게 드러났다. 칼이 평소보다 컸으면 우리는 칼에게 고기를 좀 더 먹였다.

고기를 너무 많이 섭취하면 아이의 오장육부에 해롭다는 점은 증명할 필요도 없다. 기관의 질서가 조금이라도 무너지면 부패 단계로 넘어가고 순수한 위액이 망가진다. 이렇게 여러 가지 해로움이 발생하는 것은 당연한 일이다.

아이들이 무엇이든 소화를 잘 시킨다고 해도 육체적으로 눈에 보이지 않는 해로움에 시달린다면 정서에 해롭다. 그 탓에 아이들이 과격해지고 폭력적·반항적으로 바뀌고 잔인해지기 때문이다.

이건 사물의 본성상 어쩔 수 없는 일이다. 또한 무엇을 먹느냐에 따라 육식동물의 야생성과 초식동물의 부드러움이 드러난다. 인간에게서도 나는 그런 점을 발견하곤 한다. 멀리 떨어져 있는 민족에게서 들려오는 온갖 소식도 그 점과 일치한다. 우리는 칼에게서 확실한 예를 경험했다. 즉 채식으로 아이는 아주 유순해지고 양보심도 늘어났다.

심사숙고한 영양 섭취법을 통해 칼은 지금까지 변함없이 그랬듯이 세 살에도 너무 격하거나 지나치게 부드럽지 않았다. 그 당시 나는 중요한 일이 있어서 아내와 함께 함부르크로 여행을 가기로 했다. 문제는 '여행 중에 무엇을 얻을까'가 아니라 '칼과 함께 무엇을 할까'였다.

여행 중에 많은 사람들이 칼을 초대하려고 했다. 하지만 여기는 설탕, 저기는 고기가 넘쳐나는 데다 사람들이 칼을 너무 관대하게 대했다. 그래서 우리는 오랫동안 갈등하다가 마침내 라이프치히에 사는 우리의 영원한 친구이자 사촌인 상인 하인츠에게 칼을 맡겼다. 하인츠는 아이들을 교육할 능력을 이미 증명해 보였다. 하인츠의 아들 셋과 딸 둘(다 자랐다)이 칼의 가장 좋은 본보기가 되었다. 게다가 하인츠는 내 교육 방식과 가장 일치하는 사람이었다. 우리가 자주 방문했던 그 집에서 칼은 앞서 암시한 무절제로 인도받은 적이 없었다. 하인츠는 칼을 자기 집으로 데려가는 것을 기뻐했다. 하지만 하인츠는 자신과 자기 가족이 칼을 어떻게 다루어야 할지 문서로 자세히 설명해달라고 했다. 나는 글로 자세히 적어주고는 칼에게 고기를 적게 먹이라고 강조했다. 하인츠와 그 가족은 고귀한 양심에 따라 아주 심란할 정도로 내 말을 지켜주었다. 칼이 그 집에 머물렀던 8주간 그들은 칼에게 고기를 아주 조금만 먹였다. 우리가 칼을 데리러 갔을 때 칼은 눈물 날 정도로 상냥했다. 상냥하면서도 활기차고 아주 익살맞고 장난스러운, 이따금은 용감무쌍한 남자아이는 아예 자취를 감췄다. 칼은 처음에 우리를 알아보지 못한 채 부드럽고 온화하게 웃으며 우리 앞에 서 있었다. 그러다 살짝 의심하면서 눈물을 글썽이더니 우리의 격렬한 포옹에 아주 미약하게 응답했다.

바로 그날 정오 나는 라이프치히에서 평소보다 많은 고기를 칼에게 먹이고 로하우로 돌아왔다. 2주 뒤에 칼은 다시 집에서, 마당에서, 정원에서 즐겁게 이리저리 마구 뛰어다녔다. 그전처럼 꼬마 악동이 되었다. 이제 칼은 우리 농담에도 대꾸하게 되었다.

Part 4

타고나지 않은 아이를 최고의 인재로 키우는 법

—

아이와 함께 생활 속 위대한 습관 만들기

Chapter 1

윤리를 가르쳐라

—— 우리는 칼의 윤리적 성장을 위해 다음과 같은 철저한 규칙을 가장 양심적으로 지키려고 노력했다. 우리는 칼을 항상 정의롭고 합리적이고 엄격하게 대하면서도 듬뿍 사랑을 쏟았다. 우리 부부 중에 한쪽이 칼의 실수를 간과하거나 칼의 응석을 너무 받아주었다면 다른 한쪽이 크게 나무랐다. 너무 엄격하거나 너무 격렬하게 대하는 것보다 더욱 잘못되었다고 여겼기 때문이다. 근본적으로는 둘 다 똑같이 해롭다.

칼에게 모든 질문을 허락한 것은 당연하고 정당하고 선했다. 우리는 이런저런 이유로 칼에게 적합하지 않은 질문이나 요구를 덧붙여 말해야 할 때조차도 관대하게 굴었다. 칼이 어떤 것을 요구할 경우에도 스스로 안 되는 이유를 안다면 우리는 이유를 따로 설명하지 않고 단호하게 거절했다. 칼이 안 되는 이유를 모른다면 타당하고 이해할 만한 이유를 들어주었다. 칼이 이유를 잊은 듯하면 우리는 기억을 되새겨주었다.

크고 분명하고 진지하게 아닌 것은 "아니야!"라고 단호하게 거절했다. 열쇠 두 개를 달가닥거리거나 새로운 뭔가를 보여주고는 "봐, 칼!"

이라고 강조해서 말했다. 대개 칼은 우리가 내민 것을 유심히 보고 우리의 말을 귀담아들은 다음 본래 자기가 원한 것을 잊어버렸다.

그런 속수무책인 생명체가 음식물 부족, 불결, 무질서로 고통당하는 것은 허용할 수 없는 일이다. 그런 고통을 당한다면 아이는 열쇠의 달가닥 소리에 만족하지 못할 것이고 호기심이 만족되는 순간 다시 육체적 결핍을 느낄 테니까. 하지만 감히 말하건대, 우리 아이는 그런 쪽으로는 절대 시달리지 않았다.

얼마 지나지 않아 우리는 다른 것으로 칼의 관심을 돌리려고 애쓸 필요가 거의 없었다. 왜냐하면 칼은 곧 '예'가 '예'를, '아니요'가 '아니요'를 의미한다는 것을 알아챘기 때문이다. 칼이 나중에 울지 또는 웃을지와는 상관없이 말이다. 칼은 어느새 순종에 길들여졌다. 덕분에 우리는 순종과 관련해서는 칼에게 원하는 바가 하나도 없었다. 우리가 몇몇 남자아이를 교육하기 위해 집에 데려오기 전까지는.

무조건적인 순종은 흔히 생각하는 것보다 훨씬 중요하다. 아이가 자기에게 해로운 뭔가를 하려는 순간 순종적인 아이에게는 "하지 마, 얘야!"라고 말하면 충분하다. 또는 그냥 이름만 불러도 바로 하던 일을 멈출 것이다. 그러면 앞으로 유사한 상황에서 아이를 보호하기 위해 그 일을 금지하는 이유를 알려주면 된다. 하지만 순종하지 않는 아이에게는 크게 소리를 질러야 할지 모른다. 순종하는 습관이 들지 않은 아이는 계속 제멋대로 행동할 것이고 결국에는 피해를 막을 수가 없을 것이다.

칼이 모든 사람 앞에서 누렸던 행동의 자유에 대한 예이자 증명으로서 어느 사건을 얘기하겠다. 칼이 두세 살일 때는 나보다 칼의 어머니가 칼에게 더욱 애정을 쏟았다(사물의 본성상 그럴 수밖에 없다). 나는 연구로, 일로 집에 없을 때가 많았다. 내가 칼과 함께 있으면 아주 진지하게, 아니 엄격하게 질서, 청결, 순종 등을 가르쳤고 여자인 어머니가 모정이나 부주의로 간과한 것을 챙겨주었다.

어린 칼은 내 태도를 읽지 못했고 아버지의 정을 깨닫지 못했다. 그래서 칼은 나보다 어머니를 더 사랑했다. 나는 오랫동안 그 사실을 알았지만 그냥 만족했다. 그게 자연스러운 듯했기 때문이다. 한번은 우리 셋이 소파에 앉아 있었다. 칼은 아내와 아주 정답게 놀고 있었다. 선량한 아내가 내 쪽을 계속 가리키자 아이는 나를 어루만지기 위해 돌아섰다가 바로 어머니에게 돌아가 버렸다. 아내는 칼을 다시 내 쪽으로 밀었다. 나에게 더 다정하게 해주라고 칼에게 속삭이면서. 얼른 나는 진지하게 아내에게 말했다.

"제발, 아이가 원하는 대로 내버려둬요. 그게 옳아요. 칼이 지금은 나보다 당신을 더 좋아해요. 내가 칼을 야단칠 일이 아니라면 칼을 그냥 내버려둬야 해요. 칼이 위선자가 아니라면 그런 행동을 보일 수밖에 없어요. 내가 당신보다 칼에게 더 많은 일을 해줄 날이 올 거예요. 그러면 칼은 분명히 나를 존중할 거예요."

아내는 내 말을 이해했다. 아내는 칼에게 의지를 심어주었고 실제로 내가 말한 그날이 왔다. 나는 순수하고 자유로운 칼의 판단을 지켜주려고 노력했다. 보통의 교육은 찬성과 반대로 수천 가지 편견을 심어주고는 죽을 때까지 거기서 빠져나오지 못하게 한다. 또한 수많은 삶의 사건 사고 속에서 분명한 통찰력을 발휘하지 못하게 방해한다.

나는 어떤 것은 아이들과 절대 이야기하지 말아야 한다는 사실을 아주 잘 안다. 반면 어떤 것은 아주 조심스럽게 조건부로만 이야기해야 한다. 또 어떤 것은 아이들이 자기 의견을 형성하고 표현할 때까지 이야기를 꺼내지 말아야 한다. 하지만 옳은 것은 부정하지 말아야 한다. 아주 주의를 기울이면 날카로운 구석이 부드러워지고 적어도 조금은 깎일 것이다.

칼이 아이로서 올바르지만 너무 거친 판단을 내리면 나는 그 판단을 인정해주면서 함께 있는 사람들에게 다음과 같이 말했다. 반쯤은 농담으로 말이다.

"보세요, 얘는 촌뜨기예요. 나쁘게만 보지 마세요."

그러면 칼은 자신이 옳지만 부절적한 말을 했다는 것을 알아채고는 우리 둘만 있는 자리에서 그 이유를 물었다. 그러면 나는 칼에게 찬성과 반대의 의견으로 칼의 사고력을 제한하거나 마음을 다치게 하지 않고도 좀 더 섬세한 미풍양속에 길들일 유용한 기회를 가졌다. 그와 같이 나는 좀 더 고결한 윤리와 좀 더 진실한 경건함을 가르치려고 심혈을 기울였다. 그런 경우에 나는 아주 조용히 말했다.

"네 판단이 엄밀하게 말하자면 옳았어. 하지만 바로 그걸 입 밖으로 꺼낸 것은 볼썽사납고 아름답지 못했단다. 너 스스로에게 또는 네 부모인 우리에게 허락받지 않았다면 다른 사람 앞에서도 절대 이야기해서는 안 돼. 그 사람이 얼마나 당황했는지 봤지? 그 사람은 반대 의견을 말할 수 없거나 말하고 싶지 않았겠지. 아마도 우리를 존중하고 사랑해서! 하지만 아이가 불쾌한 말을 하는 탓에 심한 모욕감을 느꼈을 거야. 오늘 그 사람의 기분이 언짢았다면 또는 다른 사람들에게 거만하게 보였다면 네 탓이야."

칼은 내 말에 마음이 많이 움직였고 그 사람에게 상처 입힌 것을 진심으로 후회했다. 하지만 칼은 자기 실수를 알아차리지 못하고 "그런데 그 사람은 저를 아주 다정하게 대해주었어요."라고 대꾸했다. 나는 얼른 덧붙였다.

"아마도 널 동정했겠지. 내가 너를 촌뜨기라고 말했잖아. 넌 섣부른 판단으로 상대방의 마음을 상하게 해서 존중과 사랑, 그리고 감사를 받지 못하게 되었어. 그 자리에 있던 사람들이 너와 나 그리고 그 사람을 불안하게 쳐다봤는데. 너는 그걸 모르는 모양이구나. 내가 그 사람들 모두가 확 끌릴 만한 화제를 꺼내지 않았다면 대화는 뚝 끊겼을 거야."

하지만 정말 생각지도 못하게 칼은 그 일을 부끄러워하지 않고 "하지만 그게 사실이었어요."라고 대꾸했다. 그래서 나는 더욱 진지하게 칼을 바로잡아주었다.

"확신하니? 네가 잘못 생각했을 수도 있잖아. 그 사람이 '네가 모르는 이유 때문에 나는 그럴 수밖에 없구나.'라고 대꾸했다면 어땠을까?

아니면 그 사람이 '네가 내 재판관이니? 넌 아직 분별없는 어린아이일 뿐이잖아?'라고 말했다면 어땠을까? 그 사람의 말이 옳지 않을지라도 나는 여전히 의아스럽구나. 왜 그 사람을 위해 침묵하지 않았니? 우리 모두 침묵하고 있었는데. 너는 그걸 몰랐니? 너만 그 사람의 부당한 짓을 알았다고 생각할 정도로 멍청한 거니? 얘기해보렴, 얘야. 그 사람을 포함한 100명의 사람들이 네 실수, 약점, 얕은 생각, 오류를 공개적인 자리에서 드러낸다면 좋겠니? 결국 이것 자체는 사소한 문제에 불과하단다. 왜냐하면 어른이 아이를 꾸짖으면 되니까. 사물의 질서에 따르자면 그 편이 훨씬 정당할 거야. 그런 꾸지람으로 아이는 해를 입지 않을 테니까. 왜냐하면 사람들은 너처럼 아직 무분별한 존재는 당연히 수많은 잘못을 저지를 것으로 예상해서 가볍게 넘기고 아주 너그럽게 봐주니까. 다른 사람들이 네 잘못을 모를 것 같니? 넌 아주 잘못했단다. 다들 너를 배려해서 침묵했을 수도, 아닐 수도 있어. 그렇게 얘기함으로써 스스로를 곤경에 빠뜨리지 마라. 네가 칭찬받지 못할 일을 하면 널 진심으로 좋아하는 친구들이 나와 네 어머니에게 알려주곤 했단다. 그 친구들은 우리 말고는 아무에게도 그 이야기를 하지 않았단다. 왜냐하면 그 친구들은 네가 더 나아지고 더 고귀해지기를 바라기 때문이란다. 이런 고귀한 선량함이 마음에 들지 않니? 좋아, 그러면 그렇게 행동하렴. 네가 사람들에게 바라는 대로 우선 네가 그들에게 그렇게 행동하렴!"

칼은 후회의 눈물을 흘리고는 다시는 남에게 상처 주지 않겠다고 약속했다. 나는 단지 인간적이고 아이다운 유약함이 칼을 다시 유혹할 수 있다고 확신했다.

하지만 나는 칼이 "그럼 내가 거짓말을 해야 하나요?"라고 반문할 것을 예측하고는 다음과 같이 대답하려고 했다.

"아니! 그럼 넌 진실하지 못한 거짓말쟁이가 되겠지. 아니면 위선자가 되든지. 넌 그럴 필요가 없어. 넌 그냥 가만있으면 돼. 누구나 지인의 잘못이나 약점을 찾아낸다면, 심지어 다른 사람들 앞에서 인정사정없이 말한다면 너와 나를 포함한 모든 사람들의 삶이 슬퍼질 거야. 끊임없이 만인 대 만인의 투쟁이 벌어지겠지. 왜냐하면 결점 없는 인간은 없으니까. 따라서 아무도 평안하지 않아. 늘 공격이나 방어를 위해 신경을 곤두세워야겠지. 그러니까 사람으로서, 기독교 신자로서, 아버지의 자녀로서, 최고선의 대표로서 서로 그러고 사는 것이 옳을까?"

나는 가엾은 아이에게 부당한 짓을 했다. 내친김에 칼에게 모두 말해 줄 수도 있었지만 앞으로 아주 다양한 계기가 있을 것이라고 확신했다. 칼이 윤리성과 경건성에 어긋나는 잘못을 통찰하고 후회하고 고치기 위해 그토록 많은 것이 필요하지 않았기 때문이다. 하지만 나는 칼에게 이에 적합한 교훈적인 이야기를 들려주겠다는 말을 깜박 잊고 하지 못했다. 내가 이전에 암시했기에 독자들은 추측하겠지만 말이다.

Chapter 2

전염병을 이겨내다

—— 도우미가 우리에게 가려운 발진을 퍼뜨렸다. 우리는 칼의 몸에서 이상한 증상을 발견하자마자 심각하게 생각했지만 의사 메켈은 금방 나을 것이라고 했다. 도우미의 얼굴, 목, 손이 깨끗했기에 우리는 도우미를 의심하지 않았다. 그래서 우리는 슬픈 마음으로 아이의 몸을 들여다보고 부드럽게 긁어주고 여기저리 데리고 다니면서 잠들 때까지 가려움을 완화시켜주었다. 곧이어 아내가 전염되었다. 아내는 감기에 이어 이질에도 걸렸다. 그다음에는 나도 감염되었지만 메켈과 다른 유능한 의사들이 칼은 발진이 아니라고 진단했다. 두 번이나 발진에 걸렸지만 도보 여행으로 땀을 흠뻑 흘려서 치유했다. 세 번째는 겨울이었기에 외출을 줄였다. 우리 셋 다 엄청나게 고생했다. 도우미는 곧 변명을 늘어놓으면서 집으로 돌아갔고 그 부모들은 도우미의 병을 숨겼다. 그 동안 아내는 또다시 임신했고 의사가 몇 주 뒤에는 괜찮을 것이라고 장담했다. 물론 그 말이 맞았다. 아내가 순산했기 때문이다. 하지만 아내는 아이를 이웃의 품에 오랫동안 맡겨두어야 했다. 산후도우미가 올 때

까지. 아내는 심한 감기에 걸렸다. 24시간 뒤에 아내의 몸은 깨끗해졌지만 끔찍하게 고통스러워했다. 발진에서 벗어날 때까지. 그러다 새로 태어난 아이까지 감염되었다.

이제야 비로소 그 병을 알게 되었다. 칼은 아주 건강해서 쉽게 회복되었다. 몸 여기저기에 작은 뾰루지가 보였지만 이제는 말끔히 사라졌다.

칼은 동생을 아주 조심스럽게 돌보았다. 아기는 10주 뒤에 발진이 사라지면서 심한 경련을 일으키더니 5일 뒤에 경련을 멈췄다. 우리 부부는 18년 동안 끊임없이 그 나쁜 독성에 시달렸다. 독성은 점점 우리의 피와 체액에 스며들었다. 아무리 조심해도 다시 그런 발진이 생겼다. 그다음부터는 우리의 온몸 구석구석이 끔찍한 고통에 시달렸다. 우리는 무수한 병을 견디면서 죽음에 다가가곤 하다가 결국 건강을 해치고 말았다.

Chapter 3

아이가 아이를 물들인다

—— 우리 집에 아이 둘을 받아들인 것이 칼에게는 발진의 독성보다 해로웠다. 사람들은 칼을 혼자 키우는 것이 좋지 않다고 했다. 나는 그 근거를 무시하고 대충 말하겠다. 이런 내용을 쓰는 것이 너무 고통스럽기 때문이다. 내게 반대하는 자들이 옳지 않다고 느꼈지만 내 일에 확신이 없었다. 그래도 나는 자부심과 고집이 있었기에 반대하는 자들을 거슬러 내 의지를 관철시키려 했다. 하지만 결국 나는 설득당했다. 남자아이 하나를 받아들여서 그 아이의 부모와 친척이 놀랄 정도로 개선시켰다. 하지만 그 아이만 이득이었고 내 아들은 손해를 입었다.

칼의 가슴은 그때까지 순수하고 결백했다. 칼은 부모에게 복종하지 않고, 과제를 대충 혹은 아예 하지 않고, 거짓말을 늘어놓고, 상대를 비방하거나 모욕한다는 개념이 전혀 없었다. 이제 칼은 날마다 눈앞에서 그 모든 것, 아니 그 이상을 보고 점점 그런 것에 익숙해졌다. 그 남자아이가 부모에게 돌아가자 나는 신에게 감사했다. 내 친구들은 반대로 말했다. 위에서 말한 모든 것이 해롭지 않다고 했다. 오히려 칼이 결점을 배워야 한다는 것이다. 정말로 선해지려면.

그 일이 있고 얼마 뒤에 어떤 아이의 어머니가 자기 아들을 우리 집으로 데려와서 받아달라고 간청했다. 나는 절대 원하지 않았다. 그 여자는 내게 제안하고 간청했다. 내가 받아들일 때까지. 그 아이가 8일간 우리 집에 머물게 해달라는 것이었다. 나는 반드시 아이를 되찾아간다는 조건으로 받아들였다. 하지만 8일 뒤에 그 어머니는 오지 않고 대신 아내를 위한 선물과 편지가 왔다. 편지의 내용은 병을 옮길까봐 직접 오지 못했으니 며칠만 더 자기 아들을 데리고 있어달라는 것이었다. 결국 나는 내 의지를 거슬러 그 아이를 받아들여야 했다. 역시나 나는 그 아이에게 유익한 일을 해주었지만 내 아들은 해를 입었다. 그 아이에게도 여러 결점이 있었다. 그 아이가 자기 의무를 다하게 하려면 몇 년은 더 진지하고 엄격하게 다루어야 했다. 내가 얼마나 그런 일에 시달렸는지 솔직하게 터놓을 수는 없다. 몇 가지 가장 슬펐던 감정만 살짝 이야기하겠다. 내가 다시 그런 순진무구한 천사 같은 아이를 교육해야 한다면 온 세상의 부자들이 온갖 방법을 동원해도, 독재자가 가장 엄격한 명령을 내려도 듣지 않을 것이다. 나는 다시는 남의 아이를 받아들이지 않을 것이다. 나아가 내가 살아 있는 동안은 결국 굴복했던 당시의 나를 절대 용서하지 않을 것이다.

보통의 아이들이라면 이야기가 완전히 달라진다. 하지만 칼은 당시 비범하게 순수한 남자아이였다.

하지만 여기서 이 이야기를 멈추는 것을 허락해주시길. 내가 굴복한 슬픈 결과가 저절로 논쟁거리가 될 테니까. 나는 신이 내 실수를 용서했다고 확신한다. 착하고 사랑스러운 칼아! 나를 생각해서 그 아이를 용서해다오!

Chapter 4

놀이를 통한 교육법

―― 칼은 그림을 보는 것을 좋아했다. 우리는 자연스레 칼에게 그림의 의미를 모두 설명해주고는 어떨 때는 칼의 교사로서, 어떨 때는 칼의 제자로서 칼이 그림에 대해 설명하게 했다. 칼이 아직 글을 읽지 못하는 동안 내내 우리는 안타깝게 말했다.

"네가 읽을 수만 있다면 얼마나 좋을까. 정말 흥미로운 이야기가 있는데 내가 너에게 이야기해줄 시간이 없구나."

우리가 없을 경우 칼은 탈리스만 같은 책을 시무룩하게 쳐다보았다. 탈리스만의 비밀스러운 힘이 칼에겐 쓸모가 없었다. 왜냐하면 칼은 마술의 언어를 열 수 없었으니까. 이따금 칼은 그림과 완전히 다른 이야기를 꾸며내 우리에게 들려주었다. 우리가 칼에게 그와 반대되는 실제 이야기를 들려주고 싶도록 말이다. 그래서 글자를 배우고 싶다는 욕구가 칼의 마음속에서 일어났다. 나는 설명서를 곁들인 바제도의 입문서를 모두 샀다. 그밖에 수많은 철자 책과 동판화가 담긴 읽기용 책도 샀다. 유감스럽게도 수많은 철자 책과 읽기용 책은 바제도 교재에서 빌려

온 내용이었고 정말로 엉망이었다. 나는 좋은 동판화가 수록된 상당히 큰 전집을 소유하고 있었기에 가끔 칼에게 적합한 것을 찾아 보여주었다. 그래서 칼은 추운 겨우내 관찰할 것이 충분했다. 날씨가 좋을 때는 여행 중에 지켜보는 자연, 별이 빛나는 하늘이 칼의 그림책이었다. 그림책이나 삶에서 보는 것들이 칼에겐 엄청나게 유용했다.

칼은 세 살과 네 살 사이에 읽기를 배우고 싶다고 했다. 나는 라이프치히에서 작은 독일어 철자 모형 열 세트를 샀다. 큰 철자 모형도 열 세트 샀다. 마찬가지로 크고 작은 라틴어 철자 모형도 열 세트 샀다. 나아가 발음 부호, 0부터 9까지의 숫자도 각각 열 세트 샀다. 철자 하나하나가 7.6센티미터 길이였고 작은 나무 조각에 붙어 있었다. 나는 이걸 전부 상자에 넣고 칼에게 새로운 '철자 놀이' 장난감이라고 보여주었다.

우리 셋은 카펫에 앉아서 작은 독일어 철자를 모두 섞고는 그중 하나를 집었다. 그렇게 집어낸 철자를 제대로 살피고 발음해보았다. 크고 분명하게. 그 철자가 손에서 손으로 옮겨지는 동안 각자가 살펴보고 발음해보았다. 처음에 우리는 좀 더 쉬운 철자, 이를테면 a, e, I 같은 모음만 자주 나오게 배열했다. 우리는 철자 하나하나를 발음하기 전에 칼 앞에 놓고 칼이 그 철자를 제대로 발음하면 칭찬해주었다. 칼이 철자를 모르면 "아, 안타깝네! 그건 a(또는 e)야."라고 웃으며 놀렸다.

독일어 철자의 대문자는 이따금 우연인 것처럼 섞어놓았다. 아내가 나에게, 내가 아내에게, 칼이 나나 아내에게 대문자를 자세히 보게 하고는 해당 대문자가 해당 소문자와 어떻게 다른지 말하라고 했다. 우리는 이런 놀이를 다양하게 했다.

대문자와 소문자를 완전히 익히고 나면 라틴어 소문자 몇 개를 독일어 철자 속에 슬쩍 던져놓았다. 우리가 집어든 철자가 라틴어 철자라면 라틴어 철자가 독일어 철자 가운데서 길을 잃었다고 다 같이 경탄하면서도 조롱했다. 칼은 그에 상응하는 독일어 철자를 찾아 둘을 서로 비교해야 했다. 칼은 오래지 않아 라틴어 소문자를 완전히 익혔다. 다음 단계인 라틴어 대문자는 아주 쉽게 익혔다. 특히 칼이 스스로 철자 놀이를 하게 되면서 더욱 쉽게 익혔다.

칼이 어느 정도 철자를 익히자마자 음절과 단어를 같이 익히게 했다. 물론 우리는 가장 우스꽝스러운 것을 고르거나 칼이 직접 선택하게 했다. 어떨 때는 우리 친구가 칼에게 철자 놀이를 하자고 부탁하거나 칼의 착한 행동에 대한 보상으로 철자 놀이를 함께했다. 그렇게 다양한 방법으로 철자 놀이 수업을 하면서 쉽고 빠르게 우리가 원하는 것을 해냈다. 정말로 읽는 법을 가르치지 않고도 말이다.

칼은 앞서 말한 철자를 전부 정확하게 알았다. 애쓰지 않고도 매우 정확하게 음절과 단어를 익혔다. 심지어 어구까지 익혔다. 또한 부호와 수도 깨우쳤고 사용법도 알았다. 나는 그 이상은 바라지 않았다. 너무 이른 것이 아닐까 염려했기 때문이다. 칼이 네 살일 때는 친구 글라우비츠, 틸리히와 더불어 페스탈로치 연구소를 방문했고 스위스와 북부 이탈리아를 두루 여행했다. 칼이 타고난 재능이 미약해서 조금씩밖에 배우지 못하는 것은 아닌지, 내가 칼에게 너무 적게 가르치는 것은 아닌지 늘 걱정하던 아내는 내가 부재중일 때 칼에게 읽기를 가르침으로써 칼의 실력을 크게 향상시켜서 나를 즐겁게 해주려고 했다.

내가 우려했던 일이 어김없이 일어나고 말았다. 그때까지 모든 것을 자연, 환경, 삽화로부터 배운 아이가, 더 작은 대상인 집짓기 블록이나 철자 모형 등은 단지 놀이에만 필요했던 아이가 인쇄된 단어에 몰두해야 하자 적잖이 당황하고 낙담했다. 그중에는 한 줄에 넷, 여섯, 여덟 단어까지 나열되어서 무슨 의미인지 모르거나 전혀 구미가 당기지 않는 내용도 있었다.

이제껏 칼이 스스로 나열했던 단어의 철자, 또는 우리가 칼에게 발음해준 우스꽝스러운 단어의 철자를 늘어놓으면 7.6센티미터밖에 되지 않았던 반면 나중에 엄마와 인쇄된 책으로 단어를 배울 때는 우스꽝스러운 철자가 조금도 없었다. 모든 것이 칼의 마음에 들지 않았고 칼은 선량한 엄마의 수업을 언짢아했다. 다행히 엄마의 수업이 칼을 완전히 낙담시키지는 않았다.

내가 집에 돌아오자 아내가 칼에게 읽기를 시켰다. 나는 아내의 선의를 고맙게 여겼지만 아내가 해낸 일에는 가치를 부여하지 않았다. 한편으로는 칼이 그런 수업을 받지 말았어야 했기 때문이고 다른 한편으로는 칼에게는 아직 책을 읽고 싶은 욕구가 없었기 때문이다. 내가 매번 염려한 것은 칼이 일반적인 수업을 싫어한다는 점이었다. 칼은 아무리 짧은 이야기책도 읽고 싶어 하지 않았다. 우리가 그 책은 아주 재미있고 엄청난 기쁨을 준다고 확인해주었는데도 말이다. 칼은 "그 책은 재미있지 않아요."라고 말했다.

나는 칼이 힘겹게 익힌 읽기를 그냥 잊어버리게 내버려두고 싶었다. 하지만 그러면 아내의 마음이 상했을 테니 그러지는 말아야 했다. 그 당시에 나는 페스탈로치 연구소에 대해 글을 썼고 읽기를 가르치는 것과 배우는 것에 대해 곰곰이 생각했다. 그리고 칼이 기분 좋게 읽고 빨리 노력의 열매를 거둬들이도록 여러 가지 보조 수단을 찾아보게 되었다. 정말 기쁘게도 나는 칼이 읽고 싶어 할 만한, 아주 짧고 재미있는 이야기책을 발견했다. 칼은 행복하게 웃으면서 우리에게 여러 번 그 책을 읽어주었다. 그것도 자발적으로.

"이제야 말이지만 읽을 수 있으니 얼마나 기쁘니? 곧 겨울이 되면 밖에서 많이 놀지도 못할 텐데, 책을 읽으면 얼마나 재미있겠니?"

우리 친구들도 이따금 칼에게 책을 읽어주면서 즐거운 시간을 보냈다. 덕분에 내가 원하던 일이 이루어져갔다. 칼은 날마다 더욱 즐겁게, 더욱 많이 책 읽기에 몰두했다. 얼마 후부터 나는 칼에게 적합한 책을 준비해주기만 했다. 칼은 책을 열중해서 읽었고 그중 많은 책은 두세 번씩 읽었다.

칼은 단어에 강세를 주어 바르게 발음했다. 내가 이미 말했듯이 칼은 스스로 능숙하게 읽어냈다. 내 기본 원칙이 첫째, 칼이 배우고 싶어 해야 하고 둘째, 칼에게 가장 필요한 것을 가르쳐야 하고 셋째, 가장 이해하기 쉽게 가르쳐야 한다는 것이었기 때문이다. 우리는 부모로서 칼에게 그저 용기를 북돋우고 동기를 부여하고 칭찬을 하고 보상을 주었다. 나머지는 칼이 스스로 했고 우리 친구들이 이따금 도와주었다.

내가 공무, 이름을 밝히거나 밝히지 않은 수많은 인쇄물, 널리 오간 서신, 중요한 여행 외에 칼의 교육까지 빈틈없이 챙기려고 했다면 할 일이 너무 많았을 것이다. 과도한 일은 내 시간과 힘 그리고 의욕에 벅찼을 것이고 내 계획은 완전히 어긋났을 것이다.

그런 이유로 나는 칼에게 쓰기를 가르치지 않았다. 부모인 우리는 칼이 있는 자리에서 다른 사람들과 함께 쓰기의 이점에 대해 이야기하곤 했다. 또 우리는 칼이 글자를 쓰고 싶도록 동기부여를 했지만 도와주지는 않았다. 물론 오랫동안 그랬던 것은 아니다. 칼이 가르쳐달라고 수없이 간청한 뒤에야 우리는 칼을 도왔다. 처음에 칼은 인쇄된 철자를 따라 그리고 따라 썼다. 우리가 칼의 글자를 보고 웃은 다음 칼의 간청에 따라 철자를 써주자 칼은 곧바로 따라 그렸다. 다른 아이들이 아주 힘들게 배운 쓰기를 칼은 쉽게 익혀서 기뻤다. 칼은 원하는 것은 무엇이든 베껴 쓰고 기록할 수 있었다.

덕분에 칼과 나의 시간이 얼마나 절약되었는지. 우리가 얼마나 적게 책상에 앉아 있었는지. 얼마나 많이 자유로운 공기를 즐겼는지. 칼이 얼마나 드물게 야단을 맞았는지. 얼마나 손과 얼굴 그리고 옷이 깨끗했는지. 칼이 예쁜 글씨체를 배우고 싶다면 그전에 시간을 낭비하지 말고 나처럼 열아홉이나 스무 살에 4주간 배우면 된다.

내가 칼에게 쓰기를 가르치지 않은 중요한 이유는 칼이 쓰기에 너무 정신을 뺏기지 않기를 바랐기 때문이다. 그리고 문어에 의존하지 않기를 바랐기 때문이다. 특히 대학 강의실에서 그런 일이 자주 일어난다. 대학 강의실에서 이른바 받아 적기에 몰두하는 '기억의 영웅'이 나타나는 것이다. 기계적으로 받아쓴 것을 기억 속에서 정확하게 재생하지 못한다면 기억의 영웅이 되지 못할 것이다. 반면 내 아들은 늘 최대한 집중했고 조금만 필기했다. 대신 강의를 따라가고 완전히 익히려고 했다. 덕분에 칼의 성적 증명서가 말해주듯이 칼은 나와 교수들을 완전히 만족시켰다.

여기서 다른 철자 놀이를 소개하겠다. 나중에 우리는 빌덱에 있는 헤센-로텐부르크 궁정에서 그 철자 놀이를 배웠다. 둥근 탁자에 빙 둘러앉고는 한가운데 철자 카드와 부호 카드를 한 무더기 모아놓는다. 가로세로가 약 1.3센티미터인 철자 카드와 부호 카드는 판지로 만들었다. 이제 각자가 철자와 부호를 골라내 하나, 둘, 셋 등 많은 음절을 만든다. 그런 다음 카드들을 섞고는 주고 싶은 사람에게 넘겨준다. 예를 들어 다섯 단어가 있다고 하자. 우선 첫 번째 단어는 k로 시작하고 두 번째 단어는 r, 세 번째 단어는 v, 네 번째 단어는 h, 다섯 번째 단어는 r로 시작한다고 하자. 다섯 단어의 첫 철자를 위에서 아래로 수직으로 늘어 놓으면 카드를 넘겨받았던 사람이 나머지 철자를 찾아 단어를 만드는 것이다. 그러면 믿기지 않을 정도로 어휘 실력이 늘어난다. 헤센-로텐부르크의 공주인 아주 아름답고 지적인 클로틸데가 독일어든 프랑스어든 이탈리아어든 순식간에 거의 모든 단어를 맞혔다. 놀이 중에 묻고 대답하고 장난치면서 정신을 몰두시킬 수천 번의 기회를 발견한다.

우리가 베를린, 라이프치히 같은 데서 배우거나 익힌 단체 게임을 칼과 함께했다. 게임으로 배우지 않았다면 책에 쓰인 활자를 보고 익혀야 했을 것이다. 게임의 규칙을 벗어나지 않는 범위 내에서 우리는 칼을 혼란에 빠뜨리곤 했다. 줄곧 우리도 칼도 게임의 규칙을 마음대로 변경했다. 변경으로 개선되는 범위 안에서 말이다. 그런 것은 아주 교육적이다. 왜냐하면 게임의 내부 구조로 들어감으로써 규칙의 역학적인 수행에서 규칙에 대한 의식적인 추론으로 넘어가기 때문이다. 칼이 나중에 더욱 고차원의 수학에 통달하게 되자 계산에 기초한 모든 게임을 풀어내는 것, 그런 게임을 변경하는 것, 완전히 새롭고 훨씬 매력적인 게임을 고안해내는 것이 쉬워졌다.

나아가 나는 몇 가지 속임수를 가르쳐주고 충분히 설명해준 노련한 마술사에게 후사했다. 칼은 마술을 구경했을 뿐만 아니라 이런저런 속임수를 파헤칠 열쇠를 찾으려고 애쓰기도 했다. 칼은 종종 마술을 성공적으로 해냈다. 하지만 나는 칼이 모방 능력, 결국에는 쓸모없는 기술로 경이와 갈채, 특히 아름다운 여성의 경이와 갈채를 받는 것을 알아채자마자 그런 계기를 최대한 피해버렸다. 칼이 그런 속임수와 기술을 잊게 했다. 피어오르던 갈채의 근원이 내 소망대로 바짝 말라버렸다.

Chapter 5

공부와 놀이는 엄격하게 구분하라

—— 아베 고티에(1745~1818, 프랑스의 목사이자 교육 개혁가-옮긴이)는 이성적으로 고안한 게임을 통해 아이들과 엄청나게 많은 것을 이룰 수 있다고 했다. 그 말이 옳다. 다만 내가 아베 고티에와 의견이 갈리는 부분은 매일 조금씩 시간을 정해놓고 수업을 하는 것이었다. 아무리 수업이 즐거워도 노는 것과는 엄격하게 분리했다. 처음에 나는 자연적인 본능에 이끌려서 그렇게 했다. 나중에는 충분히 그것에 대해 심사숙고했다. 그 생각의 열매는 다음과 같다.

고티에는 이 방법을 이미 30년 동안 실행했고 놀랍게도 훌륭하게 완성했기 때문에 분명히 제자들은 박식할 뿐만 아니라 두뇌 회전도 빨라야 했다. 틀림없이 프랑스에서는 아주 탁월한 고티에 학파 사람들이 많이 배출되었을 것이다. 하지만 그렇지 않았다. 그 까닭이 무엇일까? 조기에 모든 것을 놀이로 배운 아이는 계속 그렇게 배우고 싶어 한다. 그래서 더 이상 그럴 수가 없게 되면 배우고 싶다는 욕구를 잃어버린다. 더 이상 놀이는 없고 온통 규율뿐이다. 모든 것이 장소와 시간과 상황에 따라 정해지고, 철저한 필연성에 따라 이런저런 일을 도모하게 되며, 늘 일에 대해서만 이야기하는 시민적 삶으로 들어서면 예전의 놀이가 그리워지고 삶이 지루해지며 짜증이 나고 기분이 우울해진다. 그 결과 아무리 많은 기대를 받아도 아주 조금밖에 성취하지 못한다.

그래서 나는 내 방법을 고수했다. 공부와 놀이를 조심스레 분리했다. 공부와 놀이는 고유한 방식을 갖는다. 이를테면 나는 놀이에서는 칼이 정신력을 맘껏 펼치는 것을 좋아했다. 우리는 부모로서 늘 정신력을 자극해주려고 애썼다. 하지만 그럴 필요가 없었다. 칼이 제대로 대답하지 않거나 내용을 충분히 파악하지 못하면 우리는 "아, 그 이상을 모르다니 넌 바보구나." 하고 놀려주었다.

"정말로 순진한 멍텅구리구나. 네 단순한 대답을 듣고 알아챘단다."

그러면 칼은 우리가 말하려는 바를 정확하게 눈치채고는 단순하고 어리석게 보이지 않으려고 애썼다.

공부할 때는 완전히 달랐다. 나는 처음에는 날마다 15분만 수업을 했다. 하지만 15분 동안 칼은 혼신의 힘을 쏟았다. 칼이 그러지 않았다면 나는 화를 냈을 것이다. 칼이 어지간히 할 수 있는 것은 전부 해야 했다. 공부하는 동안에는 온갖 방문과 (아내나 도우미의) 온갖 문의를 물리쳤다. 나는 "지금은 안 됩니다. 우리가 공부하는 중이거든요."라고 확고하게 못을 박는다든지, "칼이 수업을 받고 있습니다."라고 말했다. 아내와 절친한 친구들에게 거절할 때는 나에 대한 애정과 칼에 대한 선의를 알기에 더욱 심각한 표정으로 진지하게 말할 수밖에 없었다. 내 목적에 대한 확고한 의지 덕분에 우리가 기르는 개조차도 "나는 공부해야 해."라는 말을 제대로 알아들었다. 그래서 우리가 귀에다 그 말을 부드럽게 들려주는 순간 개는 흥분을 가라앉힐 정도였다. 당연히 이 모든 것이 칼에게 강력한 인상을 심어주었다. 칼은 공부하는 시간을 성스럽게 여기게 되었다. 칼은 계속 공부해야 했을 뿐만 아니라 온 힘을 다해 최대한 빨리 공부해야 했다. 칼이 아무리 잘해도 속도가 느렸다면 나는 만족하지 못했을 것이다. 이것은 칼에게 엄청나게 유익했고 두뇌 회전 속도를 높여주었다. 다른 아이에게는 아주 어려운 것이 칼에게는 아주 쉬웠다. 우리가 비로소 시작하려는 순간 칼은 이미 마쳤다. 그래서 칼은 쉬거나 누군가를 사귀거나 운동할 시간을 더 많이 확보했고 모든 것을 우리보다 철저하게 잘해냈다.

칼은 나이가 좀 더 들고서야 계산할 수 없는 이익을 제대로 알아보았다. 빈에서 칼은 감동적이고 다정하게 나에게 고마워했다. 그전에는 내가 잘해야 할뿐더러 빨리 해야 한다고 요구한 이유를 몰랐다는 것이다. 하지만 이제 칼은 빨리 해내는 것에 얼마나 커다란 이점이 있는지를 통찰하고 내게 깊이 감사했다.

Chapter 6

보상에 대하여

——앞서 말했듯이 우리는 칼이 착한 행동을 해도 금전이나 값진 물건으로 보상해주지 않았다. 성취감, 스스로를 극복했다는 기쁨, 우리의 애무, 칼의 성스러운 '윤리 기록장'에 담긴 짧은 기록, 친구들의 커다란 호의, 신이 칼을 더욱더 사랑하고 칼이 더욱더 선행을 이룰 힘을 지녔다는 확신, 칼의 눈앞에서 보여주었던 선행의 유익한 결과 같은 것들이 보상이었다. 왜냐하면 칼은 탁월하게 행동하면 신을 닮는 것이고 신을 닮는 것은 부지런한 노력의 정점이라고 확신했기 때문이다.

우리는 올바르지 못한 행동에 대해서는 엄하게 대했다. 다행히 칼은 올바르지 못한 행동은 하지 않았다. 하지만 실수는 아주 진지하게 슬퍼하며 나무랐다. 모욕한 사람은 누구라도 아주 경멸했다. 100만 탈러(독일의 옛 화폐 단위로 약 30억 원 정도)를 줘도 내 아들은 누군가를 모욕하지 않을 것이다. 반면 우리는 칼이 지식을 얻기 위해 공부하는 것을 정신노동으로 생각해서 그 대가로 칼에게 돈을 주었다.

그런 경우에 우리는 공부가 칼의 오성을 연마해주겠지만 결국 오성은 마음, 특히 경건한 마음보다 훨씬 아래에 자리매김한다고 칼에게 지적했다. 하지만 우리는 지식과 지적 능력을 통해 많은 사람에게 존경받을 수 있다는 점을 칼에게 확신시켰고 칼도 직접 그런 경험을 했다. 하지만 칼은 많은 사람들을 존경하기보다는 가장 뛰어난 사람을 존경했다. 칼에게는 가장 뛰어난 사람, 부모, 지고한 신을 사랑하는 것이 많은 사람을 존경하는 것보다 훨씬 값진 일이었다. 나아가 칼은 많은 사람들이 불안정한 반면 뛰어난 사람들과 부모 그리고 신은 안정적이라는 것을 알았다.

칼이 열심히 공부할 때면 나는 "맞아! 네 의무를 다했어. 흐뭇하구나!"라고 칭찬했다. 나는 칼의 어머니와 친구들에게도 이와 비슷하게 말했다. 칼 자신과 칼의 어머니 그리고 친구들에게 칼의 아름다운 행동은 성스러운 것이라며 기쁜 감정을 담아 매혹적인 방식으로 칭찬했다.

짧게 말해 우리는 칼이 부지런히 공부하는 것은 지상의 행복한 앞날을 준비하는 것이고 고귀하게 행동하는 것은 천상의 만족감을 준비하는 것이라고 칼에게 명심시켰다.

하지만 나는 칼이 공부를 잘했을 경우 일종의 세속적인 보상으로서 돈을 주었다. 이때 가능하면 비즈니스 세계를 모방했다. 칼의 공부가 대수롭지 않으면 나는 아주 조금만 주었다. 칼은 자신이 아주 적은 금액도 벌지 못했다는 것을 잘 알았다. 하지만 가장 진지한 노력에 대한 가시적 인정으로서 적은 금액을 받았다. 그밖에 나는 칼이 질릴 정도로 보상해주지 않도록 주의했다. 나는 보상이 단순한 지불로 넘어가면 쉽게 가치를 잃는다는 것을 알았다. 하지만 그런 일은 칼에게 일어날 수 없었다.

나는 칼이 하루 동안 독일어를 무척 잘 읽었고 행동도 착하게 했는데 보상으로 푼돈만 쥐여준 사실을 언급하기 부끄럽다. 하지만 바로 그 이유로 나중에 칼은 아주 힘든 일을 해냈을 때도 우리가 큰돈이 아니라 푼돈을 줘도 불평하지 않았다. 아, 칼이 그런 푼돈을 받으면서 얼마나 감사하는지! 큰돈을 받아도 기뻐하지 않는 사람이 얼마나 많은지 나는 잘 안다.

어디서든 나는 고상한 시민의 생활에 주목했다. 우리 가족은 칼에게 국가였고 나는 섭정이었으며 칼은 국가의 일꾼이었다. 나는 칼에게 자신과 더불어 전체의 행복을 위해 온 힘을 쏟으라고, 즉 의무를 다하라고 했다. 그리고 앞으로 더 많은 것을 해낼 능력을 갖추라고 요구했다. 칼은 해야 하는 일, 즉 의무를 다했을 경우 '윤리 기록장'에 썼다. 하지만 나는 칼이 부지런하고 진지하게 해낸 모든 일을 마치 내 이익을 위한 행동인 것처럼 금전으로 보상했다. 칼이 이렇게 모은 돈은 앞날을 준비할 동기가 되었다. 그렇게 칼은 살림살이와 선행을 배웠다. 칼이 맛있는 것을 사 먹었다면 그 돈은 빨리 없어졌을 것이고 칼은 진정한 기쁨을 누리지 못했을 것이다. 칼은 돈을 쓰지 않고 모아서 꽤 오랫동안 쓸 만한 것을 샀다. 그러면 우리는 칭찬했다. 그리고 아이가 사고 싶은 것을 살 수 있도록 그런 식으로 몰래 돈을 보태주었다. 우리는 종종 칼이 자기 소유물, 재산, 이익에 관심을 갖게 했다. 마침내 칼은 자신이 모은 돈으로 다른 아이에게 선물을 사주고는 감사 인사와 그 부모의 사랑을 얻었다.

곤궁이나 불행이 있는 곳에서 우리는 늘 형편에 따라 사람들을 도왔다. 그때는 칼이 내놓은 푼돈도 절대 무시하지 않았다. 우리는 칼이 내놓은 동전을 우리 돈과 같이 불행한 사람들에게 건네고 그들의 영혼에서 우러나는 감사 인사를 받았다. 한번은 칼이 어떤 사람에게 오르간을 사주라고 8페니히(독일의 옛 화폐 단위, 약 240원)인지, 12페니히(약 360원)인지를 냈다. 내가 냈던 성금인 20탈러(약 6만 원)에 버금가는 값어치가 있었다. 나는 칼이 적어도 나만큼은 낸 셈이라고 설명했다. 가난한 미망인의 적지만 정성 어린 성금에 대해 예수가 했던 훌륭한 말씀(〈마가복음〉 12장 42~45절)을 알려주면서 말이다. 칼은 이미 오래전부터 그 구절을 알고 있었다.

칼이 힘껏 그리고 즐겁게 공부했더라도 더욱 높은 윤리 법칙을 위반했다면 돈을 받지 못했다. 사소하게 위반했다면 "네가 내일 부지런히 공부하고 경건하게, 선하게 행동하면 오늘 몫까지 같이 받을 거야."라고 말했다.

칼은 스스로에게 엄격한 재판관이었다. 그래서 칼은 정당한 벌에 절대 불만을 품지 않았다. 하지만 자기 과실을 슬퍼했다. 자기 과실을 통해 우리에게 걱정을 끼치고 지고한 신의 사랑과 존경을 잃은 것을 슬퍼했다.

아주 자주 칼은 "아뇨, 오늘은 받을 수 없어요. 받을 만한 행동을 못했어요."라고 스스로 판결을 내렸다. 칼이 사소한 것을 어긴 탓에 아무것도 주지 못하는 날이면 내가 얼마나 슬펐는지 신은 아실 것이다. 나는 칼에게 두 배로 주고 입맞춤까지 해주고 싶었다. 하지만 나는 기쁨의 눈물을 단호하게 억누르고는 "내가 미처 생각을 못했구나! 하지만 얘야, 내일은 더 잘하거라."라고 조용히 말하며 입을 맞춰주었다.

이런 과정을 통해 우리는 믿기지 않을 만큼 많은 일을 이루어냈다. 나는 모든 선량한 부모들이 자신과 아이의 행복을 위해 이렇게 하기를 바란다.

이를테면 책을 한 권 통독하거나 번역을 하자마자, 또는 더 큰 과제를 끝내자마자 칼과 나는 "게디케나 야콥 만세!" 하고 세 번 크게 환호했다. 이건 칼의 어머니에게 오늘 파티를 준비하라는 신호였다. 그런 파티는 칼이 가장 좋아하는 음식인 사과 파이, 데운 맥주에 첨가물을 섞은 비알코올성 맥아 음료를 곁들인 와플, 포도주 소스를 곁들인 팬케이크 중에 하나가 나오는 저녁 식사를 의미했다. 우선 파티 분위기가 나는 화려한 식탁보를 식탁에 씌우고 촛불을 밝힌 다음 칼의 열의, 근면, 인내, 발전, 정신력에 대해 아버지답게 이야기했다. 또한 우리가 방금 끝낸 책과 이제 시작할 책의 내용에 대해서도 이야기했다. 그렇게 함으로써 단순한 저녁 식사에 흥이 돋는다. 대개 칼의 어머니나 우연히 들른 척하는 절친한 친구나 칼에게 알리고 초대한 절친한 친구가 파티의 주인공에게 방금 끝낸 책에 대해 이야기하게 했다. 그러면 파티의 주인공은 더욱 즐거워했다.

우리는 우리에게 내려주신 힘과 건강에 대해 신에게 감사하는 것을 잊지 않았다. 또 칼의 어머니는 아들에게 선생님의 노고를 잊지 말라고 말해주었다.

Chapter 7

외국어 학습의 모든 것

—— 칼이 여섯 살 때의 일이다. 우리는 베를린과 로스토크를 두루 거치는 긴 여행을 마치고 돌아오는 길에 손윗동서인 슈텐달의 목사 자이데를 방문했다. 처형의 막내아들인 하인리히는 칼보다 두 살이 많은 사랑스러운 미소년이었다. 하인리히를 지극히 사랑하는 어머니와 이모는 하인리히가 프랑스어를 유창하게 읽고 번역하고 웬만큼 말하고 쓰도록 가르쳤다. 나는 무척 흐뭇해서 아이는 물론이고 선생님이 되어준 아이의 어머니와 이모에게 대놓고 애정 어린 존경을 표현했다.

아내도 조카의 프랑스어 실력에 진심으로 기뻐하면서도 칼과 비교가 되어 슬프다고 했다. 아내는 칼이 프랑스어를 전혀 모르는 것에 대해 내게 불만을 토로했다. 나는 아내를 골려주고는 우리 친척과 친구들이 아내가 있는 자리에서 주장했듯이 칼이 상당히 많이 안다고 장담했다. 하지만 내가 가르치지 않은 것을 칼이 모르는 것은 당연했다.

"왜 가르치지 않아요? 칼이 너무 모르니까 창피하잖아요." 하고 아내가 말했다. 나는 아직 때가 아니라는 점을 아내에게 상기시켰다. 하지만 아내는 "그런 일로 칼은 죽지 않아요. 병약한 당신이 얼마나 오래 살지 누가 알겠어요? 어차피 칼은 느릿느릿 익힐 테니까 너무 염려할 필요 없어요."라고 대꾸했다.

나는 아내의 말을 웃어넘기면서 내 생각을 고수했다. 슈텐달을 떠나오는 길에 내가 아주 유쾌하게 어린 하인리히 이야기를 다시 꺼내자 아내가 다시 똑같은 말을 했다. 급기야 나는 짜증을 냈다.

"여보, 제발 여행을 망치지 말아요. 집에 가자마자 칼에게 외국어를 가르칠게요. 하지만 미리 말하는데, 날마다 15분만 가르칠 거예요. 아이가 수업을 시작하기만 하면 얼마든지 배울 수 있다는 점을 당신에게 보여주려는 거요."

"잊지 않을 거죠?"

"내가 약속을 어긴 적이 있어요?"

우리는 침묵했다. 나는 하인리히와 칼을 앞으로 어떻게 가르칠지 곰곰이 생각했다. 남은 여정 내내 나는 그 생각에 골몰했다. 내가 네덜란드어와 영어에 능통했다면 (중간 정도는 되었다) 우선 저지독일어를 시작했을 것이다. 칼은 우리 부부를 통해, 또 저지독일 지대로의 잦은 여행을 통해 저지독일어를 알고 있었다. 그다음에는 네덜란드어, 영어, 프랑스어, 이탈리아어, 스페인어, 포르투갈어, 라틴어, 고대 그리스어 순서로 가르쳤을 것이다.

나는 고지독일어(고지대인 독일 남부 지방에서 주로 썼으며 현대 독일 표준어의 기초가 되었다-옮긴이), 저지독일어(저지대인 독일 북부 지방에서 주로 쓰던 방언으로 발음과 철자법이 네덜란드어와 유사하다-옮긴이), 네덜란드어, 영어의 유사성을 걱정하지 않았을 것이다. 왜냐하면 저지독일어가 고지독일어와 아주 달라서 지성인이라면 서로 혼동하지 않을 테니까. 칼은 네덜란드어와 영어를 정확하게 독일어로 옮길 수는 있었겠지만 독일어를 네덜란드어와 영어로 옮기지는 못했을 것이다. 하지만 제대로 교육받은 아이라면 두려울 것이 없었다. 언어를 배우는 것은 지극히 쉬운 일이니까.

이론에 따라 나는 고대 그리스어가 독일어에 대해 철저하게 가르쳐준다는 점을 알았다. 고대 그리스어와 독일어는 모두 관사가 있고 명사와 동사 변화가 있다. 문장을 구성하고 단어를 연결하는 방식이 서로 닮았고 어휘가 매우 풍부하다. 하지만 누가 고대 그리스어를 말하고 쓸까? 이제 고대 그리스는 어디에 있단 말인가? 어린아이를 위한 고대 그리스가 남아 있을까? 어떻게 아이에게 고대 그리스어를 배우게 할까? 어떻게 그 언어를 배우는 이점을 아이에게 알려줄까? 마침내 나는 고대 그리스어를 쉽고 재미있게 알려주었지만, 그래도 배우는 아이 입장에서는 프랑스어와 이탈리아어가 훨씬 쉬웠다. 아이들 수업에서는 프랑스어와 이탈리아어가 흔히 생각하는 것보다 훨씬 더 중요하다.

나는 심사숙고 끝에 우선 프랑스어부터 칼에게 가르치기로 했다. 그 까닭은 다음과 같았다.

나는 그전까지는 아이에게 익숙하지도 달갑지도 않은 것을 가르치지 않는 것이 의무라고 생각했다. 프랑스어는 익숙하고 달가운 것이었다. 나는 프랑스어로 읽고 쓰고 말할 줄 알았다. 칼은 프랑스어로 말해야 하는 모임에 나와 함께 참석하곤 했다. 칼은 나와 대화한 사람들이 폭넓은 교양을 갖추었기에 존경하고 좋아했다. 다만 칼은 우리가 무엇에 대해 웃는지 모르는 것을 괴로워했다. 대개 우리는 프랑스어로 친밀한 대화를 나눴다. 칼도 우리가 자기 이야기를 하는 것을 알아챘다. 칼이 나중에 무슨 말을 했는지 물으면 나는 "네가 프랑스어를 알아듣기만 하면 훨씬 즐거울 거고 존중받을 거야." 하고 칼의 호기심을 더욱 자극하는 대답을 해주었다.

라틴어에 정통한 아이가 그 분화어인 이탈리아어, 프랑스어 등을 쉽게 배우는 것은 사실이다. 하지만 다른 외국어를 가르치기 전에 라틴어를 가르치는 것은 정신이 최대한 연마된 독일 아이에게는 불합리하고 혐오스러운 일이다. 분명 아이는 빈 병처럼 모든 것을 참으며 받아들일 테니까.

어머니를 잘 아는 사람은 그 딸에 대해서도 쉽게 파악하게 된다고들 한다. 나는 반대로 딸을 잘 아는 사람은 그 어머니와 더 견고하고 빠르게 친해질 것이라고 대꾸한다. 나이가 젊은 사람은 어머니보다는 딸에 대해 알기가 더 쉽다.

사람들은 라틴어를 알면 이탈리아어, 프랑스어 같은 언어를 배우기 쉽다고 주장한다. 맞는 말이다. 내가 지붕 위에 있다면 4층, 3층, 2층, 드디어 1층에 도달하는 것이 어렵지 않다. 하지만 어떻게 지붕으로 올라갈까? 우선 1층으로 들어가서 계단을 통해 2층, 3층, 4층으로 올라가는 것이 더 쉽고 안전하다. 이런 방식으로 나는 마침내 지붕에 도착할 것이다. 훨씬 안전하게 말이다. 왜냐하면 나는 자연적으로 가기 때문이다. 내 방법으로 올라가는 시간은 지금까지 널리 칭송받는 방법으로 올라가는 시간보다 그렇게 오래 걸리지 않을 것이다.

내가 총명한 아이에게 '파테르(pater)'라고 말하면 아이는 얼른 아버지라는 뜻이라고 대답했다. 그런데 아버지 앞에 붙는 정관사는 어디 있을까? 내가 그 정관사는 '파테르'라는 단어 안에 들어 있다고 말하면 아이는 웃으면서 그건 정말 불가능하다든지, 아니면 엉터리라고 말했다. 아이가 독일어의 단어 변화를 이미 이해했다고 가정하고 '아버지'의 소유격을 라틴어로 옮겨서 '파트리스(patris)'라고 하면 아이는 나를 뚫어지게 쳐다보거나 짜증을 낼 것이다. 왜냐하면 정관사의 소유격 변화가 없다는 사실을 생각조차 할 수 없기 때문이다. 프랑스어는 완전히 다르다. 내가 아이에게 아버지는 '르 페르(le père)'라고 하면 아이는 만족스러워할 것이다. 아버지라는 단어의 소유격이 '뒤 페르(du père)'라고 하면 마찬가지로 흡족해할 것이다.

동사로 넘어가겠다. 내가 '나는 짓는다'는 라틴어로 '아이디피코(aedifico)'라고 하면 아이는 당황해서 얼른 묻는다. '나는'이 어디 있냐고. 반면 '나는 짓는다'를 '주 바티(je bâtis)'라고 하면 아이는 완전히 이해할 것이다. '너는 짓는다'를 라틴어로 '아이디피카스(aedificas)', 프랑스어로 '튀 바티(tu bâtis)'라고 해도 마찬가지다. 라틴어에서 복수는 대개 아이에게 더 무의미해 보인다.

물론 이런 일은 총명하거나 정신적으로 교육받은 아이에게만 해당한다. 우둔하거나 교육받지 못하거나 적절하게 교육받지 못한 아이는 들은 것을 전부 옳다고 여기기 때문이다. 특히 책, 이를테면 논박할 수 없는 문법으로 쓰인 책에 실린 것은 더욱더 옳다고 여기기 때문이다. 따라서 아이는 전혀 이해하지 못하는 단수, 복수, 주격(1격)을 계속 외운다. 그 아이는 유창하게 외운 단어를 이해하느냐는 질문을 받으면 흠칫 놀란다. 그 아이는 나중에도 달달 외운 수백 가지 단어를 제대로 이해하지 못할 것이고, 자기가 배웠다는 이유만으로 다른 사람들도 잘못된 견해를 받아들여야 한다고 고집할 것이다.

이제 과거 시제를 보자. 예를 들어 '내가 지었다'는 라틴어로 '아이디피카비(aedificavi)'다. 아이는 이 라틴어 단어가 엄청 거북할 것이다. 대신 프랑스어로 '나'를 '주(je)', '했다(과거 시제)'를 '에(ai)', '짓다'를 '바티(bati)'라고 하는 것은 얼마나 자연스러운가. '너는 지었다'도 마찬가지다. 가장 당황스러운 것은 라틴어의 탈형 동사다. 아이들은 그런 문법과 마주치면 거부감과 괴로움을 느끼고 대개 분명하게 파악하지도 못한다. 나는 이 모든 것이 한순간만 고민을 불러일으킨다는 사실이 의아하다. 20년 이상 수많은 총명한 젊은이들이 내 생각을 파악했고 그중 다수가 이런 정신으로 가르쳤다.

처음에 나는 최대한 독일어와 일치하는 점을 찾아서 심혈을 다해 독일어로 옮겼다. 이것은 일반적으로 가능한 일이다. 그러면 아이는 재빠르게 기억해두었다가 다른 상황에서도 그 단어를 정확하게 번역해냈다. 불규칙한 것이 나타나면 나는 웃으며 "이거 근사하구나! 여기서 '디르(dire)'는 '말하다'가 아니라 '말하는 것'이란다('나에게 말하려고pour me dire'라는 표현에서 말이다)." 하고 말했다. 아이는 규칙성을 좋아한다. 그전에 이미 불규칙한 표현을 많이 보고 그 속에서 규칙을 찾아내곤 했다. "제 앙탕뒤 콩 마 아펠레. 에틸 브레(J'ai entendu, qu'on m'a appellé. Est il vrai)?"라는 프랑스어 문장을 나는 다음과 같이 다루었다. 나는 '제(J'ai)'를 '주(je)'와 '에(ai)'로 분해하고 나서 농담으로 프랑스인들은 '제'가 '주 에'보다 쾌적하게 들리고 발음도 편하다고 생각한다고 말했다. 그러고는 그 생각에는 나름 일리가 있다고 덧붙였다. 칼은 금방 내 말을 이해하고 프랑스인들 편에 섰다. '주 에'나 '제'는 '나는 했다'를 의미하고 '앙탕뒤'는 '들었다'를 의미한다. '콩'의 경우 칼에게 굳이 축약을 설명할 필요가 없었다. 칼은 궁금했을지 모른다. '제'와 같지 않을까 하고. 따라서 '크(que)'는 접속사(that), '옹(on)'은 '일반인(man)', '마(m'a)'는 분명 '므 아(me a)'일 것이라고 예상했다. '므'는 '나를(me)', '아'는 시제 표현(has), '아펠레'는 '불렀다(called)'로 예상했다. '에(est)'는 삼인칭 단수 동사(is), '일(il)'은 삼인칭 대명사(he 또는 it)다. (칼은 est에서 t를 덧붙인 것을 즉시 파악했다. 완전히 비슷한 원칙에 기초하기 때문이다.) 내가 "이런 경우 둘 중에 어느 것을 사용할지 스스로 알아내야 해. 그래서 얘기해주는 거야. '브레'는 '진실한(true)'이라는 뜻이란다."라고 설명하기가 무섭게 칼은 "여기서는 '일'이 영어의 잇(it)을 뜻해요." 하고 올바르게 대꾸했다.

이건 절름발이 번역이라면서 이렇게 배우면 형편없는 독일어에 익숙해질 것이라고 반대할지 모르겠다. 하지만 나는 다양한 경험을 통해 내 생각이 옳고 라틴어에 아주 잘 적용된다는 사실을 알았다. 왜냐하면 라틴어의 문장 구조가 독일어와 많이 다르기 때문이다. 하지만 프랑스어는 다르다. 아이가 순수하고 유창한 독일어에 능숙하다면 우선 앞서 언급한 대로 단어 하나하나에 얽매이지 않고 번역할 것이다. 그러나 번역을 끝내자마자 그 문장을 곰곰이 생각하고는 한층 순수한 독일어로 번역할 것이다. 하지만 아이가 독일어를 유창하게 하지 못한다면 그런 기대를 하지 못할 것이다. 그래서 나는 언제나 한 단어 한 단어를 정확하고 철저하게 이해하는 것을 선호한다.

선량한 사람들은 "그러자면 필요한 것이 분석입니다."라고 대꾸하고는 가엾은 아이들에게 '분석'을 가르치지 않았다는 사실을 잊어버린다. 따라서 분석은 대부분의 사람들에게 무용해서 불쾌하고 그래서 더욱 어려운 일이라는 사실을 잊는다.

나는 또 “분석을 무엇으로 대체했나요?”라는 질문을 받았다. 단순히 칼이 먼저 양식을 터득하고, 독일어에 통달하고, 개별 단어를 변화시키고 옮기고 교환하는 법을 배우고……. 이렇게 오성을 연마함으로써 분석을 대체할 것이라고 대답했다.

외국어를 독일어로 번역하는 경우 어김없이 독일 작가의 책을 읽는 것처럼 접근했다. 이때 핵심은 칼이 문구의 뜻을 가장 정확하게 알아내는 것이었다. 따라서 칼이 어떤 단어나 문구를 분명하게 이해하지 못하면 곰곰이 생각하거나 질문했다. 칼이 그러지 않으면 우리가 칼에게 질문했다. 칼은 모든 것을 알아내려는 욕구에 빨리 길들여졌다. 앞서 말한 방법으로 칼은 늘 분명하게 이해했다. 그런 방법으로 교육받은 아이에겐 단어가 등장하는 다양한 경우를 듣는 것이 은혜였다. 칼은 유사하게 변하는 단어를 문법 책에서 짚어주거나 낭독해주거나 찾아주면 고마워했다. 그래서 칼이 번역할 때는 오른쪽에 사전이, 왼쪽에 문법 책이 늘 놓여 있었다. 같은 이유로 나는 입문자를 위한, 작지만 풍성한 사전이 딸려 있는 책을 선호했다. 대사전을 뒤지는 것은 너무 힘들고 혼란스럽기 때문이다. 몇몇 읽기 책에는 작은 문법 책도 딸려 있었다. 하지만 그런 문법 책은 이용하지 않았다. 왜냐하면 나중에 문법을 다루어야 하는데 너무 일찍이 아이를 그런 문법 책에 길들일 수는 없었기 때문이다.

칼은 표현의 의미를 철저하게 알아야 비로소 독일어로 번역했다. 따라서 단수인지 복수인지, 명사인지 형용사인지, 남성형인지 여성형인지……. 골치 아픈 단어가 어떻게 변화하는지 반드시 알아내기 위해 매 순간 골몰했다. 명사인지 동사인지, 미래 시제인지 과거 시제인지, 정관사인지 부정관사인지, 단수인지 복수인지, 일인칭인지 삼인칭인지를 최대한 빨리 알아내는 것이 중요했다.

칼도 분석을 했다. 하지만 첫째, 분석을 하고 싶어서 했다. 모든 수업에서 그렇듯 그 점이 가장 중요하다. 둘째, 칼은 특정한 목적을 위해, 즉 문맥을 꿰뚫어보기 위해 분석했다. 따라서 칼은 내 도움으로 의심스러운 점을 분명하게 알아낼 때까지 만족하지 못했다. 동시에 칼은 나중에 밀접하게 관련 있는 것에 주목했다. 규칙성이나 조망 능력 같은 것에 익숙해서 의도적으로 연관된 것들을 분명하게 파악하는 일이 아니면, 깊이 뇌리에 새기는 일이 아니면, 동시에 오성을 연마하는 일이 아니면 굳이 사전이나 문법 책을 뒤지지 않았다. 셋째, 그래서 칼은 무엇을 하고 있는지 명료하게 의식하면서 분별 있게 분석했다. 그러한 단어 연구가 흔히 하는 분석보다 한없이 유용하다는 점은 다시 말할 필요도 없을 것이다.

나는 곰곰이 생각하다가 "얘야, 이걸 아주 정확하게 알고 싶으면 문법 책이나 사전을 찾아보렴. 그 편이 낫단다."라고 말하곤 했다. 그렇게 나는 칼이 예상보다 깊게 주제를 파고들게 했다.

내가 라틴어보다 프랑스어를 먼저 가르친 중요한 이유가 더 있다. 독일어처럼 프랑스어도 반드시 성과 관사가 있다. 프랑스어는 독일어처럼 주로 관사를 통해 변화하기 때문에 통찰하고 기억하기가 쉽다. 프랑스어 동사는 독일어 동사처럼 인칭에 따라 어미가 변화하고 프랑스어 조동사도 마찬가지로 다양하게 변화한다. 문장 구조도 독일어 구조와 유사하다. 프랑스어는 정말 엄격하게 규칙적이어서 단기간에 분명히 파악하기가 쉬워 보였다.

프랑스어에서는 작가가 뜻을 분명히 하려고만 하면 애매모호하고 혼란스러운 것이 거의 없다. 라틴어 수업에서 스킬리케트(scilicet, to부정사와 함께 쓰인다)에 대해 자주 질문을 받는다. 프랑스어에는 그런 단어가 등장하는 일이 거의 없다. 프랑스어는 1000년 동안 죽어 있던 세계, 그래서 실종되어버린 세계가 아니라 도처에서 살아 있는 현세를 다룬다. 어린 독자는 책에서 우리의 윤리, 습관, 풍습, 지리, 건물, 방, 가재도구, 사회, 교육, 사교, 의복, 행복, 오락 등을 발견한다. 그 결과 어린 독자는 늘 친숙한 느낌을 받는다. 반면 특히 보통의 수업 방식을 따를 경우 로마와 고대 그리스는 낯설고 흥미롭지 않은 세계에 지나지 않는다. 현대 작가의 경우 거의 모든 사건이 소년 주변에서 일어나는 듯하다. 반면 고대 로마나 그리스의 이야기는 모든 순간 주변 환경과 동떨어진 무대의 커다란 다양성을 소년에게 강제적으로 상기시킨다. 외국어 수업을 라틴어와 고대 그리스어로 시작하는 것은 말을 마차 뒤에 매는 것과 다름없는 일이다. 하지만 내가 고대어를 먼저 가르치는 것에 반대하는 중요한 이유는 좀 더 과거로 거슬러 올라간다.

우리는 아이가 완전히 이해할 만한 글, 아이를 위해 세심히 쓰인 글을 던져주면 아이가 즐겁고 유용하게 독일어를 읽을 것이라고 확신한다. 아이는 가능한 곳에서 아이의 세계를 발견해야 한다. 무대, 사건, 인물이 유치해야 한다는 말이 아니라 아이같이 천진난만해야 한다는 말이다. 운 좋게도 독일에는 그렇게 뛰어난 책이 많다. 그 덕분에 프랑스인과 영국인, 그리고 이탈리아인까지도 독일의 우수한 어린이 책을 번역했다. 우리의 성인 문학 책을 번역하는 데는 인색하지만 말이다.

우리는 이런 이점이 좋다. 그래서 우리 언어의 그런 이점을 십분 이용했다. 그렇다면 훨씬 어려운 외국어 수업에서 그 이점을 활용하면 안 될까? 우리가 일부러 아이의 세계를 밀어내고 사랑스러운 우리 아이를 가시가 무성한 황야로 이끌어야 할까? 나는 그럴 수 없다. 아이는 낙담 속에서 황야를 헤맬 것이고 열매도 거두지 못할 테니까.

하지만 훌륭한 어린이 전집에 나오는 이야기처럼 아이들에게서 직접 나온 짤막하고 우스운 이야기책을 주면 제대로 교육받은 아이들은 열심히 문어체를 배울 것이다. 아이들은 이성과 기억을 연마할 것이고 장애를 더 쉽고 빠르게 극복할 것이다. 왜냐하면 공부가 즐거워서 공부하고 싶은 욕구가 생기니까. 오래지 않아 아이들은 할당된 독서량을 훌쩍 넘길 것이다. 여러분이 이성적이라면 원하는 것을 이룰 것이다. 그밖에 필요한 것은 오직 이성적인 지도다. 아이들은 스스로 더 수준 높은 완전성에 도달할 것이다.

나는 칼에게 최대한 빨리 베르켕(1747~1791, 프랑스의 어린이·청소년 책 작가–옮긴이)의 《어린이들의 친구》 전집을 마련해주었다. 그 전집은 라이프치히에 있는 그리스하머 서점에서 아주 저렴하게 구입했다. 칼은 환호하더니 그 전집에서 18권이나 통독했다. 칼은 자신이 이미 알고 있던 독일 어린이 책을 전부 혹은 발췌 번역한 부분과 마주칠 때마다 아주 기뻐했다. 누가 읽으라고 하지 않았는데도 이따금 칼은 10쪽씩 통독했다. 그런 식으로 칼은 엄청나게 많이 배우고 더욱 어려운 책으로 넘어갔다. 아이들에게서 나온 아이답고, 재미있고, 재치 있고, 아주 쉬운 이야기는 칼의 머리와 가슴에 깊이 닿았고 칼을 내적으로 끌어당겼다. 덕분에 책을 읽는 작은 노고가 달콤해졌다.

내가 다른 라틴어 교사처럼 칼에게 코르넬리우스 네포스(기원전 100?~24, 로마의 역사가–옮긴이)의 글을 읽게 했다면 상황은 완전히 달라졌을 것이다. 베르켕과의 차이점을 말해보겠다. 코르넬리우스의 언어는 이미 사어다. 아무도 그 언어로 말하지 않는다. 어떤 나라에서도 모국어가 아니다. 그래서 아이는 노력의 대가를 예견하지 못한다. 하지만 아무리 비합리적인 사어일지라도 늘 분명하게 눈앞에 있는 듯이 대해야 한다. 그밖에 라틴어에는 관사가 없고 명사와 형용사가 변화한다. 동사의 경우 독일어와는 완전히 다르게 변화하는 데다 탈형 동사라는 것도 있다. 문장 구조도 독일어와 많이 다르다. 또 문장이 아주 짧고 종종 무척 어려워서 어른조차 제대로 파악하기 힘들다.

이 모든 것이 외적인 측면에 해당한다. 내적인 측면은 훨씬 심각하다. 내가 원하는 책은 아이들을 위한 책이다. 코르넬리우스 네포스, 율리우스 카이사르, 키케로 같은 이들은 남자들을 위해, 공화주의자들, 즉 시민권자들을 위해, 2000년 전에 살았던 사람들을 위해 글을 썼다. 특히 코르넬리우스는 로마 성인들을 위해 글을 썼다. 당시 그리스를 통치하던 로마 성인들 가운데 일부는 그리스에서 공부했기에 그리스어, 그리스 역사, 그리스 윤리를 다소 알았다. 코르넬리우스는 로마 성인들에게 위대한 그리스 장군들의 행적과 출정을 간결하고 압축적으로 조망해주고 싶어 했다. 왜냐하면 로마의 성인들은 이름과 장소와 시간 같은 압축된 지식만 필요했기 때문이다. 코르넬리우스가 각종 악덕까지도 뻔뻔하게 언급해도 로마인들에게 해롭지 않았다. 로마인들의 윤리와 종교에 따라 허용되거나 용서받을 수 있었기 때문이다. 알키비아데스(기원전 450~400, 그리스 아테네의 정치가이자 장군-옮긴이)는 페르시아인들과 트라키아인들 사이에서 바람둥이이자 술꾼으로 유명했다. 아직 순진무구하고 기독교적인 독일 아이에게 이런 내용들이 어떤 인상을 줄까? 그런 아이가 매번 특수한 상황에 따라 달라지는 카이사르의 군사 전략을 어떻게 대해야 할까? 대가인 코르넬리우스는 노련한 전사를 위해 지나칠 정도로 압축해서 기록했다. 아이가 키케로의 법률적이거나 정치적인 글을 어떻게 대해야 할까? 고대 그리스와 로마의 철학 작품은 어떻게 대해야 할까? 코르넬리우스는 그 철학 작품을 통해 고대 그리스를 깊이 연구하고 로마 최고의 남자들을 이기려고 했다. 키케로가 절친한 친구들에게 보내는 여러 통의 편지가 우리 아이들에게 무슨 소용이 있을까? 키케로는 그 친구들이 자신의 상황을 정확하게 알고 있다는 전제하에 글을 쓰지만 우리 아이들은 그 맥락을 전혀 모르고 궁금해하지도 않는다. 선생님들은 열에 아홉이 그 내용을 조금밖에 모른다. 유감스럽게도 아이가 나처럼 코르넬리우스 때문에 여러 차례 고통을 당한다면 무슨 이득이 있을까? 나는 이득은 아주 조금이고 피해는 엄청나다는 것을 안다. 반면 아이가 독일이나 프랑스 아이들에게 맞는 책을 주의 깊게 읽는다면 지성 · 상상력 · 재치 · 마음 · 지식면에서 얼마나 엄청난 이득을 얻겠는가. 내가 이런 이야기를 계속 이어가는 것은 시간과 노력을 낭비하는 일이고 독자들의 지적 수준을 깔보는 것이다. 언어에 대한 철학, 즉 문법부터 가르치는 것은 아이들에게 죄를 짓는 일이라는 말만은 덧붙여야겠다. 아울러 문법 규칙을 가끔 알려주고 따르게 하는 것은 이성적인 일이다. 나는 일반적인 순서대로 가르치지 않았는데도 내 아들은 잘해냈다.

"라틴어를 읽는 것은 쉬운 반면, 프랑스어를 읽는 것은 무척 어렵다."라고 사람들이 말한다. 물론 그렇다. 하지만 내가 칼에게 프랑스어를 가르치고 싶어 하고 칼이 배우고 싶어 하자 헤매는 일이 없었다. 나는 우선 모국어처럼 발음되는 단어를 찾은 다음 모국어와 약간 다른 단어를 찾았다.

동시에 나는 진지함과 익살을 결합시켰다. 내가 칼에게 프랑스어 철자의 발음을 가르치고 실제 사례를 보여줄 때는 진지했다. 하지만 독일어 단어의 경우 불규칙한 용례를 자주 들어주며 우리가 엄청나게 어리석다는 점을 익살맞게 설명했다. 이를테면 발음 규칙대로 'tuhn'으로 적지 않고 굳이 'thun'으로 적는다든지. 프랑스인들이 우리보다 더 바보스럽게 쓰거나 바보스럽게 발음한다고 우스꽝스럽게 설명했다. 그래서 칼은 전부 우스꽝스럽게 여기고 허무맹랑한 것들에 몰두하는 것을 즐거워하기까지 했다. 칼은 허무맹랑한 것을 속임수, 수수께끼, 미로 같은 것으로 여겼기 때문이다. 그러면서 칼은 명료하게 알아내려고 애썼다. 나는 정직한 사람으로서 확신하건대 칼은 그런 방법으로 프랑스어 읽는 법을 엄청나게 빨리 배웠다. 칼은 규칙과 동떨어진 것은 크게 웃으며 지적했고 때로는 익살맞게 반복했다. 나는 밥을 먹거나 산책을 하면서 "아, 그건 프랑스어 발음 '무슈(monsieur)'만큼이나 지각이 있구나(불규칙하게 발음하는 것을 비꼬는 말 – 옮긴이)."라고 말하곤 했다.

여기서는 일반적인 사실에 대해 말하겠다. 우리가 무게를 덜 잡고 가르치면 아이들은 훨씬 더 많이 배울 것이다. 나는 완전히 놀이로만 가르치는 것에는 반대하지만 진지함과 익살이 적당히 섞여야 한다고는 생각한다. 내가 존경하고 좋아하는 선생님 게디케가 늘 그랬듯이.

칼은 어려운 것을 쉽게 습득하곤 했다. 왜냐하면 내가 칼에게 최대한 재미있고 쉽게 가르쳤기 때문이다. 반면 칼은 살짝 어려운 것을 만나면 흠칫 놀랐다. 나나 다른 사람들이 거드름을 피우면서 설명하거나, 대상을 냉정하고 딱딱하고 근심스럽고 애매하고 심지어 당황스럽게 설명하면 말이다.

선생님 자신도 완전히 터득하지 못한 것을 아이들에게 가르치는 것은 끔찍한 일이다. 대부분의 독일 배우들이 자기 역할을 제대로 몰라서 대사를 읽어주는 사람에게 초조하게 귀를 기울이다가 부정확한 대사를 늘어놓는다. 그들은 올바른 표현, 적합한 몸짓, 쉬운 연기를 전혀 생각하지 못하고 결국 관객을 불쾌하고 지루하게 만든다. 마찬가지로 가르칠 주제를 제대로 숙지하지 못한 선생님들은, 아이들에게 쉽게 설명하지 못하거나 제대로 지도하지 못하는 선생님들은 가르치는 목적을 이루지 못한다. 아이들은 배우고 싶은 욕구가 아니라 압박을, 즐거운 참여가 아니라 지루함이나 혐오감을 느낀다. 기억을 더듬거나 교재를 훔쳐보면서 가르치는 자는 아이들에게 많은 것을 주지 못한다. 나는 나 자신에게서 그리고 타인에게서 이런 경험을 했다. 전에는 학생으로서, 나중에는 선생으로서 말이다. 고맙게도 두 가지 상황에서 정반대의 경험도 해보았다. 그래서 나는 아들에게는 내 최고의 정신적 자산만 가르쳤다.

내가 서두르고 싶었다면 날마다 15분이 아니라 한 시간 동안 칼을 가르쳤을 것이다. 하지만 나는 시기상조가 두려웠기에 아내가 요구하는 것만 했다. 기쁘게도 몇 달 뒤에 나는 아이가 실력이 늘고 더 많이 배우고 싶어 하는 것을 알아챘다. 그래서 나는 30분에서 차츰 시간을 늘리다가 그해 말에는 매일 한 시간씩 가르쳤다. 칼은 재미있는 것만 읽었다. 예를 들어 칼이 이미 독일어로 읽은 《로빈슨 크루소》는 거의 모든 언어로 번역되어 있었다. 1년 뒤에 칼은 쉬운 프랑스어 책을 도움 없이 읽을 정도가 되었다. 그제야 나는 칼과 프랑스어로 대화했고 이탈리아어 수업으로 넘어갔다. 칼에게 이탈리아어는 아주 쉬워서 6개월 만에 1년간 배운 프랑스어 실력만큼 되었다. 이제 공부 시간은 늘어서 매일 한 시간 30분이 되었다.

칼은 프랑스어와 이탈리아어에서 종종 부딪히는 특이한 어려움을 극복하는 법을 알았다. 그래서 나는 칼이 더 이상 라틴어에 경악하지 않길 바랐다. 내 희망이 옳았을 것이다. 하지만 어른들, 칼의 친구들, 특히 내 제자들이 칼에게 라틴어가 가장 모순되고 어렵고 쓸모없다는 말을 자주 했다. 그래서 칼은 라틴어에 대한 편견이 있었다.

나는 라틴어에 대한 칼의 부정적인 생각을 없앨 수가 없었다. 앞서 언급했듯이 나는 칼에게 쉽고 즐겁게 라틴어를 가르치겠다는 약속을 할 수 없었다. 또한 나는 현대 언어들처럼 라틴어의 이점을 분명하게 알려줄 방법도 몰랐다. 라틴어를 배워야만 학자가 될 수 있다는 말은 소용없었다. 왜냐하면 칼은 학자가 되려는 것이 아니라 최고의 교양인이 되고 싶어 했고 최고의 교양인은 라틴어를 몰라도 괜찮았으니까. 그런 맥락에서 칼은 두뇌나 몸이 진정으로 연마되지 않은 학자를 무수히 목격했다. 그래서 나와 내 가까운 친구들이 칼에게 라틴어 습득이 중요하고 꼭 필요하다고 확신시키는 방법밖에 없었다. 또한 나는 칼 앞에서 《아이네이스》와 키케로의 작품이 얼마나 아름다운지 자주 말하곤 했다. 자기만족에 빠진 학자가 아닌 정직한 사람은 자기 아이나 제자에게 오비디우스, 테렌티우스, 수에토니우스, 호라티우스 등 수많은 고대 그리스와 로마 작가들의 작품을 권할 수 있다. 자기 윤리성에 벌벌 떨지 않고 말이다.

칼이 라틴어에 통달하자 나는 꽤 특이한 일을 했다. 즉 로마 작가들의 이야기를 들려주었던 것이다. 이를테면 당대 아주 존경받는 시인이자 철학자이자 만물박사이자 경멸받는 술꾼이자 바람둥이인 호라티우스에 대해 얘기했다. 나는 호라티우스가 술을 퍼마셨다고 절대 말하지 않고 그냥 그는 술꾼이었다고 했다. '훔치다'는 '낚아채다'로, '거짓말하다'는 '진실을 말하지 않다'로, '게으른'은 '부지런하지 않은'으로 표현하는 것은 일상생활에서 엄청나게 해롭고 교육에서는 더욱 해롭다. 매력적인 옷을 걸친 악이 가장 위험하다. 작가에 대한 내 판단은 칼에게 아주 유용했다. 다른 100명의 아이들에게는 해로울지도 모르겠다. 칼은 나를 존경하고 깊이 사랑했기에 나를 믿고 내 판단에 따랐다. 그밖에 내가 "그건 너에게 도움이 안 돼!"라고 말한 것은 읽고 싶어 하지 않았다. 특히 내가 경멸하고 혐오하는 표정을 지으면 그랬다. 보통 방식으로 교육받은 아이는 금지하는 것을 오히려 더 읽고 다른 사람들과 이야기하려고 한다. 유감스럽지만 그런 글은 대개 부적절하기 짝이 없다.

나는 칼에게 미리 호라티우스에 대해 이모저모 말했는데도 막상 읽혀도 될지 확신이 서지 않았다. 그래서 당시 저급한 더러움을 순화시킨 호라티우스의 판본을 골랐는데 아주 마음에 들었다. 칼은 이미 호라티우스에 통달했기에 나는 칼이 알고 있는 것을 다시 물었다. 칼은 호라티우스의 부도덕함을 자기 정신에 받아들이는 몇몇 사람들보다 그 언어와 의미를 더 깊이 파고들었다. 물론 그런 방식으로 아이가 위대한 라틴어 학자가 되지 못할 것이라고 주장하는 사람들이 적잖았다. 또 그런 글이 예상보다 해가 적다고 주장하는 사람들도 적잖았다. 그 사람들의 말에 귀를 기울이다 보니 그 제자들이 가엾게 느껴졌다. 왜냐하면 제자들의 순수한 정신이 뻔뻔스러운 만행으로 물들었기 때문이다.

내가 칼에게 카이사르를 추천할 수 없었던 이유는 이미 말했다. 하지만 리비우스(기원전 59~서기 17, 로마의 역사가-옮긴이)는 아이에게 너무 진지하고 무미건조했다. 특히 첫머리가 너무 어렵다. 파이드루스(기원전 15~서기 50, 로마의 우화 작가-옮긴이)의 우화는 정말 선택하고 싶지 않았다. 왜냐하면 나도 읽어야 하는 고문을 견뎌야 했기 때문이다. 내가 어떻게 칼에게 라틴어를 가르칠지 당혹스러운 상황에서 우연히 행운이 찾아왔다. 종종 나는 칼과 라이프치히에 머물면서 연극도 보고 음악회에도 가고 온갖 특이한 것들을 구경했다. 한번은 〈스타바트 마테르(Stabat Mater)〉(중세부터 전해오는 기독교의 시가인 '성모 애가'로서 십자가에 못 박힌 예수를 바라보는 성모마리아의 비통한 심정과 신자들의 경외를 담고 있다. 페르골레지, 로시니, 드보르자크가 이 시가의 내용을 위대한 음악으로 재탄생시켰다 – 옮긴이)라는 오페라가 상연 중이었는데 극장 입구에서 대본을 나누어주었다. 칼은 그런 것을 읽고 나에게 번역해주는 일에 익숙했다. 음악이 연주되는 동안 나는 관람석에서 칼에게 "이걸 번역해봐."라고 말했다. 칼이 그 대본을 받아들고는 "이건 프랑스어도 아니고 이탈리아어도 아니에요. 라틴어임에 틀림없어요."라고 당황해서 나를 쳐다보았다. 나는 "그렇겠지. 그래도 네가 번역할 수 있는지 시도나 해보렴." 하고 웃으며 말했다. 칼은 번역을 시도했고 나는 아이를 도왔다. 나는 딱딱한 라틴어 단어를 거의 이탈리아어처럼 부드럽게 발음해주었다. 예를 들어 '스타밧(stava't)', '마데르(mader)(딱딱한 라틴어 발음 '마테르'를 칼에게 친숙한 이탈리아어처럼 '마데르'로 부드럽게 발음해주었다 – 옮긴이)', '돌로로사(dolorosa)' 같은 단어가 그랬다. '육스타(juxta)' 같은 단어의 경우 "네가 모르는 단어야. 이런 의미지."라고 말하고는 설명해주었다. 나는 '크루켐(crucem)'을 이탈리아어처럼 발음했다. '라크리모사(lacrimosa)'에서 'c'는 'g'와 흡사하다. 요컨대 우리는 그 대본을 제법 빨리 번역했고 번역은 끝까지 무척 재미있었다. 칼이 즐겁게 "라틴어가 이런 거라면 배우고 싶어요."라고 말했다. "물론 그렇지. 필요하면 내가 도울게." 하고 나는 대꾸했다. 다음 날 나는 《로빈슨 크루소》 라틴어판을 비롯해서 아이들에게 적합한 쉬운 읽기 교재를 찾아 나섰다. 나는 글이 키케로다운지 그렇지 않은지는 신경 쓰지 않았다.

칼은 라틴어를 9개월 배우자 6개월 배운 이탈리아어 실력만큼 되었다. 칼은 두 분화어, 즉 이탈리아어와 프랑스어에 이미 통달했기에 사전에 준비를 엄청나게 해둔 셈이었다. 칼은 라틴어가 독일어와 다른 점이 많다는 사실을 이미 알고 있었고 이를 자연스럽게 여겼다. 칼은 언어들의 차이에 개의치 않았다. 독일 아이로서 단계적으로 부자연스러운 형식을 익혀갔기 때문이었다. 앞서 말한 시기 막바지에 나는 칼과 함께 6주간 할레에 있는 여관에 머물면서 영어 발음에 능수능란한 선생님의 수업을 함께 들었다. 칼과 나는 함께 복습하고 예습했다. 칼에게 영어는 무척 쉬워서 6개월이나 9개월간 배운 다른 언어의 실력만큼 쌓는 데는 3개월이 걸렸다.

하지만 고대 그리스어는 독일 아이에게 얼마나 어려운지. 나의 경우, 내 친구들의 경우, 특히 칼의 경우를 보면서 그 어려움을 알았다. 칼은 고대 그리스어를 배우고 싶어 했다. 나는 칼에게 호메로스, 크세노폰, 플루타르코스 등 우리가 최고의 읽기 교재에서 수집한 수많은 그리스의 사랑스러운 꽃에 대해 이야기해주었다. 칼은 그런 책을 자기 것으로 만들려고 안달했다. 고대 그리스어가 독일어의 언니이긴 해도 두 자매 언어는 서로 다른 시간과 환경 속에서 서로 엄청나게 다른 어법을 발전시켜왔기에 독일 아이가 고대 그리스어를 배우기는 매우 어려웠다. "그건 그리스어라서 읽히지 않는다(Graeca sunt, non leguntur, 중세에는 고대 그리스어를 아는 사람이 드물어서 교사가 책을 읽어주다가 그리스어와 마주치면 건너뛰었다고 한다. 이후 이 표현은 너무 어려워서 옆으로 제쳐놓는다는 의미로 쓰였다 – 옮긴이)."라는 문구가 지난 경험 이후 절실히 피부에 와 닿았다. 내가 칼과 함께 고대 그리스어를 배우기로 마음먹기 전에 이미 칼의 간청에 따라 두세 달 동안 칼의 어머니와 지인들 모르게 매일 15분씩 고대 그리스어를 가르쳤다. 칼은 정말 고생을 자처했던 것이다. 나는 칼이 원하면 가르치는 시간을 늘렸고 저녁마다 칼에게 질문을 받았다. 하지만 3개월 뒤에 칼은 낙담했다. 칼은 고대 그리스어를 절대 배우지 못할 것이라고 생각했다. 칼이 짧은 기간에 숙달한 다른 언어만큼 그리스어 실력을 쌓는 데는 꼬박 9개월이 걸렸다. 이렇게 첫 어려움을 극복하자마자 칼은 실력이 부쩍부쩍 늘었다.

나는 두 가지 반대 의견을 들을 수 있었다. 첫째는 다음과 같다.

"그 모든 언어를 다 하려면 얼마나 많은 시간이 필요하겠습니까? 아이는 하루 종일 책상에 앉아 있어야 합니다. 그러면 멍해질 게 뻔하죠."

경험은 정반대의 사실을 증명했다. 내 수업 방식으로는 그 정반대의 사실이 번번이 증명되었다. 하지만 일반적인 사실을 이야기하자면 뭇 사람들의 주장이 전적으로 옳다. 내가 라틴어나 고대 그리스어를 먼저 시작했다면, 미리 아이의 지성을 주의 깊게 연마시키지 않았다면, 생후 5년간 아주 유창하게 독일어 말하기를 가르치지 않았다면, 여러 방식으로 외국어를 좋아하게 하지 않았다면, 그에 따르는 유익함을 칼의 눈앞에 분명하게 제시하지 않았다면, 칼이 최대한 신속하게 공부하는 것에 익숙해지지 않았다면, 많은 시간을 앗아가는 형편없는 '판본'을 가려내는 일에 익숙하지 않았다면 나란히 네다섯 가지의 언어 수업을 받는 것은 시간이 부족해서 불가능했을 것이다. 하지만 모든 것이 아주 순조로웠다. 칼이 가장 힘든 일을 극복하자마자 매일 15분, 이를테면 프랑스어를 계속 가르쳐주었다. 그동안 칼은 중요한 단락을 스스로 통독해야 했다. 칼이 모르는 단어는 사전이나 문법 책에서 찾아야 했다. 칼이 우리 앞에게 독일어로 철저하게 옮길 수 있도록 말이다. 공부 시간이 끝날 즈음에 나는 이런저런 퀴즈를 냈다. 이미 나는 어디가 어려운 대목인지 알았다. 때론 일대일 대응하는 단어로, 때론 선택된 독일어로 어려운 대목을 나에게 발표하게 했다. 칼이 두 단락을 잘하면 나는 흐뭇했다. 왜냐하면 칼이 철저하게 공부했다는 확신이 들었기 때문이다. 이렇게 공부함으로써 철저함 외에 속도감도 얻는 것이 실로 놀라웠다. 칼은 공부할 때는 쉽게 집중했다. 따라서 온 힘을 다해 빠르게 성장했다. 칼은 기계적인 필기에는 시간을 낭비하지 않았다. 기계적인 필기는 칼을 지루하게 하고 흥미 있는 구절도 싫증나게 했다. 오랫동안 두 가지를 모두 시도해보라. 하지만 정직하고 영리하게. 그런 다음 비로소 판단하라.

그밖에 산책길이나 여행 중에도 처음에는 프랑스어로, 나중에는 이탈리아어로, 때로는 라틴어로, 때로는 영어로 말했다. 아이가 원하는 경우 이런 방식으로 매일 두 시간, 최대 세 시간씩 몰두하면 아주 많은 것을 이룰 수 있다. 로하우에서, 즉 칼이 열 살 때까지 수업을 더 많이 받지는 않았다. 내가 일요일마다 여행했다는 점을 고려하면 우리가 괴팅겐에 갈 때까지 칼은 매일 꼬박 두 시간씩 수업을 받지는 않았다. 하지만 우리 함께 또는 칼 홀로 기나긴 겨울 저녁이나 날씨가 나쁜 오후에 때론 어린이를 위한 독일어 책을, 때론 아름다운 외국어 구절을 읽었다. 칼이 나보다는 자주 그런 책이나 구절을 읽고 싶어 했다. 또 우리는 빼어난 시를 서로 알려주었다.

"당신 아들은 다양한 언어를 서로 혼동할 게 뻔합니다."라는 두 번째 반대 의견이 있었다. 마그데부르크의 위대한 교사인 고결한 풍크가 그런 걱정을 했다. 나는 다른 사람들이 그렇게 말하는 것에는 놀라지 않았다. 하지만 풍크가 수많은 사람들과 다름없이 그런 말을 하다니. 그래서 더는 내 주장을 증명할 필요를 느끼지 못했다. 다만 어떻게 그런 일이 가능했는지 이야기할 필요는 있었다. 물론 그 이야기는 칼이 아주 어린 시기로 거슬러 올라간다. 칼은 모든 것을 올바르게 해야 했고 특히 독일어를 바르게 말해야 했다. 꼭 필요하지 않으면 외국어를 섞어 쓰는 것을 허용하지 않았다. 칼이 번역할 때도 그랬다. 다른 외국어는 안 되고 오로지 순수한 독일어만 쓰게 했다. 그밖에 칼은 다른 언어를 배우기 전에 개별 언어를 완벽하게 구사해야 했다. 그게 내가 했던 모든 일이다. 심지어 시샘하는 사람도 칼의 번역에서 흠을 찾는 것은 불가능했다. 가장 위대한 우리의 문헌학자들이 구두나 필기로 칼을 극찬했다.

나는 아주 해로운 오류를 질책하고 싶다. 문법으로 시작하지 않고 무의미하게 분석하지 않고 쓰기 연습을 하지 않으면 라틴어로 쓰고 말하는 법에 통달하지 못한다고 주장하는 것 말이다. 나는 두 가지에 숙달했고 게디케도 아주 만족했다. 하지만 나는 문법으로 시작하지 않았고 쓸데없는 분석을 하지 않았고 쓰기 연습을 시키지 않았다. 반면 두 언어로 더 많이 읽게 하고 읽은 것을 완전히 습득하게 했다. 내가 처음부터 아들에게 '고결한' 라틴어를 말하고 쓰는 법을 가르쳤다면 어린이다운 정신을 기형으로 만들지 않고는 내 목적에 도달하지 못했을 것이다.

Chapter 8

고전어를 꼭 배워야 할까

—— 나는 학생들이 그리스어 쓰기 연습을 다시 시작하는 모습을 우울하게 지켜보았다. 아, 맙소사! 인간 지성이 목적을 향한 아주 짧은 길에서 조금만 벗어나도 얼마나 멀리까지 헤매는지! 로마인들은 그리스인들이 했던 말을 우리가 열심히 공부한다는 이야기를 들으면 뭐라고 할까. 우리 아이들이 생생한 수업이 아니라 죽은 언어로 고통받는다는 이야기를 들으면 말이다.

"여러분의 교육 방식이 뿌리에서부터 우리와 얼마나 많이 어긋났는지 보이지 않습니까?"

우리는 그 뿌리에서 멀찍이 벗어났지만 우리 정신이 내는 목소리는 너무 나직하다. 그래서 우리 학생들은 여전히 고전어 쓰기로 고통스럽다.

고전어 지식으로 경외감을 일으킨 독일인 에르네스티도 내 견해를 뒷받침해준다. 이미 1766년에 에르네스티는 일반적인 수업에 대한 내 견해도, 그리스어 쓰기에 대한 내 경멸도 정당화시켜주는 말을 했다. 에르네스티가 아직 살아 있다면 명석한 정신으로 더 강력하게 자기주장을 펼쳤을 것이다. 라틴어를 쓰는 것도 비판했을 것이다. 굳이 에르네스티의 말을 여기에 옮기지는 않겠다. 나의 독자들, 아버지, 어머니, 교육자들이여, 고전어 쓰기는 불필요하다. 건강한 지성이 모든 것을 더 분명히 말해주지 않는가. 에르네스티의 말은 지금도 무척 옳다.

Chapter 9

인문학 수업

—— 내가 이 이야기를 하는 것이 우스운 일처럼 느껴진다. 왜냐하면 칼은 로하우에서 정식으로 학문적인 수업을 받을 수 없었기 때문이다. 첫째, 학문은 대학교에서 배우는 것이고 둘째, 시골 목사에게는 학문적인 지식이 거의 없었다. 나는 가장 필수적인 지식은 갖추고 있었고 부족한 학문적인 지식은 책에서 구하면 되었다. 하지만 최근에 나온 수많은 책과 거기 실린 동판화, 비싼 실험 도구와 설비를 갖추지는 못했다. 그래서 그런 것은 기꺼이 포기했다. 그럼에도 칼에게 수많은 학문적인 지식을 알려주었다. 자연사, 화학, 물리, 고대나 근대 지리 같은 영역에 속하는 전문적인 학술 용어를 쓰지 않고 말이다. 칼은 사고를 시작하자마자 자연사의 전 영역에 정통했다. 우리 정원과 숲이 그 공부에 동기를 부여했다. 아주 향상된 게오르그 크리스찬 라프(1748~1788, 독일 어린이·청소년 문학을 개척한 작가이자 교육자–옮긴이)의 판본(1780년 라프가 저술한 《어린이를 위한 자연사》–옮긴이)은 칼의 장난감이 되었고 할레, 라이프치히, 메르제부르크에는 이상한 동물이나 볼거리가 전혀 없었다. 하

지만 무엇보다 나는 우리의 여행을 이런 목적에 활용했다. 바다와 어민들, 광산과 갱도, 용광로, 증기기관, 공기 펌프, 현무암 광산, 산꼭대기에 분화구처럼 파인 지형 등은 나에게 수업의 계기를 마련해주었다. 심지어 집도, 이슬방울도, 기압계도, 온도계도, 불을 지피는 시끄러운 소리도, 창문에 끼는 습기도 그랬다. 이렇게 수백 가지 현상에 대해 이야기할 것이 얼마나 많겠는가. 자연사, 물리, 화학을 듣거나 나중에 대학에서 공부한다면 말이다.

우리는 다음과 같은 방식으로 지리 수업을 시작했다. 우리 마을 탑에서 보이는 곳으로 최대한 서둘러 칼을 데리고 다녔다. 게다가 이미 할레, 메르제부르크, 라이프치히 같은 곳으로도 칼을 데리고 다녔다. 날씨가 좋을 때는 종이 몇 장과 연필을 가지고 칼과 함께 마을 탑으로 올라갔다. 우선 우리는, 아니 나보다는 칼이 종이 한가운데에 우리 마을의 윤곽을 대충 그렸다. 거리의 비례가 어느 정도 맞도록 아주 작게. 그러고는 가장 가까운 마을인 리베나우를 점으로 찍고 사방에 보이는 다른 마을들을 계속 표시했다. 아울러 마을 이름도 썼다. 잘 강, 엘스터 강, 숲, 풀밭, 들판 등 모든 것을 투박하게 그렸다. 모두 그리고 나서 칼의 어머니에게 보여주었다. 칼의 어머니는 그 그림에 평을 써주었다. 우리는 탑에 두 번 올라갔고 마침내 우리에게 필요한 만큼 정확한 지도를 완성시켰다. 그러고는 잘 강 주변을 담은 지도와 비교하여 우리가 그린 지도를 바로잡았다. 칼이 지리에 대한 올바른 개념을 갖고 지리를 좋아하도록 내가 한 일은 이것이 전부다. 나중에 칼은 여행에서 돌아올 때마다 반드시 그곳의 위치와 거리를 어림잡아 지도를 그렸다. 또한 칼은 도시나 지방에 대해 읽거나 들으면 곧바로 샅샅이 찾아보았다. 칼은 이미 아홉 살 때부터 부유한 가정의 아이도 갖추기 힘든 지도들을 수집품으로 갖고 있었다. 칼과 나는 지도를 최대한 많이 샀다. 또 선물로도 많이 받았다.

그밖에 칼은 당빌 경(1697~1782, 프랑스의 지리학자이자 지도 제작자-옮긴이)이 출간한 지도도 갖고 있었다. 고대 작품을 읽을 때는 반드시 그 지도를 펼쳐두고 찾아보았다. 나는 산책할 때나 여행할 때마다 역사적인 그림이나 동판화를 활용해서 칼에게 역사 이야기를 들려주었다. 메르제부르크에 있는 K. v. S.는 뛰어난 실험 기구를 활용해서 칼에게 천문학을 가르쳐주었다. 그전에 이미 나는 망원경 없이 가능한 모든 것을 했다. 칼은 아홉 살부터 이 모든 분야에서 상당히 앞서갔다. 그래도 칼이 지리적 지식과 물리적 지식이 있다는 말을 들었다면 적잖이 놀랐을 것이다.

우리는 지리나 물리라는 용어를 쓰지 않으려고 했다. 일부는 칼이 놀라지 않도록, 또 일부는 칼이 자만하지 않도록. 칼은 이런 인위적인 용어를 어느 정도 익힌 후에는 아주 신속하게 배웠다. 주격, 복수, 가정법 같은 용어도 마찬가지였다. 칼이 그런 것을 배울 수 없을 때도 나는 가르쳤다. 칼은 사물을 익히자마자 용어는 곧바로 알게 되었다.

Chapter 10

미적 감수성 키우기

—— 나는 집에서, 마당에서, 정원에서 미적 감각이 없는 것들, 특히 서로 어울리지 않는 것들을 견디지 못했다. 그래서 보기 싫은 것이 있으면 없어지는 그날까지 계속 이야기했다. 내 방은 죄다 파랑, 노랑, 초록 같은 단색 벽지로 도배했다. 방마다 가재도구를 신중하게 골라서 조금만 갖추었다. 벽마다 그림이나 동판화를 걸었지만 미적 감각 없이 화려한 것은 하나도 없었다. 불쾌한 대상을 묘사한 그림이나 동판화도 없었다. 우리 마당과 정원에는 이른 봄부터 늦가을까지 꽃이 피었다. 갈란투스와 크로코스가 맨 처음 꽃을 피웠고 과꽃은 보통 눈이 내려야 꺾이거나 혹한이 닥쳐야 이지러졌다. 우리 자신은 늘 깨끗하고 소박하게 입었다.

내 상황에 비해 너무 화려한 것은 사지 않았다. 그밖에 그림이 진실되지 않고 아름답지 않은 그림책은 칼에게 사주지 않았다. 칼이 수준 미달인 그림책을 선물받은 적이 있었다. 우리는 그 그림책을 훑어보면서 아름답지 못한 점, 특히 번들거리는 색에 대해 웃음을 터뜨렸다. 반면 우리는 절묘하게 빛나는 꽃과 새의 색에는 경탄하곤 했다. 꽃 그림은 색이 지나치게 알록달록해서 눈에 띌 수밖에 없었다.

우리는 밖에서도 기회가 있으면 반드시 아름다운 것을 음미했다. 라이프치히, 데사우, 뵈를리츠, 포츠담, 베를린, 로스토크, 바이마르, 드레스덴, 작센스위스 같은 곳은 칼에게 미의 개념을 가르치고 확장시킬 기회를 제공했다. 라이프치히와 박람회! 두 단어가 얼마나 많은 의미를 담고 있는지. 하지만 칼은 아주 어린 나이에도 꽤 정확하게 라이프치히와 박람회를 알았다. 포츠담과 베를린의 아름다움은 이미 다섯 살에, 드레스덴과 근사한 주변 환경은 여섯 살에 알았다. 우리는 그곳의 화랑을 몇 주간 매일 찾아갔다. 멩스(1728~1779, 바로크 · 로코코 시대에서 고전주의 시대로 넘어가는 과도기에 독일의 가장 중요한 화가 – 옮긴이)의 주조물과 고대 작품을 자주 보았고 그뤼네스 게뵐베(유럽에서 보물을 가장 많이 소장하고 있는 독일 드레스덴의 역사 박물관 – 옮긴이)에도 두 번 가보았다. 그 밖에 우리는 사람, 말, 개, 새, 집, 차, 가재도구, 그림 등을 보면 반드시 주의 있게 관찰하고 각자의 마음에 드는지 안 드는지를 이야기했다.

칼은 이미 아주 어릴 때부터 시를 좋아하고 평가하는 법을 알았다. 우리는 가장 단순하고 쉬운 시로 시작해서 점점 숭고한 시로 수준을 높여갔다. 운율, 운, 시어, 내용, 복선, 암시 같은 것이 우리 공통의 판단 기준이었다. 우리가 산책길이나 여행길에서 아름다운 시를 살짝 가르쳐주면 칼은 금세 외웠다.

독일어로 아름다운 시를 외웠듯이 프랑스어로도 아름다운 시를 외웠다. 칼은 자신이 배운 거의 모든 언어에서 수많은 빼어난 시에 통달했다. 왜냐하면 칼은 아름다운 시는 더 자주 읽어 기억해두었기 때문이다. 여기서는 플로리아누스, 메타스타시오, 베르길리우스, 호라티우스, 호메로스만 언급하겠다. 내가 바쁠 때는 칼이 시인과 작가의 작품에서 가장 아름다운 구절을 오랫동안 낭독함으로써 나를 괴롭히곤 했다. 그래도 나는 칼의 기쁨을 망치지 않기 위해 인내하며 귀를 기울였다. 당시에 칼이 고대 그리스와 로마의 정신을 관통하려고 애쓰지 않았다면 어떻게 하이네가 빌란트에게 칼에 대해 편지를 썼겠는가.

Chapter 11

타고난 암기력 천재는 없다

—— 몇몇 사람들은 내가 아들을 기억의 천재로 만들었다고 기계적으로 말하곤 했다. 이제까지 몇몇 유능한 사람들이 그렇게 말했기에 나는 유감스럽게 생각했다. 그 유명하고 아름다운 심장의 소유자들이 사람들을 미혹해서 그런 거짓말을 퍼뜨렸다. 고매한 박애주의자들이 세상의 어떤 사람보다 더욱 깊이 오류를 통찰하여 철회하고 우리 부자에게 가해졌던 모욕과 비방에 대해 용서를 구하는 경향이 있다.

칼은 우리가 바라는 대로 그냥 시를 몇 수 외웠을 뿐이다. 자발적으로 세 번 이상. 칼은 스스로 원할 때만 프랑스어, 이탈리아어 등을 상당히 서투르게 외웠다. 관용구나 규칙 또는 수도사들의 암송문 같은 것을 외운 적은 없었다. 억지로 외우지 않고도 세련된 자연적 방법으로 많은 것을 상당히 높은 수준까지 배울 수 있었다. 교육자와 교사의 의도에 따라 자연적인 방법이 하위로 밀려나야 했기에 나는 오히려 자연적인 방법을 존중했다. 물론 판단력, 비교의 대상, 구별의 대상, 선호의 대상을 고려해야 했다. 나는 내 교육 방식을 따르는, 존경할 만한 친구들에게 감사한다. 그 친구들은 아주 선량한 의도로 평범한 것을 끄집어내 정말 비범하다고 칭찬했다. 나는 그런 말에 아랑곳하지 않고 내 소신대로 밀고 나갔다. 내가 늘 염려한 것은 칼이 판단력을 희생하는 대가로 기억력이 고양되는 것이었다.

Part 5

부모는 더 넓은 세계를 만나는 문이다

—

아이에게 다양한 경험을 심어준다는 것에 대하여

Chapter 1

아들이 받은 고귀한 선물

—— 나는 칼에게 자기 물건만 쓰게 했다. 일부 상당히 값비싼 것도 말이다. 앞에서 나는 칼이 책, 동판화, 지도, 악기, 광물 같은 수집품을 선물받았다고 이야기했었다. 나는 마치 칼이 모든 것을 충분히 가진 듯이 말했다. 사실이었다. 그중 많은 것이 내가 사준 것이었다. 때로는 상당한 가격을 미처 고민하지도 않고 덜컥 사주기도 했다.

이따금 칼이 직접 사기도 했고 상품, 크리스마스 선물, 특별한 선물로 받기도 했다. 그렇게 생긴 물건이 아주 많았다. 대부분은 선물받은 것이었다. 칼은 아주 어릴 때부터 선물을 받기 시작했다. 선물하는 사람들은 칼이 선물에 온정을 흠뻑 쏟는다든지, 소중하게 다룬다든지, 이런 세세한 것은 거의 몰랐다. 사람들은 그냥 칼을 아꼈고 선물을 했다. 칼의 커다란 동정심과 넓은 지식 덕분에 이런 선물이 늘었다. 나는 부유하거나 유능한 사람들뿐만 아니라 가난한 예술가들과 미술품 상인들도 아주 다정하게 나를 도와온 것에 깊이 감사드린다.

칼은 메하니쿠스 아펠 집에서 기계적인 작업에 대해 수업을 받았고 갖가지 우수한 악기를 아주 저렴하게 샀다. 칸토르 슈툴 씨가 선의로 칼에게 피아노 연주를 가르쳐주었다. 가이슬러 씨는 수집한 희귀한 광물을 아주 저렴한 가격으로 제공했다. 엘스터 씨는 우정으로 칼에게 그림을 가르쳐주었다. 블레츠만 씨는 진정 아버지 같은 사랑으로 춤을 가르쳐주었다. 크나우어 씨는 칼의 물리 실험과 화학 실험을 지원했고 피셔 씨는 칼에게 식물과 꽃을 제공했다.

칼에게 잘해준 사람들을 전부 열거할 수는 없다. 하지만 무엇보다 칼이 수업을 들은 교수들에게 감사한다. 칼과 내 영혼에 다시 한 번 깊이. 나는 기꺼이 고백한다. 그들의 우정 어린 도움이 없었다면 지금까지 칼에게 크게 이익이 되는 많은 일들이 이루어지지 않았을 것이다. 부자는 돈으로 무엇이든 가질 수 있다고 생각하겠지만 나는 그렇게 여기지 않는다. 독일에서 가장 존경받는 위인들에게서 선물받은 수많은 책은 돈으로 환산할 수 없는 가치를 갖는다. 칼이 백만장자가 된다고 해도 그 책이 최고로 가치 있는 것임에는 틀림없다.

나는 여기 있는 책들만 몇 가지 소개하겠다. 대부분의 책은 내 서재 외에 라이프치히에 싸두었다.

케사르 교수는 칼이 여덟 살쯤 되었을 때 야콥의 그리스어 기본서를 선물했다. 그는 책에 "지혜와 덕이 앞서는 소년은 얼마나 행복한가! 모두가 앞 다퉈 소년을 칭찬하는구나! 다들 소년에게서 눈을 떼지 못하고 사방에서 축복의 기도가 쏟아진다."라는 글귀를 적어주었다.

그리고 1년 뒤에 헤네는 "오, 완전한 미지의 힘을 타고난 소년이여!"라는 글귀를 써넣은 베르길리우스의 책을 선물했다.

블루멘바흐는 "전도유망하고 사랑스러운 칼 비테에게 편집자가 선물함"이라고 써넣은 자연사 책을 선물했다.

다방면으로 존경할 만한 오지안더는 1810년에 호메로스의 책을 선물했다. 의학 교수인 오지안더는 칼이 호메로스의 책을 정말 좋아했기에 호메로스의 책을 선물했다. "탁월한 정신과 마음을 지닌 사랑스러운 소년, 로하우 출신으로 괴팅겐에서 학문에 전념하고 있는 친구 칼 비테에게 오지안더가 선물한다."라는 글귀가 적힌 책이었다.

칼을 매우 아꼈던 헤넨은 자주 선물을 통해 칼의 용기를 북돋워주었다. 헤넨이 최근 선물한 자서전에는 "탁월하게 유망한 젊은이 칼 비테에게, 모방의 본보기로 칼 비테와의 추억을 회고하며 헤넨의 자서전을 선물한다."라는 글귀가 있었다.

선물 중에는 독일 최고 위인들의 선의가 담긴 방명록이 있다. 또 칼은 렌하르트, 블룸바흐, 하우스만, 울만, 엠머를링 같은 사람들로부터 아주 희귀한 광물을 선물받아 풍성하게 소장하고 있다.

Chapter 2

죽을 고비를 넘기고 난 뒤

—— 우리가 아무리 조심해도 칼이 목숨을 잃을 뻔한 또는 평생 아주 불행해졌을 갖가지 위험이 닥쳤다. 하지만 신은 늘 자비롭게 칼을 보호했다. 여러 가지 위험한 일에 대해서는 이미 말했지만 여기서는 다섯 가지만 더 언급하겠다.

칼이 세 살하고도 6개월 되던 해 봄에 나는 여행으로 집을 비웠다. 칼은 뒤쪽 정원으로 통하는 문이 열려 있는 것을 보았다. 문밖에는 연못이 있었다. 칼은 자기 꽃밭에 물을 주기 위해 연못 쪽으로 들어갔다. 우리는 연못을 메우려고 연못가에 갈탄 재를 놓아두었고 칼은 그 재를 아무렇지 않게 밟았다. 칼은 이내 물에 빠져 머리까지 잠겼다. 얼마 전에 범람했던 연못에는 물이 여전히 가득했다. 그래도 칼은 연못에서 빠져나와 옷에 물이 뚝뚝 떨어지는 가운데 엄마 방으로 들어갔다. 화들짝 놀란 엄마가 자초지종을 물었고 칼은 "물에서 빠져나왔을 때 내가 아직도 살아 있는지 확인하려고 말을 몇 마디 해보았어요."라고 대답했다. 아내는 두려움에 떨면서도 웃어야 했다. 칼은 마른 옷으로 갈아입고 침대에 누웠다가 차를 몇 잔 마시고는 잠이 들었다.

칼이 다섯 살 때 나는 로스토크에 칼과 같이 있었다. 칼이 볼링 핀을 올려놓는 사람 곁에서 핀을 보고 있었다. 칼의 또래 친구가 궤도를 지나 반대쪽으로 달려가서 칼을 불렀다. 칼이 친구를 따라가는 순간 공이 굴러와 칼의 복사뼈를 맞혔다. 칼이 아주 순수한 체액을 지니지 않았다면 아주 불행한 일이 일어났을 것이다. 이젠 다 나았지만 며칠간 외출도 못했다.

칼이 여섯 살 때에는 드레스덴의 큰 정원에서 수컷 공작에게 흰 빵을 먹인 적이 있었다. 공작이 가까이 다가왔다. 칼은 나와 함께 재미있어했다. 그런데 한번은 우두머리 공작이 날아올라 칼의 눈을 할퀴었다. 칼이 소리를 지르면서 한 손으로 눈을 감쌌다. 나는 칼의 얼굴에 흐르는 피를 보고는 두려움과 당황스러움을 느꼈다. 하지만 세심하게 조치한 덕분에 아이는 더 이상 공작의 공격을 받지 않았다. 공작이 공격하는 순간 발톱이 칼의 눈썹 가운데 박혔지만 눈은 다치지 않았다. 하지만 이내 눈썹 뼈에서 미끄러져나간 발톱이 아래쪽을 다시 찔렀다. 찢어진 상처가 볼 아래쪽까지 깊숙이 남았다. 나중에 공작이 아이들을 기습하곤 한다는 이야기를 정원사와 경비원에게 들었다. 아이들이 공작을 약 올리는 탓에 공작이 공격한다는 것이었다. 공작 앞에서 칼이 이리저리 뛰어다닌 것이 화근이었다.

칼은 죽마를 안전하게 잘 탔다. 이를테면 계단을 오르내리고, 자유자재로 멈추고, 마음껏 달리고. 하루는 칼이 어느 목사님 댁에서 기교를 부리지 않고 목마를 타고 있었다. 그런데 불행히도 바닥이 울퉁불퉁해서 죽마 한쪽이 높은 돌에서 미끄러졌다. 칼이 넘어지면서 두 돌 사이에 오른팔이 심하게 눌려 완전히 구부러졌다. 자칫 팔이 부러질 수도 있었다! 나는 조심스럽게 칼의 오른팔을 빼내고 얼른 칼을 일으켜 세웠다.

한번은 어느 가족이 불꽃놀이를 해주었다. 칼은 우리 곁에서 불꽃놀이를 구경했다. 그때 칼의 친구가 아주 미세한 가루가 담긴 봉지를 칼에게 들어달라고 부탁했다. 칼이 그 봉지를 받아드는 순간 회전 불꽃이 옮겨 붙으면서 열린 봉지 안으로 불꽃이 튀어 칼의 얼굴 전체로 솟아올랐다. 속눈썹, 눈썹, 머리카락이 전부 타버렸다. 그런데도 칼의 눈은 멀쩡했다. 물론 불똥이 피부에 닿기는 했지만.

저 높은 곳에 계신 보호자께 여러 번 구해주신 것을 깊이 감사드리며 이 장을 마친다.

Chapter 3

단 한 번의 수업으로 재능을 틔우다

—— 칼의 나이는 이제 겨우 일곱 살이 지나고 있었음에도 그 지식이 지식인들 사이에서 무척 도드라졌다. 이 사람 저 사람이 칼에 대해 이야기했다. 그들이 칼을 시험하고 싶어 하기에 나는 허락해주었다.

앞서 언급한 메르제부르크의 K. v. S.도 그중 하나였고 곧 칼의 자상한 친구가 되었다. 그는 모든 것을 칼에게 가르쳐주었다. 칼을 가르치는 것이 그에겐 기쁨이었으니까. 그는 열정을 다해 가르쳤다. 그는 지하실에 보관된 가장 희귀한 포도주라도 아낌없이 칼에게 맛을 보여주었다. 그의 멋진 장서, 동판화, 기구 등을 칼이 마음껏 사용하게 했다. 나와 칼은 천문학 관찰을 위해 그의 집에서 밤을 보내곤 했다.

몇몇 탁월한 교양인들도 초대받았다. 그래서 여러 교사들이 칼을 가까이에서 지켜보게 되었다. 그중 테르티우스 란트포크트 씨가 자기 제자들 앞에서 칼에게 시험을 치르게 해달라고 간청했다. 자기 제자들이 칼을 본받도록. 나는 오래 망설이다 결국 다음과 같은 조건을 걸고 동의했다.

첫째, 칼이 시험을 친다는 사실을 눈치채지 못해야 한다. 둘째, 테르티우스 란트포크트 씨가 다음 날 나를 데리러 와야 한다. 내가 테르티우스 란트포크트 씨의 제자들을 보고 싶다는 핑계를 대고 칼과 함께 가는 것으로 꾸미자는 것이었다. 셋째, 제자들이 환호를 보내지 말아야 한다. 넷째, 우리는 뒤에 있는 의자에 앉아서 듣겠다. 그러고는 우리에게 책을 제공한다든지 뭐 그런 것이었다. 이 모든 약속은 지켜졌다.

몇 주 뒤, 〈함부르크 통신〉이 다음과 같이 보도했다. 그 보도는 내 아들의 후반기 삶을 결정지었고 생각이 있는 사람들에게는 아주 진기하게 여겨졌다. 그 글을 누가 썼는지는 알려지지 않았다. 하지만 나는 그 글을 쓴 사람이 더 나은 세상에서 아름다운 의도에 대한 보상을 꼭 받을 것이라고 생각한다.

> 며칠 전 교육학계에서 가장 놀라운 일이 벌어졌다. 우리 지역의 훌륭한 선생님인 테르티우스 란트포크트 씨가 제자들에게 신선한 자극을 주기 위해 일곱 살 하고도 10개월 된 꼬마를 학교에 데려왔다. 그 꼬마는 고대 그리스어 수업을 학생들과 같이 들었다. 테르티우스 란트포크트 씨는 칼에게 계속 읽어보라고 했다. 테르티우스 란트포크트 씨는 전날 인간적이고 교양 있는 제켄도르프 씨의 집에서 그 꼬마를 알게 되었다고 한다. 거기 모인 여러 중요한 학자들 앞에서 그 아이는 지적 능력을 이미 시험받았다. 그 아이는 플루타르코스의 이상야릇한 구절을 읽고 번역했으며 분석적인 질문들에도 대

답해서 테르티우스 란트포크트 씨의 제자들을 놀라게 했고 모두를 흡족하게 했다.

이번에 아이는 율리우스 카이사르의 작품을 받아들고 테르티우스 란트포크트 씨의 제자들이 멈춘 구절부터 번역해나갔다. 이 구절에서도 아이는 문장을 분석하는 시험을 치렀고 최고 점수로 합격했다.

그러고 나서 아이는 테르티우스 란트포크트 씨가 가져온, 전혀 알려지지 않은 이탈리아어 책에서 몇 구절을 번역하고 이탈리아어로 아버지와 대화했다. 그곳에 프랑스어 책이 없어서 테르티우스 란트포크트 씨가 프랑스어로 아이와 이야기를 나눴다. 아이는 독일어로 말하듯 재빠르게 프랑스어로 대꾸했다. 이윽고 아이는 교실 벽에 고대 그리스 지도가 걸려 있는 것을 보고는 가까이에서 살펴봐도 되는지 물었다. 아이는 그리스의 주요 도시와 지방을 이야기하고 그곳의 유명인들도 이야기했다. 그러고는 "시노프는 여기가 아니라 폰투스유크세이노스(고대 흑해의 이름) 연안에서 찾아야 해요." 라고 말하면서 다른 쪽 벽에 걸린 지도를 가리켰다. 테르티우스 란트포크트 씨의 제자들은 아이를 그 지도 쪽으로 데려가서 시노프를 얼른 보여주고는 디오게네스의 이야기를 해주었다. 아이는 고대 도시와 지방에 대해 계속 이야기하는 동시에 근대적 명칭도 얘기했다. 마지막으로 아이는 머릿속으로 세 가지 규칙을 토대로 몇 가지 문제점을 생각해냈다.

여기서 가장 중요한 것은 원기 왕성한 건강함과 생기발랄, 부드럽고 아이다운 행동방식과 겸손함이다. 그 아이는 자기가 얼마나 보통 사람들에게 경탄의 대상이 되는지 모르는 듯했다.
그 아이의 아버지는 교육 분야에서 유명한, 로하우의 목사 칼 비테 박사다. 안타깝게도 비테 박사는 자기의 독특한 교육 방식을 아주 조금만 털어놓았다. 하이네켄과 바라티어의 교육 방식과는 많이 다른 교육 방식에 따라 이 신동은 지복하게 성장하고 교육받았다. 하이네켄과 바라티어의 교육 방식으로는 육체가 망가질 때도 있고 마음이 망가질 때도 있다.

1808년 5월 10일 메르제부르크

이 소식은 모든 신문에 급속히 퍼졌고 사람들은 화들짝 놀랐다. 그 기사를 읽은 사람은 누구나 "그게 사실이에요? 그럴 수가 있어요?"라고 물었다. 의심을 품은 많은 사람들이 나를 찾아왔다. 나를 자기 집으로 초대한 경우도 있었다. 그들은 모두 칼을 의심하고 시험해보았다. 하지만 모두들 아이가 신문에 소개된 것보다 더 잘한다는 확신을 갖게 되었다.

가까이서 또 멀리서 질투하는 사람들만 칼을 직접 보려고 하지 않았다. 그러고는 진실일 수가 없기에 참이 아니라고 혹평했다. 그런 사람들은 정치 바람이 어디에서 불어오는지가 드러날 때까지 아주 오랫동안 기다렸다. 이런 방식으로 그들은 늘 겉돌면서 결국 아무에게도 반박당하지 않았다. 신이 그토록 편협한 교육자들로부터 우리를 보호해주길! 그들은 최대한 비범한 것을 억누를 것이고 우리에게 고귀하다기보다는 영리한 제자들을 보낼 것이다. 하지만 위에서만 걷어 올리지 않고 자기 정신으로 더 깊이 파고드는 사람들은 다르게 행동했다. 그들은 나에게 편지를 보내 아이를 보여달라고 요청했고 나는 그런 요청을 절대 거절하지 않았다.

라이프치히 시와 대학교의 유능한 사람들이 내 아들에게 대학입학시험을 보게 하라고 했다. 토마스 고등학교 교장인 로스트 교수가 시험을 담당할 것이라고 했다. 나는 로스트 교수를 몰랐기에 그 교수가 칼이 시험 치는 것을 못마땅하게 여기지는 않을까, 칼이 겁에 질리지는 않을까 걱정했다. 그래서 나는 수많은 교수들이 이미 내 아들에게 시험을 쳤다고 말하며 단호하게 거절했다. 하지만 결국 나는 굴복하고 말았다. 로스트 교수는 엄청난 학식에 건전한 분별력과 다정함을 겸비했다. 그 교수는 내 아들을 언어와 학문의 신비로운 세계로 안내했다. 그동안 칼은 그냥 즐거운 대화를 하고 있다고만 생각했다. 여기 그 사람의 증언이 있다.

> 오늘 아홉 살의 남자아이 J. H. F. 칼 비테가 로하우에서 왔다. 내가 그 아이의 지적 능력과 지식을 시험하고 가늠해보기 위해서였다. 《일리아드》, 《아이네이스》, 과리니의 《파스토르 피도(충직한 양치기)》,

그리고 프랑스어 작품에서 쉽지 않은 구절을 뽑아 그 아이에게 내밀었다. 하지만 그 아이는 아주 빼어나게 번역해서 자신의 탁월한 실력에 대한 명성을 확인시켰을 뿐만 아니라 사람들이 그런 판단에 품는 지속적인 확신도 정당화시켰다. 내가 마음대로 정한 구절을 번역하면서 그 아이는 다양한 언어에 대한 굉장히 풍부한 지식뿐만 아니라 고대 학문에 대한 통찰, 성숙한 판단, 위대한 정신, 빼어난 정신력도 증명했다.

나는 전에는 이토록 어린 존재에게서 이 모두를 발견한 적이 없었다. 그래서 나는 그 아이의 뛰어난 소질과 그 아버지의 탁월한 교육방식은 학자들이 모든 주의를 기울여 연구하고 자세히 조사할 가치가 있다고 확신했다. 나는 학문의 번영, 특히 교육학의 진보를 위해 특출한 정신력을 지닌 그 아이에게, 무엇보다 위대하게 태어난 그 아이에게 대학 교수의 강의를 듣도록 허락해야 한다고 확신했다.

명백히 그 아이는 대학 강의를 들을 준비가 되었다. 신이 그 아이에게 예비한 길을 편견으로 방해해서는 안 된다는 확신이 들었다. 그래야 모든 뛰어난 존재의 희망이 꺾이지 않을 것이다.

1809년 12월 12일 라이프치히에서

토마스 고등학교 교장이자 철학 교수 F. W. E 로스트

로스트 교수의 글을 받은 라이프치히 대학교는 칼을 정규 학생으로

받아들이기로 승인했다. 1810년 1월 18일 당시 라이프치히 대학교 학장은 퀸 씨였다. 칼과 나에 대한 그 사람의 뛰어난 글은 우리 둘을 무척 감동시켰다. 아이가 자신에게 낭독해준 법을 꼭 지키겠다면서 맹세 대신 악수를 하는 순간 나는 특히 감동받았다. 그런 다음 비로소 칼은 입학 허가를 받았다. 동시에 라이프치히 대학교는 자비로운 부자들에게 내가 라이프치히에서 최소한 3년간 체류하게 도와달라고 호소했다. 내 아들이 대학에서 수업을 듣도록, 엄격한 시험에 따라 완전히 성숙하고 유능해지도록. 호소문은 다음과 같다.

> 아홉 살의 어린 칼 비테, 로하우의 목사인 비테 박사의 아들은 적절한 조기교육으로 아이의 정신력이 거의 믿기지 않을 만큼 연마되고 성숙할 수 있다는 사실, 열 살까지 기억 속에 엄청난 양의 다양한 정보를 갖추어서 오히려 열여덟 살의 아이들에게 귀감이 될 수도 있다는 놀라운 사실을 우리에게 보여주었습니다.
>
> 이 놀라운 아이는 그냥 기계적으로가 아니라 통찰력과 깊은 감정을 담아 산문과 시를 프랑스어, 이탈리아어, 영어, 라틴어, 고대 그리스어로 번역했습니다. 최근에 위대한 전문가들이 모인 자리에서, 궁전에서, 또 작센 왕 앞에서도 놀라운 증거를 보여주었습니다. 그 아이는 역사, 고대사, 고대 지리와 근대 지리, 최고 시인들의 작품에서 희귀한 글을 잘 읽어낼 뿐만 아니라 잘 지도받은 민첩한 이해력을 보여주었습니다. 모두 그 아버지의 덕입니다. 그 아버지는 지금까지

도 아이의 유일한 선생님이라고 합니다. 그 아버지는 재미있고 적절하게 가르치는 재능이 있어서 아들의 조기교육 못지않게 주목할 만합니다.

모든 것이 해롭고도 파괴적으로 아이를 쥐어짠 결과일 것이라는 의심의 그림자를 없애기 위해 그 아이가 건강하고 아이답게 명랑한 데다 잘못 교육받은 어린 척척박사의 오만함과 뻔뻔함이 전혀 없다는 사실을 지적하고 싶습니다. 훌륭한 아이 어머니와 함께 조기에 그 정도까지 교육한 아버지는 무척 자연스럽고 정직한 소망을 간직하고 있습니다. 자신만의 독특한 지도하에서 아들의 기존 지식과 연계하는 방식으로 계속 아들을 교육하고 싶다는 것입니다. 아이가 아버지의 행복한 방식에 따라 아버지 밑에서 계속 교육받으면 뭔가 드물고도 위대한 것이 탄생하리라는 확신이 듭니다. 아이의 생명과 건강을 해치지 않고도 말입니다.

그 가족이 지금 살고 있는 외진 마을에서 아버지의 제한된 수입으로는 그 아버지가 모르는 지식과 능력을 갖추도록 아이에게 유용한 수업을 해줄 수가 없습니다. 그래서 그 아버지는 큰 도시에서 최소한 3년간 자기 지도하에 아들이 지금까지와 같은 길을 계속 가게 하고 싶다는 진지한 소망을 품고 있습니다. 외동아들을 사랑하는 아버지가 4년간 아이를 해치지 않고도 아주 많은 것을 이루어냈으니, 앞으로 3년간도 아이에게 진정 유익한 방식으로 시간을 활용하겠지요. 하지만 그 방식은 칼 비테 박사의 자연스럽고 순수하고 철저한 수업 방식에 대해 전혀 모르는 사람들의 견해나 지시에 따라 정해지지 않을 것입니다.

비테 박사가 계획을 이루려면 3년간 매년 적어도 300탈러(약 90만원)의 보조금이 필요합니다. 300탈러가 보증되면 그 아이의 부모는 라이프치히에 체류할 것입니다. 아이 아버지의 목사직은 당분간 다른 사람이 대행하거나 베스트팔렌 왕실에서 다른 유능한 사람을 보낼 것입니다. 비테 박사는 라이프치히에 머무는 동안 아들의 수업 외에 때로는 학술적인 일을 하거나, 때로는 특별히 다른 아이들을 가르치거나, 때로는 미래의 교육자들을 가르칠 것입니다. 따라서 비테 박사가 라이프치히에 머무는 것은 이런 측면에서도 유용할 것입니다.

이제 문제는 우리 시민들이 이런 현상에 무관심하고 무반응하다는 점, 그런 희귀한 식물을 기르는 일을 고의로 게을리한다는 비난을 기꺼이 감수하려 한다는 점입니다.

라이프치히의 고결한 주민으로서 이런 일은 생각할 수도 없다는 확고한 신념에 따라 어린 비테에게 3년간 매해 최소 300탈러를 보장함으로써 그렇게 아름다운 작품을 장려해주실, 섭리가 정한 지위에 있는 분들을 초대합니다. 왜냐하면 그것이야말로 아이의 부모가 여기 라이프치히에서 아이의 교육을 이어나갈 유일한 조건이기 때문입니다.

이미 아이는 아버지와 동반해서 여러 차례 대학 강의를 들었고 대학은 어린 비테에게 1월 18일자로 학생증을 주었습니다. 엄격한 시험을 통해 어린 비테가 학업을 해나갈 수 있을 만큼 성숙했다고 판단했기 때문입니다.

1810년 1월 18일 라이프치히에서
대학 학장 칼 고트롭 퀸

곧 300탈러가 아니라 600탈러가 걷혔다. 그밖에 무료로 거주할 집을 얻고 두 가지 장학금도 받았다. 왕의 의도는 알 수 없었다. 조건은 우리가 라이프치히에 머물러야 한다는 것이었다.

Chapter 4

칼, 박사 학위를 반다

—— 나는 라이프치히 대학교와 관련해서 왕의 동의를 반드시 받아야 했다. 나는 칼과 함께 카셀로 갔지만 왕은 그곳에 없었다. 왕이 파리에 머무르고 있을 것이라는 이야기를 들었다. 사람들은 그사이 아들에게 바이마르와 고타를 보여주라고 충고했다. 무엇보다 나는 바이마르에 사는 훌륭한 교장 렌츠 씨의 고귀한 선량함을 칭송해야겠다. 렌츠 씨는 마치 아버지처럼 칼을 보살폈다. 렌츠 씨의 부인은 칼의 어머니 같았고 그 자녀들은 칼의 형제자매 같았다. 렌츠 씨는 내게 편지를 보냈다. 칼을 자기 집에 6개월간 데리고 있으면서 라틴어를 확실하게 다져주겠다는 것이었다. 우리가 로하우에 있어야 했다면 분명 그 청을 받아들였을 것이다.

우리는 렌츠 씨와 함께 성안을 구경하다가 예기치 않게 궁정 사람들의 초대를 받았다. 렌츠 씨는 칼을 학문과 고대 언어로 시험해야 했다. 공작 부인이 특히 칼과 많은 대화를 나누다가 이윽고 나에게 질문했다.

"소년이 이런 예의범절에 익숙해지는 동시에 가장 자연스럽게 행동하기까지 어떻게 가르치셨나요? 칼이 이런 사교 모임에 참석하는 것은 흔한 일이 아닐 텐데, 마치 이런 곳에서 살았던 아이 같네요."

사실을 말하자면 칼이 그런 것을 배운 적은 없었다. 모두 칼의 영혼에 자유롭게 흐르는 것이었다. 칼의 정신, 마음, 자애가 제대로 도야되어 있었던 덕분이다.

공주와 메클렌부르크슈베린의 대공이 결혼하고 얼마 지나지 않아 우리도 그 파티에 초대받았다. 신혼부부가 살아갈 루드비히스루스트로 말이다. 베른하르트 왕자는 우리를 일반에게 공개되지 않은 곳들로 안내했고 우리는 그곳에서 만난 가족과 잘 지냈다. 특히 아주 박식하고 훌륭한 대신에 대해서는 지면을 빌려 찬사를 보내고 싶다. 그 대신은 몸이 아팠는데도 우리를 기쁘고 유익하게 해주었다.

또 나는 빌란트를 결코 잊지 못할 것이다. 빌란트는 우리를 점잖게, 하지만 최대한 호의적으로 환대했다. 우리는 날마다 적어도 한 번은 그 집을 의무적으로 방문해야 했다. 제안하고 충고하고 추천하고……. 그는 우리에게 온갖 일을 해주었다. 우리가 떠나기 직전 빌란트가 손수 우리 가족에게 성유물을 선물하며 안녕을 빌어주었다.

우리는 바이마르와 고타에서도 좋은 사람들을 여럿 만났고 마침내 다시 카셀로 돌아왔다. 칼은 도보로 긴 여행길을 마친 것이다. 하지만 왕은 아직 오지 않았다. 다음 날 아침 나는 라이스트 씨에게 자초지종을 말했다. 라이스트 씨는 우리 부자에게 편견이 컸지만 금세 칼을 아주 좋아하게 되었다. 그는 세 시간 넘게 칼을 시험하더니 칼의 지식에 놀라면서 내 교육 방식을 궁금해했다. 하지만 그는 칼이 라이프치히로 가지 말고 시골에 남아 있어야 한다고 못을 박았다. 다음 날 그는 우리를 저녁 식사에 초대했다. 칼을 시험하기 위해 그 자리에는 카셀 현지의 각료와 고문관도 초대되었다. 독일인과 프랑스인은 정말 흐뭇해하면서 왕이 라이프치히에서 내게 약속한 것을 지켜야 하고 나는 아들과 함께 할레나 괴팅겐 대학으로 옮겨가야 한다고 만장일치로 결정했다. 나는 할레 대학교에 가는 것을 단호히 거절했고 괴팅겐 대학교에 가는 것도 동의하지 않았다. 로하우에 돌아오자 정부 각료의 편지가 와 있었다.

목사님께.

저는 자제 분의 뛰어난 재능과 성장을 폐하께 알렸습니다. 오로지 자제의 교육에 전념하고 싶어 하는 귀하의 소망도 아울러 말씀드렸습니다. 폐하는 늘 자비롭게 재능을 장려하시기에 당신이 미하엘리스에서 현직을 그만두는 것을 인정하고 저에게 자제 분의 수업을 이어갈 다른 곳을 알아보라고 명령했습니다.

폐하께서는 국내의 우수한 교육기관을 염두에 두고 자제 분의 교육이 이 나라 안에서 완성되기를 바라십니다. 또 미카엘 축일부터 3년간 2,000프랑을 지원함으로써 자제 분이 괴팅겐 대학교의 우수한 교수들에게 지도받으며 귀하가 시작한 교육을 완성하기를 바라십니다.
폐하의 은덕을 귀하에게 알리게 되어 참으로 기쁩니다. 저는 자제분이 대학교 공부를 하는 동안 자제 분을 지원하고 보호하겠습니다. 귀하가 미하엘리스에서 일을 마무리 지을 때까지 두 달의 여유가 있습니다. 저는 마그데부르크 종교 회의에 귀하의 사임을 공지했습니다. 귀하가 저에게 보낸 서류를 다시 보내고 특별히 존경하는 마음도 전합니다.

1810년 7월 29일 카셀에서
백작 G. A. 볼프라트

나는 아들이 대학생으로서 성장해나가는 모습을 몇 마디로 요약할 수 있다. 칼은 나와 시작한 일을 모두 계속해나갔고 괴팅겐 대학교에서 나와 같이 수업을 들었다. 첫 학기에 나는 칼을 위해 두 과목, 즉 헤렌 교수의 고대 역사와 마이어 교수의 자연과학을 들었다. 나는 칼이 자연과학과 연관하여 수학 공부의 필요성을 곧 깨달을 것이라고 믿었다. 예습과 복습 등을 하는데도 수학적 소양이 부족해서 강의 중에 이따금 이해하지 못하는 것이 있었다. 한번은 칼이 강연을 듣고 나서 "이해가 안 돼요. 수학을 공부해야겠어요."라고 말했다. 나는 즉시 수학 공부를 하도록 주선해주었다. 바로 그날 저녁 훌륭한 수학자인 F교수가 찾아와서 어려운 부분을 칼에게 설명했고 칼에게 순수 수학 수업을 해주었다. 나와 아들은 평생 이 진실한 친구를 존경하는 마음과 고마운 마음으로 기억할 것이다. 모든 교수들은 내 아들이 근면한 데다 지적 성장까지 이루는 것을 보고 무척 흐뭇해했다. 나는 그 교수들이 써준 추천서 원본을 모두 가지고 있지만 그중 두 가지만 인용하겠다.

> 어린 칼 비테가 올겨울에 고대 역사와 지리를 다룬 내 강의를 들었습니다. 칼 비테는 아버지와 함께 강의를 부지런히 들었을 뿐만 아니라 이 과목에 대한 흥미와 나이에 비해 두드러진 이해력에서 나오는 집중력을 보여주었습니다. 이런 전도유망한 소질은 균형 있게 발전할 것입니다.
>
> A. H. L. 헤렌

> 칼 비테 씨가 내 자연과학 강의를 식지 않는 열정으로 근면하게 들었다는 사실을 증언하게 되어서 저는 무척 기쁩니다. 또한 내가 알고 있는 한, 칼 비테 씨는 이 자연과학 강의를 완전하게 습득했습니다. 나는 이 유망한 젊은이가 몇 번의 시험에서 기량을 보여주었기에 그 능력을 완전히 확신했습니다.
>
> J. T. 마이어

칼의 건강이 최상이었다는 점은 그해 겨울에 아프지 않았다는 사실만으로도 증명된다. 칼은 두세 시간이 아니라 대여섯 시간씩 연달아 책상에서 시간을 보내곤 했다. 이전에 칼은 주로 야외에서 지냈지만 이제는 방에서 공부를 했다. 6개월간 여행하고 6개월은 완전히 쉬었다. 나는 칼과 날마다 산책했지만 그해 겨울에는 특이하게도 비가 오고 폭풍이 몰아치는 날이 많았다. 우리는 운동을 하기 위해 험악한 눈 폭풍 속에서도 산책을 했다. 그런 날에는 성곽에서 산책하는 사람이 우리뿐이었다. "겨울 내내 칼이 잘 지내게 하려면 건강만 챙기면 된다."라고 나는 말했다. 다행히 나는 칼의 건강을 지켜줄 수 있었다.

부활절 방학이 되자마자 우리 둘은 산책길을 휘젓고 다녔다. 그 모습에 사람들은 놀랐다. 왜냐하면 사람들은 방학 중에 내가 칼과 들은 강의를 복습하고 다음 강의를 준비할 것이라고 예상했기 때문이다. 사실 우리는 방학을 이용해 괴팅겐 대학교의 최고 보물인 도서관에 자주 갔다. 우리 친구들이 아주 친절하게도 도서관을 추천했다. 그 친구들은 내가 그들의 의견에 반대해도 귀를 기울일 정도로 분별력이 있었다.

"칼을 남에게 보여주는 것이 내 목적이었다면 나는 여기에 머무르겠지. 하지만 나는 칼을 영재로 만들고 싶지 않아. 나는 칼의 신체와 정신을 성장시키고 선한 영혼을 지켜주고 싶어. 칼은 많이 배울 시간을 갖게 될 거네."

두 번째 학기에 칼은 슈라더 교수의 식물학 강의와 티보 교수의 수학 강의를 들었다. 여기 티보 교수의 추천서가 있다.

지난 학기에 칼 비테 씨는 내가 강의한 순수 수학을 들었습니다. 꾸준히 모범적으로 부지런히 출석했습니다. 나는 어린 나이에도 추상적이고 학문적인 발표를 하기에 무리가 없다는 것을 알았기에 칼 비테 씨를 걱정 없이 학생으로 받아들였습니다. 나는 칼 비테 씨가 학문 전반에 걸쳐서 활발한 관심을 보였고 심지어 가장 어려운 과목에도 한결같은 관심을 보였다고 말할 수 있어서 대단히 기쁩니다. 연습 문제 풀이에서 칼 비테 씨는 어느 학생에게도 뒤지지 않았습니다. 나는 조금도 거짓 없이 칼 비테 씨가 뛰어난 수학적 재능을 증명해 보였다고 주장할 수 있습니다.

B. Fr. 티보

식물을 수집하고 분류하고 보존하는 것이 칼에게는 운동이 되고 기쁨을 주었다. 동시에 칼은 그림을 그리고, 피아노를 치고, 춤을 배우고, 기계적인 일도 했다. 고대와 근대의 언어를 나와 함께 계속 공부했고 하이네, 미처리히, 분더리히, 디센 같은 교수들의 문헌학 세미나에 참석했고 제보데 박사와 함께 늘 괴팅겐에 머물렀다. 이런 신사적인 교수들이 하나같이 칼을 매우 아꼈다.

그해 여름 히에로니무스 왕이 괴팅겐의 식물원을 방문했다. 내 아들은 다른 학생들과 함께 그 식물원에 있었다. 라이스트가 내 아들을 알아보고 왕에게 알려주었다. 그 왕은 내 아들과 이야기하고 싶어 했다.

모리오 씨가 내 아들을 얼른 아이들 무리에서 빼내 왕에게 소개했다. 곧바로 나도 소개해주었다. 왕은 자비롭게 우리와 아주 오래 이야기를 나누고 내 아들을 격려해주고는 꾸준히 적극적인 지원을 하겠다고 약속했다. 그러자 궁정의 고위 관료들은 내 아들이 다른 사람이라도 된 것처럼 입을 맞췄다. 장교 둘이 전승이라도 거둔 것처럼 왕이 마차에 오를 때까지 내 아들을 이끌었다. 왕의 측근들은 나더러 장학금을 추가로 요구하라고 부추겼다. 그래도 거절당하지 않을 것이라고. 하지만 나는 그러지 않았다. 왜냐하면 금전이나 직위에 욕심을 부리다가 문제가 생기는 것보다 부족하더라도 알뜰하게 사는 것이 더 좋았으니까.

칼은 세 번째 학기에 티보 교수의 수학 강의와 블루멘바흐 교수의 자연사 강의를 신청했다. 내 기억이 옳다면 같은 해 겨울에 폰 제켄도르프 교수의 연기와 희극 강의도 들었다.

네 번째 학기에 스트로마이어 교수의 화학 강의를 들었고, 티보 교수의 바람대로 수리 분석 강의도 들었다. 티보 교수는 이런 학문이 열두 살의 아이에겐 무척 어렵다는 것을 증언해주었다.

칼 비테 씨는 1812년 여름 학기에 분석 수업과 고도의 기하학 수업에 출석했습니다. 상당히 어려운 수업이었습니다. 범위나 깊이에서 이론 수학의 분과 연구가 불가피하게 증가했음에도 칼 비테 씨는 꾸준히 공부를 이어나갔습니다. 초기에 그런 과목을 공부할 때처럼 근면하고 지속적으로 집중했습니다. 이런 강의에 기초한 특별한 시험을 통해 칼 비테 씨는 다음과 같은 것을 얻었습니다. 반복된 시험을 통해 의심에서 벗어났을 뿐만 아니라 노련한 발표 능력 외에 습득한 지식을 더 분명하고 능숙하고 철저하게 다졌습니다.

B. Fr. 티보

다섯 번째 학기에 칼은 마이어 박사의 분도기에 대한 수업, 스트로마이어 교수의 시약과 화학 실험 기구에 대한 수업, 하우스만 교수의 광물학 용어와 계통학에 대한 수업, 티보 교수의 미분·적분학을 들었다.

겨울에 내 아들은 고등 수학에 대해 처음으로 글을 썼다. 그 소논문은 도처에서 호응이 좋았다. 또 곡선을 역학적으로 그리는 기구를 발명해서 많은 사람들의 주목을 받았다. 그들은 이 기구를 아주 중요하게 여겼다. 왜냐하면 그 기구는 내 아들의 민첩한 인지 능력과 역학 지식, 묘사 능력을 분명하게 증명했기 때문이다.

여섯 번째 학기에 내 아들은 티보 교수의 실용 기하학과 마이어 교수의 빛과 색 이론을 들었다. 빌레르 교수의 프랑스 문학과 하우스만 교수의 광물학도 들었다. 일곱 번째 학기에는 헤렌 교수의 정치사를 들으면서 헤렌 교수와 함께 고대사를 되짚었다.

작년 여름 티보 교수가 자신은 내 아들에게 더 가르칠 것이 없다고 했다. 이전에 나는 칼이 수학 공부를 반복하기를 원했지만 티보 교수는 내 아들이 잦은 시험으로 수학에 완전히 통달했다고 주장했다. 나는 아들이 수학 분과 과목, 특히 고등 수학 강의를 연이어 듣는 것에는 반대했다. 내 아들이 열한 살에 기하학적 해석과 고등 기하학을, 열두 살에 미분·적분학을 들어야 한다는 소리에 나는 진지하게 반대했다. 하지만 티보 교수는 내 아들이 힘과 의욕이 넘친다면서 "인간으로서 하고 싶어 하는 일들이 내 아들에겐 어렵지 않다."라고 주장했다. 나는 불안해 하면서도 둘 다 허락했다. 대신 두 가지 조건을 달았다. 첫째 조건은 내 아들이 그 과목을 어려워하면 바로 그만둔다는 것이고, 둘째 조건은 내 아들이 완전히 이해하지 못하면 재수강을 허락해야 한다는 것이었다. 티보 교수는 그런 조건은 필요 없을 것이라고 농담을 덧붙이고는 두 조건을 받아들였다.

나에게 그보다 더 중요한 것은 티보 교수의 아버지 같은 충고였다. 그는 가우스에게 개인 강의를 부탁해보라고 했다. 그는 가우스가 반드시 부탁을 들어줄 것이라고 했다. 가우스는 이미 칼을 알고 있었지만 내 부탁을 듣고는 칼에게 다시 시험을 치렀다. 그러고는 이렇게 장담했다.

"더 이상 강의로 배울 것이 없어요. 심지어 개인 강의로도 배울 것이 없습니다. 하지만 칼에게 라틴어, 이탈리아어, 프랑스어 작가의 책을 주겠습니다. 그 작가들은 고등 수학을 가장 예리하게 다루었어요. 칼은 그 책을 스스로 즐길 거예요."

나는 전율했다. 그때 칼은 겨우 열세 살이었기 때문이다. 이윽고 나는 "하지만 교수님, 칼은 많은 것을 이해하지 못할 겁니다."라고 대꾸했다. 가우스 교수는 장담했다.

"많은 것을요? 그렇지 않습니다. 모르는 게 조금 있을지도 모르죠. 그런 경우 제가 돕겠습니다. 하지만 자주 물을 일은 없을 겁니다."

역시 가우스 교수가 옳았다. 내 아들은 거의 다 이해했고 카뇰리(1743~1816, 이탈리아의 천문학자이자 수학자-옮긴이)도 완전히 파악했다. 푸아송(1781~1840, 프랑스의 수학자이자 물리학자-옮긴이)의 고등 역학에서는 몇 군데만 잘 몰랐다. 내 기억에는 세 군데였다. 가우스는 칼이 잘 모르는 부분을 서면으로 설명해주었다. 그런 대학자까지도 내 아들을 아꼈다. 티보 교수도 칼이 더 이상 수업을 듣지 않았는데도 칼을 잊지 않았다. 티보 교수는 "칼이 원하는 것을 공부하도록 내버려두세요."라고 나에게 충고했다. "칼의 관심이 어디에 꽂힐지 궁금하군요!" 하고 그가 덧붙였다. 그때 나는 그 교수에게 칼이 삼각법을 연구하는 중이라고 알려주었다. 하지만 그 작업을 마칠 시간과 상황이 될지 칼이 아직 확신하지 못하니 비밀로 해야 한다고 부탁했다. 티보 교수는 무척 기뻐하면서 "칼이 그것만 하게 두세요!"라고 말했다. 칼이 그 일을 마치자 그 교수가 아이의 글을 읽어보았다. 그는 전체적으로는 훌륭하지만 몇 군데 흠이 있다고 지적했다. 칼이 고마워하며 지적받은 부분을 고치려고 노력했다. 내 아들은 이런 자발적인 연구에 더욱 즐겁고 끈질기게 매달렸다.

삼각법에 대한 칼의 소논문은 우리가 하이델베르크에 살던 1815년에 출간되었다. 놀랍게도 티보 교수가 논평을 써서 이전과는 돌변한 견해를 밝혔다. 애정이 아니라 증오가, 정겨운 훈계가 아니라 혹평이, 저자의 미덕을 다정하게 배려하는 것이 아니라(티보 교수는 의도적으로 내 아들의 나이가 열세 살 6개월이 아니라 열여섯 살이라고 밝혔다) 사납게 물어뜯는 비난이 적혀 있었다. 분명한 뜻을 표현한 것이 아니라 악의 어린 왜곡이었다. 티보 교수는 우리를 맹습해서 엄청나게 해를 입혔지만 그래도 우리는 이전에 그가 살뜰히 챙겨준 일을 잊지 않을 것이다.

나는 폐하로부터 4년간 지원금을 더 받았다. 내 아들을 위해 쓰라는 자애로운 허락도 받았다. 우리는 지난 7개월간 연체된 지원금을 받기 위해 브라운슈바이크로 가야 했다. 그곳을 막 떠나려던 찰나 우리는 공작을 소개받았다. 그 공작은 오랫동안 우리와 얘기를 나누었다. 그는 내 아들이 영국에 가고 싶다는 마음이 들도록 부추겼다. 영국에서 내 아들이 배울 만한 것을 모두 배우도록 자기 친척에게 원조를 부탁하겠다고 했다. 브라운슈바이크 정부가 지불해야 할 지원금의 일부는 바로 그날 받았다.

하노버 사람들은 나를 다정하게 대해주었지만 어김없이 내 아들의 지식을 확인하고 싶어 했다. 내 아들은 최근에 잘츠베델에서 선배 학생들에게 수학 강의를 했고 대부분의 뛰어난 사람들에게 크게 인정받았다. 칼은 여기서 그와 같은 수학 강의를 하겠다고 제안하고는 어떤 주제로 할지 물었다. 그들은 칼에게 대수학, 기하학, 해석학, 분석적인 삼각법, 미분학, 적분학의 주제를 내주었다. 칼은 1814년 5월 3일 김나지움 강당에서 강의를 했다.

강의에는 하노버의 가장 유명한 학자들이 참석했다. 그들은 내 아들이 전날 주제를 받고 밤늦게까지 사교 모임에 참석했었다는 것을 알았다. 칼은 아주 쉽고 분명하고 뛰어난 독일어로 강의를 했고 몇몇 사람들은 내 아들의 책상 뒤로 슬쩍 가보았다. 그들은 칼이 필기된 내용을 읽지 않고는 그렇게 말을 잘할 수 없다고 생각했던 것이다. 그들은 자신들이 잘못 알았다는 사실을 깨닫고는 웃음을 터뜨렸다. 하지만 내 아들은 그들의 의심을 알아채고는 책상을 벗어나 칠판 앞에서 강연을 이어갔다. 주제를 확인하기 위해 필기된 내용을 한 번씩 보기만 했을 뿐이다. 열광적인 갈채가 쏟아졌다. 정부는 우리가 받기로 한 금액보다 조금 더 많은 지원금으로 우리에게 호의를 베풀었다. 케임브리지의 공작은 내 아들이 영국으로 온다면 개인적으로 추천하고 호의를 베풀겠다고 다짐했다. 헤센 주도 내가 정당하게 요구한 모든 것을 지원하겠다고 했다. 아니, 헤센 제후는 브라운슈바이크의 공작처럼 우리에게 필요한 액수를 말하라고 했다. 우리는 여러 번 궁정에 초대받았고 그곳에서 융숭한 대접을 받았다. 8학기에 내 아들은 고등 수학, 문헌학 같은 과목을 계속 들었고 슐체 교수에게 논리학 수업을, 스트로마이어 교수에게 분석 화학 수업을 들었다. 여기 스트로마이어 교수의 추천서가 있다.

> 나는 칼 비테 씨가 지난번 이론 화학 강의에서 보여준 것과 같이 칭찬할 만한 근면과 열성으로 이번 여름 학기에 내 분석 화학 강의를 들었고 이 강의와 연계해 실험실에서 실제로 실험했다는 사실을 증명하게 되어서 기쁩니다. 또 칼 비테 씨는 연구 과제로 받은 화학 주제를 공들여 완성했을 뿐만 아니라 화학적 작업과 분석도 우수하게 실행하여 뛰어난 화학 지식을 반복적으로 나에게 증명했습니다.
>
> 스트로마이어

이번 학기에 우리는 앞으로 공부할 것들에 대해 함께 이야기했다. 짧은 기간에 칼을 유명하게 만드는 것이 내 의도였다면 월등하게 잘해낸 수리물리학, 화학, 자연사, 광물학 등의 학문을 계속 공부하게 했을 것이다. 하지만 나는 이런 분야의 깊은 연구가 젊은 칼에게는 좋지 않을지도 모른다고 걱정했다. 게다가 칼이 들어선 길을 계속 가다 보면 교수가 될 것이고 그건 내 소망과 일치하지 않았다. 그래서 나는 칼이 지금까지 일구지 않은 다른 정신 영역을 구축해야 한다고 생각했다. 나중에 열여덟 살이 되면 스스로 소명을 선택해야 한다고. 그래서 나는 법 공부부터 시작해야 하는 고문서학을 칼에게 제안했다. 그전에 했던 공부는 고문서학을 위한 준비로서 충분했기에 모두들 내 의견에 동의했다. 전에 이런 방향으로 나를 부추겼던 티보 교수만이 자신의 학문적 울타리에서 내 아들을 잃을까봐 안타까워했다. 나는 "칼이 나중에 이 공부를 다시 하면 됩니다. 아직 무척 어리니까요. 칼이 법 공부에 만족하지 못하면 분명 되돌아올 겁니다."라고 대꾸했다.

베츨라로 가는 길에 기센에서 철학과의 몇몇 학우들이 내 아들과 전반적인 주제에 대해 길게 토론했다. 그 당시 학장이었던 샤우만 교수가 우리를 저녁 식사에 초대했다. 거기서 우리는 엄선된 사교 모임을 소개받았다. 갑자기 모두들 잔을 들더니 칼에게 "우리의 박사!"라고 외치며 칼의 건강을 빌어주었다. 학장이 진심 어린 포옹을 했다. 참석한 전원이 기쁨의 눈물을 흘렸다.

"칼 비테, 우리의 박사님!"

"사랑스러운 어린 친구여!"

"나도 보통 사람들처럼 오랫동안 널 알고 지냈어. 하지만 이렇게 기쁜 날에야 네가 얼마나 능력이 뛰어난지, 이미 어떤 사람이 되었는지를 객관적으로 알게 되었단다. 진심으로 기뻐. 훌륭한 아버지의 희귀한 노력에 신의 축복이 있기를. 아들에게 크게 기뻐하는 아버지시지."

"존경하는 내 동료들과 나는 네 아버지의 기쁨을 함께 나누게 되어 기쁘구나. 우리는 네가 일반인의 존경을 받기 바란다. 친구여, 너를 통해 네 아버지도 존경받기를."

"공식적으로 알려줄게. 어제 철학과에서 만장일치로 너에게 철학 박사 학위를 수여하기로 했어. 박사 학위 증서를 만들자마자 너에게 줄 거야."

"너에게 '안녕, 우리 박사님! 최고의 박사님!'이라고 맨 처음 말하는 사람이 되어 얼마나 기쁜지."

여기에 박사 학위 증서가 있다.

"이미 정감 어리고도 겸손하게 교육받은 젊은이에게, 아울러 아들이 철학 박사 학위와 권리를 비롯해 모든 것을 빛진 아버지를 존경하기 위해, 우리 대학의 영광을 위해, (……) 1814년 4월 10일."

마르부르크에서 칼의 대선배이자 동료인 울만 교수는 칼이 영광스럽게 박사 학위를 받자 무척 기뻐했다. 울만 교수는 기센 대학교가 칼에게 박사 학위를 수여하지 않았다면 마르부르크 대학교에서 박사 학위를 수여했을 것이라고 나에게 장담했다.

Chapter 5

하이델베르크에서 법학을 공부하다

── 내 아들이 열네 살이던 1814년 9월 29일 우리는 괴팅겐을 떠나 하이델베르크로 이사했다. 내가 하이델베르크를 선택한 것은 첫째, 매력적인 위치와 즐거운 삶의 방식 때문이었다. 아들이 괴팅겐에 있을 때보다 많이 공부하지 않아도 되니까. 둘째, 거리 때문이었다. 그곳 주변을 오간 여행 덕분에 칼은 다른 지역의 관습과 습관을 배웠고 통찰력과 경험을 키웠다. 셋째, 그곳 법학과가 특별히 잘되어 있었다. 넷째, 그곳은 스위스와 인접했고 네덜란드로도 쉽게 갈 수 있었으며 특히 스트라스부르와 파리에 가까웠다. 다음 휴가에는 장거리 여행을 해야겠다.

하이델베르크에서 티보 교수는 우리가 다시 괴팅겐으로 돌아가야 한다고 한 시간 동안이나 우리를 설득했다. 내 아들이 수학과 물리를 뛰어나게 잘했기에 법학과는 맞지 않다는 것이었다. 나는 우리가 괴팅겐으로 돌아갈지 말지는 우리 문제라고 그 교수에게 인지시킨 후에야 칼의 법학 강의 수강을 허락받았다. 불행하게도 그는 바로 제도 법을 듣는 것을 허락하는 대신 법률 개론만 허락했다. 칼은 법률 개론을 듣는 동시에 티보 교수의 충고에 따라 에롭 교수에게 제도 법을 들었다. 에롭 교수가 아플 때는 혼자서 제도 법을 공부했다. 놀랍게도 티보 교수는 강연에서 자주 반복해서 말하기를, 근사한 자연과학을 무척 좋아하는 젊은이에게 법학은 너무 무미건조하다고 했다. 이 말은 분명 법을 공부하는 칼의 흥을 깼을 것이다. 그래서 나는 티보 교수의 친구들과 이야기했다. 그 친구들은 "아드님이 잘 적응한다면 괴팅겐으로 돌아가지 마세요. 티보 교수는 자기가 원하는 대로 하는 사람입니다."라고 대꾸했다.

칼이 정해진 시간에 정해진 공부를 하는 것에 익숙해지게 했을 뿐만 아니라 합리적 판단에 따라 합목적적인 일을 힘껏 해내도록 교육한 것이 얼마나 유익했는지 모른다. 그런 일에 익숙하지 않았다면 티보 교수는 여전히 나에게 괴팅겐으로 돌아가라고 종용했을 것이다. 이제는 티보 교수 자신이 칼을 높이 평가할 수밖에 없었다. 그 교수는 내 요청에 따라 칼에게 여러 차례 엄격한 시험을 치른 뒤 다음과 같은 증서를 써 주었다.

> 칼 비테 철학 박사는 올겨울에 날마다 세 시간씩 법률 개론 강의에 아주 부지런하고 세심하게 참석했기에 저는 아주 기쁜 마음으로 증언합니다.
>
> B. Fr. 티보

파리로 여행을 가기 위해 돈, 여권, 차, 옷을 마련하고 동행자도 정했지만 나폴레옹이 엘바 섬에서 달아나는 바람에 우린 하이델베르크에 머물러야 했다. 파리 대신 오덴발트에서 근사한 여행을 하고 다름슈타트를 경유해 하이델베르크로 되돌아왔다. 여행 중에 어느 가족의 안내 덕분에 무한히 즐거움을 만끽했고 내 아들은 몸과 마음에 에너지를 재충전했다.

내 아들은 두 번째 학기에 티보 교수로부터 역사, 제도 법, 해석학, 법을 배웠고 자하리에 교수로부터 독일 국법을 배웠다. 두 교수가 특히 내 아들에게 만족했다.

그해 여름에 우리 가족에게 커다란 유혹이 있었다. 황제 둘이 하이델베르크에 머물면서 우리를 대단히 배려해주었다. 황제 주변 사람들도 그랬다. 한 명의 황제는 내 아들을 자기 수행원으로 들이고 싶다는 제안을 장군을 통해 전했다. 놀란 나는 오랫동안 숙고했다. 결국 나는 신뢰할 만한 친구에게 그 이야기를 했고 그 친구는 그 제안을 정중히 거절하라고 했다. 우리의 의견과 같았다. 그토록 높은 은혜와 눈부신 행운은 존중할 만하지만 말이다.

그해 여름방학에도 우리는 스위스로 여행할 수 없었다. 날마다 비가 왔던 것이다. 하이델베르크 주변을 짧게 여행할 수는 있었다.

세 번째 학기에는 내 아들이 가톨릭 교회법과 신교 교회법을 자하리에 교수에게 배웠다. 독일 형법과 형사소송법을 마르틴 교수로부터, 상법을 에롭 교수로부터 들었다. 아들은 모든 과목의 성적이 우수했다.

세 번째 학기가 끝나고 방학에는 네덜란드로 가기로 했지만 사정이 여의치 않았다. 그래서 소규모 여행에 만족했다.

네 번째 학기에는 가터러 교수로부터 외교학을, 발쉬 교수로부터 로마법 논쟁을, 겐슬러 교수로부터 독일 시민법을, 에롭 교수로부터 독일법을 둘러싼 라틴어 논쟁을 들었다. 물론 모두 성적이 아주 좋았다.

내 아들은 내가 바라는 대로 명예롭게 대학 공부를 마쳤다. 내가 여기서 아무리 졸렬하게 쓴다 할지라도 에버하르트 씨, 보스 씨, 메르켈 씨 등을 공개적으로 비판할 수는 없다. 그러기엔 내 책이 너무 깨끗하다. 오히려 나는 한 줄 한 줄 남을 비판하는 글을 쓰고 싶은 충동을 느낀 것을 후회한다.

하이델베르크 사람들은 대부분 더없는 선량함으로 우리를 대해주었다. 여기서도 우리는 처음에는 아무도 방문하지 않았다. 하지만 곧 가장 고귀하고 선량한 사람들과 친해지고 정말 친밀하게 결속되었다. 우리가 일이나 자연을 즐기는 매 순간마다 섬세하고 아름다운 사람들을 만났다. 나는 전에 괴팅겐에서 그랬듯이 하이델베르크와 그 주변에서도 설교를 하곤 했다. 설교로 지인들이 늘어났다. 목사들이 설교 제안을 했지만 나는 아들 일로 여러 번 거절했었다.

그사이 내 아들은 열여섯 살이 되었고 늘 건강했다. 이미 괴팅겐에서부터 아들은 어느 예쁜 여자아이를 좋아했다. 처음으로 청년의 혈기를 느꼈던 것이다. 아들은 여자아이들 앞에서는 당황하곤 했다. 내 아들보다 나이가 많은 여학생이 내 아들에게 매료되었다. 약사 B 씨가 자기 욕심 때문에 그 여자아이를 도왔다. B 씨와 그 여학생이 칼과 몰래 편지를 주고받을 계획을 세웠다. 편지는 신뢰하는 학생들을 통해 오갔다.

티보 교수는 칼의 교육을 자주 신랄하게 나무랐다. 그래서 나에게는 물론 내 아들에게도 큰 피해를 입혔다. 그 교수의 말에 따르면 칼은 나에게 감사할 일이 전혀 없다는 것이었다. 그는 칼이 내 지시를 거부해야 한다고 했다. 그런 학자의 뻔뻔함은 결국 "네 일이 아닌 것에는 참견하지 말라."라는 황금률을 생각나게 한다.

내 아들을 우리 부부에게 반항하게 하는 그런 적대적인 영향력이 없었다면 저 학생들이 그 교수에게 손을 내밀지 않았을 것이다. 티보의 제자들은 자신들이 선한 일을 한다고 믿었다. 사랑과 관련해서 열여섯 살의 젊은이에게 자연스러운 것은 그냥 자신의 길을 가는 것이다. 그리고 그 편지가 강력한 도움이 되었다. 그 여학생은 애정과 영원한 신의, 그리고 결혼 같은 것에 대해 썼다. 두 사람을 주선해준 B 씨는 값비싼 보석을 챙기고 협박도 받았기에 나에게 모든 것을 알려주지 않았다. 하지만 나는 모든 사람들에 의해 악마로 묘사되었다. 선한 칼은 순간적으로 혼란스러웠을 것이다.

칼의 천성과 윤리에 너무나도 어긋난 일이었다. 불쾌해진 우리는 완전히 변한 칼을 보고는 이미 모든 것을 꿰뚫어보았다. 아직 아주 사소한 것까지는 알아차리지 못했지만 말이다. 나는 거의 4주간의 장거리 여행을 서둘렀다. 나는 멋진 라인 여행으로 칼을 즐겁게 해주기로 결심했다. 여행 짐을 꾸리다 아내가 그 편지를 찾아냈다. 경악할 일이었다. 우리 가족을 진심으로 좋아하는 친척 집에 도착할 때까지 우리는 침묵했다. 그 친척 가족과 함께 우리는 칼에게 모든 것을 털어놓았다. 칼은 재빨리 선하고 사랑스럽고 이해심 많은 아들로 되돌아왔다. 칼은 아주 조심스럽고 침착하고 단호하게 그 여학생에게 편지를 써서 사랑이 아닌 우정을 나누자고 했다. 곧 사랑스러운 여학생과 운명이 우리를 결속시켰다. 그 여학생은 내 아들의 치유를 완성시켰다.

내가 티보 교수에게 신세를 많이 졌다는 사실을 고백해야겠다. 그 교수는 여러 측면에서 내 아들에게 호의를 베풀었다. 하지만 그 교수가 했던 여러 말을 아예 없었던 것으로 할 수만 있다면 나는 우리에게 지워진 의무를 이자에 이자를 더해 갚고 싶다. 그 교수가 온갖 표현을 동원해서 칼이 완전히 평범하다고 말했던 것을 탓하는 것이 아니다. 그 교수의 의도를 간파하기 위해 명철한 정신이 필요한 것은 아니니까. 게다가 거의 모든 분야에서 위대한 사람들이 칼과 내 교육 방법에 대해 옳은 판단을 내려주지 않았던가! 티보 교수는 칼의 정신에 나쁜 인상을 남겼다. 그는 너무나도 자주 우리 부자를 내리눌렀다. 그는 내 아들이 두각을 나타내지 못하도록 계획을 실행함으로써 많은 분노와 원망과 나쁜 결과를 가져왔다. 티보 교수는 자신을 따르는 사람들에게 음흉함을 숨기려고 경건함이라는 탈을 썼다. 그 모두를 없앨 수만 있다면 좋겠다. 그러면 수없이 나쁜 일이 더 적게 일어났을 테니까. 아마도 내 아들에 대한 수많은 악의적인 공격들이 공개적인 지면에 드러나지는 않았을 것이다. 이제 사람들은 파렴치한 짓을 미화하려고 이런 독화살을 사방으로 날려 보냈다. 내 아들을 도덕적으로 죽이지 못하면 상처라도 입히기를 바랐기 때문이다.

내 아들의 아름다운 특성, 탁월한 정신력, 근사한 성과물이 철저하게 모욕당했고 이런 모욕은 오늘날까지 여전하다. 그들은 상대가 미쳐 날뛰거나 짓밟히기 전에는 비방을 멈추지 않을 것이다. 아니면 더 이상 해를 끼칠 수 없으면 멈출 것이다.

티보 교수는 법이 내 아들을 질리게 한다고 한결같이 말했다. 내 아들이 너무 깊게 파고든다는 것이었다. 그는 내 아들이 결국 법학 박사가 되지 못할 것이라고 했다. 티보 교수의 확신에 따르면 내 아들이 아무리 필수적인 지식을 배가시킨다고 해도 말이다.

하이델베르크에서 내 아들은 교수들에게든 학생들에게든 존경받고 사랑받았다. 아들을 가르친 선생님들이 이를 증명해준다. 그들은 아들이 곧 박사 학위를 따지 않느냐고 묻곤 했다. 내가 따지 못할 것이라고 대답하자 다들 놀랐다. 나는 그 근거를 대기 위해 결국 법학 교수 모두에게 양심적으로 의견을 물었다. 다들 내 아들이 시험에 우수한 성적으로 합격할 것이라고 확신했다. 박사 학위 취득도 적극 추천했다.

자기 형제를 사랑하듯 내 아들을 정확하게 파악한 교수 한 분이 의무적으로 세미나 강독을 하게 했다. 그 교수는 내 아들이 어려운 소재에 대해서도 쉽고 분명하고 간결하게 설명하고, 필수적인 지식 이상을 풍부하게 갖추고 있다고 말했다. 또 내 아들처럼 소질이 풍부한 젊은이는 진지하게 몰두하는 것이 없다면 베를린 같은 곳에 오래 머물러서는 안 된다고 했다. 자칫 산만해지고 몰락할지 모른다는 것이었다. 강연 발표를 하고 자료들을 넘어서는 자기 견해를 만들어가도록 내 아들에게 법률학을 듣게 하라고 했다.

나는 또다시 티보 교수와 이야기하고 동료 교수들의 판단을 들려주었다. 티보 교수는 내가 근심이 많으니 절친한 두 친구에게 조언을 구하라고 단호하게 말했다. 나는 그 둘에게 모든 것을 이야기해야 했다. 그 둘은 내 아들에게 박사 학위를 받게 하라면서도 티보 교수의 고집은 꺾지 못할 것이라고 했다. 그제야 나는 안심했다. 티보 교수는 내 아들의 박사 학위 취득을 방해하려 했지만 내 아들은 최고로 명예롭게 학위를 향해 나아갔다. 아들은 아주 우수하게 학위 시험에 합격했고 하이델베르크 대학교에서는 극히 드물게 최고 점수인 '숨마 쿰 라우데'를 받았다.

Chapter 6

베를린 생활

—— 프랑크푸르트, 풀다, 고타, 라이프치히, 베를린, 그리고 쾰른까지 이어진 우리의 가장 매혹적인 여행에 대해서는 지면상 아주 조금만 이야기하겠다. 우리는 사람이든 물건이든 온갖 기묘한 것을 찾아냈다. 만하임의 코페 씨는 서신을 통해 내 아들에게 라틴어 속기 문자를 가르쳤다. 덕분에 아들은 이제 구두로도 말할 수 있게 되었다. 하르트레벤 씨는 내 아들에게 무척 호의를 베풀었다. 그밖에 여러 사람이 우리에게 조언하고 도와주었다. 특히 라우바흐 씨는 본에서 법학 교수가 될 내 아들의 건강을 위해 건배했다. 베를린의 법학과가 적대적으로 영향을 끼치지 않았다면 주변에서 베풀어준 호의에 힘입어 우리가 계획한 일이 분명하고 쉽게 이루어졌을 것이다. 베를린과 관련해서도 내 계획은 서서히 확고하게 진행될 수 있었다. 하지만 상황이 이미 그러곤 했듯이 내가 원하는 것보다 훨씬 일찍 여러 가지를 억지로 요구받게 되었다. 내 아들은 시간 강사로서 몇 년간 세미나 강독을 해야 했다. 나는 강독을 통해 여섯 가지를 바랐다. 첫째, 내 아들이 지식을 날

마다 확장하고 분류하고 가공하기를 바랐다. 둘째, 다른 학문, 이를테면 의학도 공부하기를 바랐다. 셋째, 시민으로 살아가면서 경제활동에 익숙해지기를 바랐다. 넷째, 세상을 더욱 섬세하고 정확하게 알기를 바랐다. 다섯째, 여행을 위해 소양을 쌓고 심의하고 궁리하기를, 그리고 연습으로 작은 여행을 하기를 바랐다. 여섯째, 더욱 유능하고 부지런해져서 청강자들에게, 교수들에게, 왕의 각료들에게 존경받고 사랑받기를, 그래서 젊은 교수로서 국가 지원을 받아 학술 여행을 떠나기를 바랐다. 그전에 내 아들은 더욱 기운차고 노련하고 침착해져야 했다. 당시에 나는 왕의 각료에게 학술 여행비를 신청하는 것을 겸손하지 못한 일로 여기긴 했다.

여기서 세미나 강독을 하기 위해 내 아들은 학위를 인정받아야 했다. 나는 학위를 인정받은 과정에 대해 아주 조심스럽게 이야기할 작정이다. 독자 스스로 판단하도록 말이다. 법학과의 행동을 존중하기 위해 먼저 그런 경우 첫째, 고귀한 남자들이 어떻게 행동하는지 묻겠다. 이 책은 그에 대한 대답이다. 둘째, 보통의 선량한 사람들은 어떻게 행동하는지 묻겠다. 선량한 사람들은 법이 명하는 것을 요구하고 아무것도 방해하지 않는다. 오히려 방해가 되는 것을 제거한다. 셋째, 보통의 나쁜 사람들은? 그들은 우리를 힘들게 하지만 그래도 음흉하게 행동하지는 않는다. 넷째, 교활한 사람들은? 그들은 "좋소!"라고 말하지만 몰래 한쪽 다리를 꼬고는 정당한 행위를 방해하기 위해 온갖 술수를 쓰고 음모를 꾸민다. 이제는 누구나 내 아들이 네 가지 방식 중에 어떤 방식으로 다루어졌는지 판단할 것이다.

진행 과정을 조심스럽게 이야기하는 것은 아주 어려운 과제다. 그 진행 과정은 내 아들의 명예로운 이력을 중간에서 마비시켜버렸다. 정말이지 교육받지 않은 사람들 앞에서 명예를 더럽히는 과정이었다. 그들의 말에 따르면 내 아들은 재치도 힘도 거의 없이 강단에서 실신했어야 했다. 아버지의 작은 줄 위에서만 춤출 수 있는 소년이기에 강단 앞에서 평생 전율했어야 했다. 사람들은 영리하게 빙빙 돌린 말로 우리 부자를 비방했고 아들의 업적을 끌어내렸고 가장 아름다운 미덕조차 나쁘게 보이도록 했다. 이 모든 것이 칼과 우리 부부를 슬프게도 아프게도 했다. 정말이지 M 씨의 자비가 없었다면 우리는 절망했을 것이다. 그토록 고요하게 넘기는 것이 불가능했을 것이다.

물론 약하고 결함 있고 악의 어린 자들은 이렇게 물었다. 그런데 왜 당신은 여기서 아들이 대학 교수 자격을 따게 했느냐고. 그러면 나는 왜 내가 그걸 말렸어야 하느냐고 반문했다. 내 아들은 그럴 권리가 있다고. 그럴 권리에 대한 근거를 설명했다. 세미나 강독을 하지 않으려는 자는 그게 불필요했다. 그래서 내 아들은 정당하게 요구했기에 아무도 내 아들의 요구를 방해하지 못했다. 나는 아들이 교수로서 경력을 쌓기를 원하지 않았지만 내 아들은 무척 교수가 되고 싶어 했다. 그래서 나는 원하지 않았지만 아들에게 허락했다.

우리는 티보 교수와 하우볼트 교수에게 추천받은 자빈 교수를 찾아갔다. 나는 자빈 교수를 정확하게 관찰하고서 나중에 칼에게 말했다.

"저 사람을 조심해라! 무슨 일이 있어도! 저 사람 눈에는 우리가 가시야!"

내 아들은 그 대학자를 매우 존경했기에 모욕감을 느꼈다. 그래서 나는 그때부터 완전히 침묵했다. 자빈 교수는 우리의 문의에 정확하게 대답했다. 내 아들이 여기서 시간 강사가 되는 것에 전혀 반대할 이유가 없다고. 내 아들이 시간 강사가 되는 일에서 자빈 교수의 역할은 중요하지 않았고 가장 책임 있게 말해줄 수 있는 사람은 학장인 슈말츠 씨였다. 하지만 자빈 교수는 "도대체 무엇에 대해 강독할 겁니까?" 하고 물었다. 내 아들은 진솔하게 "로마법을 세세하게 두루두루 살필 생각입니다."라고 대답했다. 그러자 그 교수는 입을 꽉 다물었다. 자빈 교수는 슈말츠 씨의 조언에 따라 다른 강연을 하기로 결심했다. 그사이 나는 홀로 괴셴을 찾아갔다. 괴셴은 내 아들이 여기서 강연하는 것을 진심으로 기뻐했다. 괴셴은 시간 강사가 둘뿐이라서 아주 부족하다고 했다. 한 명은 세미나 강독을 하지 못했고 다른 한 명은 거의 강독을 허락받지 못한 데다 학과가 취약하다고. 아이히호른 교수가 분명 괴팅겐으로 떠날 날이 얼마 남지 않았다고. 그래서 칼에게 가장 좋은 기회라고 했다. 칼이 젊은 남자인 데다 학식도 풍부하고 명성도 있으니까. 이틀 뒤에 괴셴 교수는 내 아들을 다소 냉정하게 대했다. 아이히호른 교수는 내 아들을 아주 온화하게 대했다. 아이히호른 교수도 비너 교수도 일이 어렵지 않다고 확신했다. 그제야 우리는 학장 슈말츠 씨에게 갔다. 학장은 내가 불신을 품고 있다고 추측하고는 대놓고 말했다. 하지만 나는 학장에게 누구도 내 아들이 시간 강사가 되는 것을 방해할 수 없는지, 내 아들이 학장이 일러준 것만 하면 되는지 물었다. 연달아 세 번이나 말이다. 이윽고 학장이 언짢아하며 외쳤다.

"나를 못 믿습니까? 아니면 내가 이해를 못한다고 생각하는 겁니까? 나는 스스로 규약을 구상해서 여러 해 동안 간직했습니다. 시간 강사의 나이가 명시되지 않아서 무조건 나이 제한이 없습니다. 지원자에게 결함이 있어서는 안 됩니다. 그런 것은 생각할 수도 없죠. 지원자는 합법적인 박사 학위 취득자여야 합니다. 그 적격자가 바로 당신 아들이고요! 나아가 당신 아들은 스스로 선택한 내용에 대해 과에서 강연을 해야 합니다. 그건 당신 아들에게 별일 아니지요. 여기서 원래 모든 게 끝났습니다. 하지만 학생들이 앞으로 강의를 맡을 강사가 무슨 강의를 하는지 듣게 하려고 합니다. 당신 아들이 공개적으로 정해진 내용에 대해 독일어로 강의를 하면 됩니다. 이건 형식적인 것입니다."

나는 학장이 말하는 동안 이미 의구심을 품었지만 학장이 규약을 확인하고 나에게 규약 전부를 보여줄 때까지 평정을 잃지 않았다. 하지만 나는 왕이 그 규약에 서명하지 않았다는 사실을 지적했다. 학장은 규약이 오래전부터 유효하며 그 규약에 따라 일을 처리해왔다고 말했다. 나는 누군가 내 아들을 트집 잡으려고 한다면 왕의 서명을 문제 삼지 않겠느냐고 물었다. 학장은 그런 일은 불가능하다고 대답했다. 나는 내 아들이 경쟁자인 노흐 씨를 위해 명예롭게 물러설 수 있다고, 조금이라도 어려움이 있으면 우리에게 당장 말하라고 했다. 학장은 문제없다고 잘라 말했다. 나는 그러면 학장이 우리를 진심으로 돕는 것으로 믿겠다고 말했다. 학장은 믿으라고 하고는 왜 그런 의구심을 가졌느냐고 물었다. 나는 자빈 교수가 내 아들을 반대할 것이 분명해서 걱정스럽다고 말했다. 학장은 자신이 내 아들을 좋아한다는 것을 예측하거나 안다면 자빈 교수가 그럴 수도 있다고 했다. 그래서 학장은 다시 한 번 나에게 반복해 말했다. 자기가 내 아들을 좋아한다는 것을 아무도 모르게 하라고. 그러면서 자빈 교수는 감히 내 권리를 침해하지 않을 것이라고 장담했다.

장담하건대 나는 학장이 이렇게 확신해주어서 고맙게 생각한다. 학생 소요가 일어난 뒤에도 늘 그렇게 밝힌 것도. 하지만 학장은 자신이 학장으로서 동료와 학생과 함께 그 일을 처리해야 하는 것이 아닌지 고민했을 것이다. 그러면 칼이 탈락할 것이다. 유감스럽게도. 나는 물론 말 한마디 한마디를 보증할 수는 없지만 문장 하나하나의 의미를 책임질 수는 있다. 게다가 나는 습관대로 그날의 거의 모든 것을 기록했다. 그 때문에 나는 학장이 뭔가를 부인하려고 하면 맹세를 저버리는 것이라고 지적하겠다. 학장의 신뢰성이 결과를 보여줄 것이다. 학장이 좋은 일에 충실했다면 나는 여러 가지 사실을 공개적으로 밝히지 않았을 것이다. 이젠 학장의 처신이 나를 이런 배려에서 완전히 자유롭게 했다.

심술궂은 사람들이 사소한 일에 왜 그렇게 시끄럽게 구느냐고 물으면 나는 정당하게 쟁취하는 일에서 누구도 방해를 받아서는 안 된다고, 누구나 상응하는 권리를 인정받아야 한다고 대답했다. 나아가 횡포를 몰아내는 것이 모든 법질서의 토대라고 대답했다. 횡포에 맞서 한 사람 한 사람을 보호하고 모든 상황에서 권리를 발전시키는 것이 우리 시대의 소명이라고 대답했다. 어떤 사람들은 자유를 너무 많이 말하고 쓰고 외친다. 자유란 한 사람 한 사람이 자기 권리를 손상시키지 않고 만끽하는 것과는 다르다. 누구나 권리, 힘, 재능을 부지런하고 유능한 것에 적용해야 한다. 자기가 획득한 것을 확고하게 하려는 대신 경쟁을 통해 같은 시민을 고양시켜야 하는 것이다.

첫째, 거의 한 사람이 정신이나 간교를 통해 교수진 전체를 이끌어 간다. 이끄는 자는 신봉자와 피보호자를 거느리고 있다. 이끄는 자가 관철하는 것은 교수진의 결정, 이를테면 학과의 결정이다. 둘째, 악의적인 음모는 대학에서 아주 흔하다. 셋째, 학생 소요에 언제나 교수들이 몰래 가담한다. "아, 아직 어린아이가 자신보다 나이 많은 젊은이들에게, 자유를 위해 싸운 젊은이들에게 뭔가를 가르치려고 한다! 그 사람의 지식은? 중간 수준이다."라는 말이 번개처럼 퍼졌다. 아침에 이미 "우리가 그 일을 허용해서는 안 된다."라는 말이 나돌았고 내 아들은 이름표가 붙은 산 세물 신세가 되었다. 더는 후퇴하지 않을 것이고 후퇴할 수도 없었다. 뚫고 지나가지도 못했다. 그래서 파렴치한 책동이 일어났다.

하지만 누군가 "고위직 인사들이 그들의 계획을 알았을까요?"라고 물을 수도 있다. 물론 나는 알았지만 고위직 인사에게 알릴 의무는 없었다. 그러나 상황 때문에 알릴 수밖에 없었다. 1816년 12월 3일 나는 자비로운 답변을 받았다.

"부활절에 댁의 아드님이 베를린 대학교에서 교수가 되는 과정을 시작하려고 합니다. 양지하시기 바랍니다. 당신과 아드님에게 행운이 따르기를 바라며 장차 아드님을 적극 추천하겠습니다."

하지만 나는 여전히 적대적인 상황에 부딪혀야 했다.

"수완 좋은 교수가 댁의 아드님 때문에 자신이 낙마할 것이라고 두려워하겠습니까? 어떻게 당신은 그렇게 생각할 수가 있습니까?"

"대학을 아는 자는 갈채에 기묘하게 동요하면서 내 아들이 갈채받지 못하는 것을 옳다고 여길 수 있지요."

베를린 대학교 법학과는 내 아들에게 시강할 권리를 무조건 인정해야 했다. 우리 시대에 법을 지키려는 소명이 거의 사라진 것이 아니라면 말이다. 법학과가 내 아들의 시강을 불허해야 한다고 생각했다면 즉시, 분명하게 입장을 밝히는 것이 의무였다. 경우가 단순해서 재빨리 간파할 수 있었다. 그러나 법학과는 즉시 하지도 않았고, 분명하게 하지도 않았다. 나중에도 하지 않았다. 법학과 학생의 요구로 학장이 규약을 확인한 것 말고는. 학장은 규약에 내 아들의 권리를 반대할 조항이 없다고 설명했다. 자빈 교수는 학과에 내 아들의 권리를 수용할 수 있는 조항이 없다고 글로 써주었다. 그렇다면 누가 거짓을 말하는 걸까? 학장일까, 아니면 자빈 교수일까?

자빈 교수가 내 아들에게 주목했을 여러 사건이 일어났다. 심하게 모욕당한 아버지로서 나는 베를린 법학과는 아무도 행복하게 해주지 못했다는 점을 밝힌다. 내 아들의 행운, 명예, 교육, 고요, 명랑, 건강, 생의 즐거움, 신이나 인간과 함께하는 기쁨도 밀려났다. 나는 현명하고 공평한 관료를 거느린, 인간성의 최고 본보기이자 정의로운 왕의 추천장에서 한 대학교의 법학과 교수들을 언급했다. 교훈과 본보기를 통해 젊은이들을 지도해야 할 사람들, 무엇이 옳고 어떻게 그것을 실천하는지를 가르쳐야 할 사람들이 1817년 1월 25일 권위 있는 석상에서 공개적인 행위를 촉발했다. 피보호자가 평정을 깨뜨린 방해꾼들에게 노골적으로 욕을 듣고 강의 진행을 방해받고 권리 획득과 이점을 박탈당했다. 그들은 내 아들을 큰 걱정 속으로 몰아넣었다. 학교 당국은 오히려 자신들이 감독해야 할 사람들에 의해 조롱당했다. 그들은 정당한 왕과 대중 앞에서 죄 없는 내 아들을 질책한 교수들의 행동을 정당화하려고 했던 점을 사과했다. 내 아들의 청춘! 법에 저촉되지 않는 최고의 명예에 이른 청춘이 가장 중요한 날에 사려와 힘과 침착함으로 행동하도록 그들은 방해하지 말았어야 했다. 내 아들의 정신 연령을 증명해주었던 사건을 통찰하려고 하지 않았던 법학과 교수들, 내 아들을 질투하는 사람들의 악의를 꺾고 모든 젊은이가 내 아들을 본받도록 격려했어야 하는 교수들, 마치 중요하지 않은 사소한 일에 대해 얘기하듯이 제3자의 권리를 손상시킨 일에 대해 글을 쓰는 법학 교수들, 모든 사람의 권리,

심지어 잘못한 사람의 권리도 고귀하고 성스럽고 불가침이라는 사실을 잊어버린 법학과 교수들, 2년이 지난 지금까지도 수많은 대학에 법과 권리와 질서와 윤리를 거스르는 반항과 반역이 널리 퍼져 있음을 여전히 납득하지 못하는 늙은이들, 무지·이기심·고집·자랑·질투·그릇된 계몽·몽상으로 인한 판결을 거친 폭력으로 관철시킨 늙은이들, 농간을 이겨내고 고귀하게 보답하는 대신 내 아들의 이력을 차단하려고 애씀으로써 우리가 너무 일찍 베를린을 떠나게 했던 사람들에 대해 이야기하는 것이다. 반면에 내 아들로부터 배우고자 했던 뛰어난 베를린 젊은이들, 내 아들을 아버지처럼 돌보려고 했던 숭고한 베를린의 고령자들, 내 아들을 아껴준 사랑스러운 베를린의 가족들, 내 아들에게 존경과 호의를 베풀어준 베를린 최고의 사람들에게서 우리는 위안을 얻었다.

결백하지만 심하게 모욕당한 내 아들은 지금 폐하의 은총으로 로마에 있다. 내 아들에게 해마다 최소한 1,100탈러가 필요하다고 했던 각료의 말이 옳았다. 아무리 걸어 다닌다 해도 내 아들이 온갖 매력적인 것을 보면서 여행을 계속하는 데는 1,200탈러 이상이 필요하기 때문이다. 하지만 내 아들은 600탈러만 받았다. 그래서 내 아들은 자신과 나를 걱정의 나락으로 몰아넣었다. 내 아들은 천진난만하게 빈에서 나와 헤어졌다. 내 아들은 토리노의 어느 귀족에게 깊은 인상을 심어주었고 그 귀족은 내게 다음과 같은 편지를 보냈다.

"저는 귀하의 아드님을 개인적으로 알게 되면서 마치 제가 아드님에 의해 설계된 듯한 기분을 느낍니다. 겸손과 검소함이 드물게 일찍 발달한 선천적 재능을 고양시킵니다. 저는 정말 오랫동안 곁에서 지켜보고 싶습니다! 하지만 아드님은 고대의 땅으로 서둘러 갔습니다. 대신 돌아가는 길에 제 곁에 더 오래 머물기로 약속했습니다."

젊은 내 아들이 경험 미숙으로 경솔하게 건강과 생명을 잃지 않기를, 관능적 쾌락과 술과 노름으로 타락하지 않기를! 우리 부모는 날마다 기도하고 우리 자녀에게 주의를 준다. 하지만 그런 일이 일어난다면 수많은 이들이 슬퍼할 것이다. 그럴 권리가 없으면서도 세심하게 헤아려놓은 활동 범위 밖으로 내 아들을 몰아내고 너무 일찍이 넓은 세상 밖으로 내 아들을 밀어낸 사람들의 영혼에 나는 온갖 불행을 얹을 것이다. 만사가 행복해야 한다면 아무도 불행이 신의 뜻이라고 말하지 못할 것이다. 아니다! 또한 예루살렘에서 바리새파의 율법 교사들을 옹호할 수도 있으니까. 바리새파의 명령에 "그자(무고한 자)를 십자가에 매달아라!"라고 외친 몰상식한 사람들을 말이다. 신이 그 무고한 자를 보호할 것이다. 나는 그러길 바란다. 우리 민족의 가시적인 대표자를 통해, 현명하고 공평한 자를 통해 모든 것을 인내한 자에게 관대하게 갚아줄 것이다. 그걸 나는 묵묵히 신뢰한다.

역자 후기

—— 아이를 키우다 보면 크고 작은 문제로 고민하게 된다. 부모라면 누구나 건강하고 똑똑한 아이로 키우고 싶은 열망이 강해서일까. 아이가 성장하는 시기마다 마주하는 고민거리를 이런저런 육아 교육서를 기웃거리며 나름대로 해결해나가게 된다. 때로는 주변 사람들의 조언을 반신반의하면서도 등 떠밀리듯 따라하게 된다. 그러다 보면 전문가의 조언이 필요한 부분을 놓치기 일쑤다. 더구나 부모가 무지한 탓에 아이를 위한답시고 했던 일이 오히려 독이 되는 과오를 저지르기도 한다.

원서로 1,000쪽이 넘는 방대한 분량에 200여 년 전 독일에서 나온 고어투성이의 책을 겁도 없이 번역해보겠다고 달려들었다. 우선 영재교육에 솔깃해서였다. 또한 길고도 머나먼 시공간을 넘어 지금까지 생명력을 지닌 책이라면 적어도 부모의 고민거리를 명쾌하게 해결해주지 않을까 하는 기대도 컸다. 하지만 번역을 하면서 명쾌한 해답을 얻기보다는 내가 저지른 시행착오들을 돌아보게 되었다. 번역을 마무리한 지금도 '그때 이 책을 알았다면 소중한 순간을 놓치지 않았을 텐데…….' 하는 아쉬움이 남는다.

이 책의 저자 칼 비테는 독일의 작은 마을 로하우에서 소박하게 살던 목사였다. 하지만 직관력이 남달랐던 칼 비테는 아들의 교육에 당시 통념과 도그마를 넘어서는 교육 사상을 접목시킴으로써 기적 같은 성과를 이뤄냈다. 특별히 타고난 재능이 없던 평범한 칼 비테 주니어는 십대에 이미 6개 국어는 물론 철학 박사와 법학 박사 학위를 받을 정도로 학문에 조예가 깊었다. 아버지 칼 비테의 헌신적인 교육이 뒷받침되었기에 가능한 일이었다.

칼 비테 부자가 살던 독일은 나폴레옹의 침략으로 위기에 빠져 있었다. 당시 칼 비테의 모국 프로이센뿐만 아니라 전 유럽이 전쟁의 소용돌이에 휘말려 있었다. 시골 목사의 교육 사상과 업적에 누구도 관심을 가질 수 없는 상황이었는데도 칼 비테 주니어의 놀라운 행적이 커다란 반향을 일으킨 것을 보면, 칼 비테 자신이 장담했듯이, 그의 교육적 성과가 얼마나 대단한 것이었는지 짐작이 간다.

하지만 이 책은 당대에 별로 주목받지 못하고 100년 가까이 묻혀 있었다. 방대한 분량에다 탁월한 교육 사상을 흐리게 하는 내용이 많았던 탓도 있지만 무엇보다 칼 비테의 교육관이 당시의 교육관과 정면으로 충돌했기 때문이다. 칼 비테는 교육을 일찍 시작할수록 좋다고 주장했다. 당시 때 이른교육은 정신을 지나치게 긴장시켜서 건강을 해친다는 이유로 금기시되었다. 또한 어린 시절의 즐거움을 앗아간다는 이유로 정해진 연령 이전에 학습을 시키지 않는 것이 당시의 교육 전통이었다.

100년 가까이 묻혀 있던 이 책이 하버드 대학교의 레오 위너 교수에게 발굴되어 재조명받으면서 지금까지 자녀교육의 바이블로 자리매김해왔다. 그 이유는 우선 칼 비테의 교육 방법이 간단하기 때문이다. 칼 비테는 자신이 직접 실천한 교육 방법을 아이의 성장 시기에 맞춰 세세하게 제시했다. 생후 3년간 자신이 실천했던 아이의 건강, 청결, 수면, 음식 섭취, 습관 형성, 경험 축적 등과 관련된 내용을 조목조목 적어놓았다. 이 책을 번역한 위너 교수를 비롯해서 벌리교수(목사였다가 교수가 되었다), 하버드 대학교 심리학자 시디스, 스토너 부인이 실제로 칼 비테의 교육법에 따라 자녀를 교육해서 성공한 사례를 남겼다.

이 책이 지금까지 교육의 바이블로 손꼽히는 두 번째 이유는 그 무엇보다 어린아이의 사고력을 강조했기 때문이다. 칼 비테는 아직 틀에 박히지 않아 유연한 사고를 형성할 수 있는 시기를 놓치지 않았다. 아이는 우선 자기 몸과 주변의 사물을 사고의 대상으로 삼다가 나이가 들어갈수록 점점 사고의 범위를 확장해가게 된다. 칼 비테는 아이의 사고력을 키워주기 위해 무제한의 질문을 허용했다. 부모는 건성으로 대답하는 대신 다양한 토론거리를 제시해주어야 한다. 사고의 도구인 언어 훈련을 위해서는 우선 모국어의 정확한 발음과 어법을 확고하게 다졌다. 그렇게 탄탄한 기초 위에서 여러 외국어를 학습하게 했다.

마지막으로 칼 비테가 이른 시기에 다양한 경험을 쌓게 함으로써 영재를 길러내는 것이 교육의 목적이라고 말했다면 이 책은 자녀교육의 바이블로 자리매김하지 못했을 것이다. 칼 비테가 교육의 최종 목적으로 삼았던 것은 생각하는 기계가 아니라 행복한 사람이었다. 물론 도덕주의자였던 칼 비테가 행복한 사람을 도덕적인 사람으로 귀결 짓는 일면이 있기는 하지만 말이다. 지금의 교육 현실과 맞지 않는 지점이 있기는 하지만 칼 비테가 교육의 궁극적 목적을 전인적인 인간에 두었다는 점은 매우 고무적이다.

이 책이 200년 이상 자녀교육의 바이블로 자리매김한 이유는 곧 우리 부모 세대가 이 책을 반드시 읽어야 하는 이유가 되기도 한다. 물론 아이의 성장 단계별로 좀 더 구체적인 내용을 소개할 수도 있겠지만 여기서는 특히 눈에 띄었던 대목들만 몇 가지 언급하겠다.

첫째, 평범한 아이도 영재로 기를 수 있다는 것이 칼 비테의 기본 교육 사상이다. 비범한 재능을 타고난 아이만 영재로 기를 수 있다는 편견은 지금까지 남아 있다. 그런 편견을 깨고 싶은 부모에게 칼 비테의 교육법은 유혹적일 것이다. 둘째, 칼 비테는 이른 시기에 교육을 하더라도 적기에 시작하라고 주문한다. 특히 외국어 학습의 경우 아이가 거부감이 없도록 먼저 익숙한 환경을 만들어주거나 호기심을 자극하는 등 자발적으로 동기를 유발한 다음에 학습을 시작하라는 것이다. 어린 시기에 무턱대고 영어 교육을 들이대는 우리 세대의 부모가 반드시 곱

씹어야 하는 대목이다. 셋째, 달콤한 칭찬은 아이에게 독이 된다는 점이다. "칭찬은 고래도 춤추게 한다."라는 말과 함께 칭찬의 긍정적인 측면이 크게 부각되는 시대에 모두들 귀 기울여볼 만한 충고다. 넷째, 또래 친구들이 많아야 좋은 것은 아니라는 점이다. 과거에 비해 자녀수가 줄어들고 심지어 외동이 흔한 시대에 주목할 만한 대목이다. 다섯째, 공부와 놀이를 엄격하게 구분한다는 점이다. 놀이를 통한 공부를 고민하는 부모에게 칼 비테의 조언이 도움이 될 것이다. 칼 비테가 공부와 놀이를 엄격하게 구분하는 데에는 강력한 이유가 있다.

그밖에도 우리 부모 세대가 이 책을 반드시 읽어야 하는 이유들이 구석구석에 박혀 있다. 칼 비테처럼 아이를 키우는 것이 목적이 아니더라도 칼 비테의 교육 사상과 방법을 활용하면 적어도 부모로서 실수와 과오를 줄일 수 있을 것이다.